Witte / Alkier (Hrsg.) Die Griechen und der Vordere Orient

ORBIS BIBLICUS ET ORIENTALIS

Im Auftrag des Departements für Biblische Studien
der Universität Freiburg Schweiz,
des Ägyptologischen Seminars der Universität Basel,
des Instituts für Vorderasiatische Archäologie
und Altorientalische Sprachen der Universität Bern
und der Schweizerischen Gesellschaft
für Orientalische Altertumswissenschaft

herausgegeben von
Othmar Keel und Christoph Uehlinger
in Zusammenarbeit mit Susanne Bickel

Herausgeber und Autoren:

Stefan Alkier ist Professor für Neues Testament und Geschichte der Alten
Kirche am Fachbereich Ev. Theologie der Universität Frankfurt am Main.
Markus Witte ist Professor für Altes Testament am Fachbereich Ev. Theo-
logie der Universität Frankfurt am Main.

Peter Högemann ist Professor für Alte Geschichte an der Philosophischen
Fakultät I der Universität Erlangen.
Veit Rosenberger ist Privatdozent für Alte Geschichte an der Philoso-
phisch-Historischen Fakultät der Universität Augsburg.
Tanja S. Scheer ist Privatdozentin für Alte Geschiche an der Fakultät für
Geschichts- und Kulturwissenschaften der Universität München und
Heisenberg-Stipendiatin der Deutschen Forschungsgemeinschaft.
Otto Kaiser ist emeritierter Professor für Altes Testament am Fachbereich
Ev. Theologie der Universität Marburg.

Orbis Biblicus et Orientalis 191

Markus Witte
Stefan Alkier (Hrsg.)

Die Griechen und der Vordere Orient

Beiträge zum Kultur- und
Religionskontakt zwischen
Griechenland und dem Vorderen
Orient im 1. Jahrtausend v. Chr.

Universitätsverlag Freiburg Schweiz
Vandenhoeck & Ruprecht Göttingen

Bibliografische Information Der Deutschen Bibliothek

Die Deutsche Bibliothek verzeichnet diese Publikation in der Deutschen Nationalbibliografie; detaillierte bibliografische Daten sind im Internet über http://dnb.ddb.de abrufbar.

Die Druckvorlagen wurden von den Herausgebern als reprofertige Dokumente zur Verfügung gestellt.

© 2003 by Universitätsverlag Freiburg Schweiz
    Vandenhoeck & Ruprecht Göttingen

Herstellung: Paulusdruckerei Freiburg Schweiz
ISBN 3-7278-1426-8   (Universitätsverlag)
ISBN 3-525-53048-X   (Vandenhoeck & Ruprecht)
ISSN 1015-1850   (Orb. biblicus orient.)

Inhaltsverzeichnis

Vorwort

I

Die gegenwärtige (Wieder-)Entdeckung von Analogien und Parallelentwicklungen in den Literaturen und Religionen Griechenlands, Kleinasiens und des Vorderen Orients im 1. Jahrtausend v. Chr., die in der literaturgeschichtlichen Erforschung des Alten Testaments zunehmend vertretene Spätdatierung nicht nur prophetischer und weisheitlicher, sondern auch historiographischer Texte und nicht zuletzt einschlägige archäologische Befunde haben die Projektgruppe „Altorientalisch-hellenistische Religionsgeschichte" der *Wissenschaftlichen Gesellschaft für Theologie* dazu veranlaßt, sich nach der Thematisierung des Kultur- und Religionskontaktes zwischen Israel und dem Perserreich[1] nun verstärkt auf die Begegnung zwischen Griechenland und dem Vorderen Orient zu konzentrieren.

Die in diesem Band gesammelten Beiträge gehen auf ein entsprechendes internationales Symposion zurück, das am 27.4.2002 unter dem Titel „Die Griechen und der Vordere Orient in vorhellenistischer Zeit" am Fachbereich Evangelische Theologie der Johann Wolfgang Goethe-Universität Frankfurt am Main stattgefunden hat. Die Tagung, an der über einhundert Fachvertreter/innen aus den Bereichen Alte Geschichte, Altorientalistik, Archäologie, Bibelwissenschaften, Klassische Philologie und Religionsgeschichte teilnahmen, wurde durch großzügige Spenden der *Evangelischen Kirche in Hessen und Nassau* und der *Vereinigung der Freunde und Förderer der Johann Wolfgang Goethe-Universität e.V.* ermöglicht. Beiden Institutionen sei an dieser Stelle herzlich gedankt.

Die zwischen die einzelnen Aufsätze eingestellten Abbildungen zeigen Exponate aus dem Archäologischen Museum der Stadt Frankfurt am Main, die je auf ihre Weise den Kulturaustausch zwischen Griechenland und Vorderem Orient verdeutlichen. Für die Beratung bei der Bildauswahl und für die Erlaubnis des Abdrucks der Fotografien in diesem Buch danken wir dem Frankfurter Archäologischen Museum, besonders Frau Dr. Dagmar Stutzinger von der Abteilung der Klassischen Antike.

Die Druckvorlage hat Dr. Johannes F. Diehl (Wissenschaftlicher Mitarbeiter am Lehrstuhl für Altes Testament) erstellt. Dafür und für die Hilfe beim Lesen der Korrekturen danken wir ihm herzlich. Bei letzterem unterstützten uns tatkräftig stud. theol. Alexander Pangerl und stud. paed. André Böhm.

---

[1] Vgl. dazu den von R.G. Kratz herausgegebenen Band „Religion und Religionskontakte im Zeitalter der Achämeniden, VWGTh 22, Gütersloh 2002", der die Vorträge bietet, die auf den in Göttingen in den Jahren 1996-2000 durchgeführten Tagungen der Projektgruppe „Altorientalisch-hellenistische Religionsgeschichte" gehalten wurden.

Schließlich gilt unser Dank den Autoren und der Autorin der einzelnen Beiträge für die Bereitschaft, ihre Manuskripte für die Drucklegung zur Verfügung zu stellen, jene auch im Blick auf die Diskussionen auf dem genannten Symposion kritisch durchzusehen und um Anmerkungen und Literaturangaben zu bereichern, sowie den Herren Prof. Dr. Otmar Keel und Prof. Dr. Christoph Uehlinger, das Buch in der vorliegenden Gestalt in die von ihnen herausgegebene Reihe *Orbis Biblicus et Orientalis* zu übernehmen.

II

Der vorliegende Band wird eröffnet von Peter Högemanns programmatischem Beitrag „Das ionische Griechentum und seine altanatolische Umwelt im Spiegel Homers". Högemann plädiert mit gewichtigen Argumenten für einen Perspektivenwechsel in mehrfacher Hinsicht. Nicht das europäische Griechenland unter der Hegemonie Athens, sondern das kleinasiatische ionische Griechentum mit Zentren wie Milet bringt die Kulturgüter hervor, die mit dem „klassischen Griechenland" assoziiert werden. Das ionische Griechentum versteht Högemann nicht als ein „Volk", sondern als einen pluralen Sprachenverband. Die ionischen Kulturgüter – als Paradigma dient Högemann die Ilias Homers, während er die Odyssee einem anderen Dichter zuschreibt – stehen dabei ideengeschichtlich unter dem Einfluß altanatolischer Kultur. Die Leistungen Athens und seiner Verbündeten siedelt Högemann fast ausschließlich auf dem Gebiet der Machtpolitik an. Dem imperialistischen Athen steht somit das kulturschaffende Milet gegenüber. Nicht Europa kultiviert den Osten, sondern die kleinasiatischen Ionier Europa. „Die" Griechen können somit nicht länger als eine homogene Einheit mit dem Zentrum Athen verstanden werden. Vielmehr handelt es sich um ein plurales Gebilde verschiedener und in Spannung zueinander stehender „Griechentümer".

Veit Rosenberger geht in seinem Beitrag „Reisen zum Orakel. Griechen, Lyder und Perser als Klienten hellenischer Orakelstätten" der Frage nach, „welche Rolle Orakeln bei einem kulturellen Austausch zwischen den Griechen und dem Osten zuwuchs" (26). Er untersucht Nachrichten über die Befragungen griechischer Orakelstätten im europäischen Griechenland und in Kleinasien, die von nicht-griechischen Gesandtschaften vorgenommen wurden. Dabei fragt er nach der Häufigkeit solcher Befragungen und nach den Entfernungen, die sie zurückgelegt haben. Rosenberger kommt zu dem Ergebnis, dass solche Orakelreisen zwar eine lange und kontinuierliche Tradition aufweisen, aber eher die Ausnahme bilden. Insbesondere die lydischen Könige Gyges, Alyattes und Kroisos ließen mehrfach das Orakel zu Delphi befragen.

Mit kriminalistischem Gespür geht Tanja Scheer in ihrem Beitrag „Die geraubte Artemis. Griechen, Perser und die Kultbilder der Götter" der Anklage
des Pausanias aus dem 2. Jh. n. Chr. nach, der persische Großkönig Xerxes
habe in den Perserkriegen 480 v. Chr. zwei griechische Götterbilder gestoh-
len und nach Susa gebracht, nämlich die Artemis von Brauron und den
Apollon von Didyma. Scheer untersucht zunächst, ob der Vorwurf zu Recht
besteht. Nachdem sie aus chronologischen und mythologischen Gründen
erhebliche Zweifel daran angemeldet hat, untersucht sie die Genese und die
Motivation dieses Vorwurfs. Sie kommt zu dem interessanten Ergebnis, dass
in den Perserkriegen zwei Kulturen aufeinanderstießen, die in ihrem Kriegs-
verhalten mit Blick auf die Kultstätten der Gegner so verschieden waren,
dass es zu kulturellen Missverständnissen kam. Die Griechen haben demzu-
folge die Zerstörung griechischer Heiligtümer nicht fassen können, während
die Perser zwar tolerant gegenüber den religiösen Traditionen solcher Völker
und Städte gewesen seien, die die persische Herrschaft akzeptierten, die Zerstörung der Kultstätten von Feinden und Aufständischen aber auf alter orientalischer Tradition beruhte. Xerxes, der Zerstörer Athens, wird daher aufgrund kulturbedingten Missverstehens für die griechische Geschichtsschreibung zum Typos eines Herrschers, dem nichts heilig ist – ein Bild, dass sich
bis in die Forschung der Gegenwart erhalten hat und dem Scheer in aller
Deutlichkeit widerspricht: „In der Behandlung der griechischen Heiligtümer
lässt sich kein eigentlicher Unterschied feststellen zwischen dem angeblich
so toleranten Dareios und seinem Sohn Xerxes." (72) Der Kriminalfall der
geraubten Götterbilder wird somit zu einem Exempel kulturbedingter Miss-
verständnisse und ihrer anhaltenden Folgen.
Otto Kaiser schließlich mahnt mit seinem Beitrag „Athen und Jerusalem. Die
Begegnung des spätbiblischen Judentums mit dem griechischen Geist, ihre
Voraussetzungen und ihre Folgen" seine alttestamentliche Zunft an, „auch
die griechische Welt als Teil der Umwelt der Hebräischen Bibel zu verstehen" (89). Spuren griechischer Söldner und Händler in Juda gäbe es seit dem
6. Jh. v. Chr. Zwar setze eine eigentliche Begegnung zwischen Judentum
und Hellenismus erst ab der Belagerung von Tyros im Jahr 332 v. Chr. ein.
Aber nicht nur die historisch nachweisbaren Kulturkontakte seien relevant,
sondern auch die Wahrnehmung paralleler „Strukturen" und „Entwicklungen
innerhalb der griechischen und israelitisch-jüdischen Religionsgeschichte"
(90). Kaiser zeichnet dann wesentliche Aspekte der Kulturbegegnung in
hellenistischer und römischer Zeit auf. Er kommt zu dem Schluß, dass insbesondere die spätbiblischen Weisheitsschriften nicht ohne das Studium hellenistischer Kultur sachgemäß verstanden werden können.
So mögen die in diesem Band gesammelten Beiträge aus unterschiedlichen
Perspektiven die vielfältigen Kulturkontakte zwischen Griechenland und

dem Vorderen Orient im 1. Jahrtausend v. Chr. erhellen und eine der zentralen Thesen des genannten Symposions von der Orientalisierung des Griechentums und der Gräzisierung des Vorderen Orients eingehender begründen. Ihre innere Einheit – wie auch ihre mögliche gegenwärtige Relevanz – besitzen die Aufsätze in der detaillierten Nachzeichnung von Formen vertikaler und horizontaler religiöser Kommunikation in Wort und Bild. Zugleich unterstreichen sie die Notwendigkeit der Klärung des Religionsbegriffes, sofern die kulturelle Begegnung zwischen Orient und Okzident angemessen beschrieben werden soll, und bilden in diesem Sinn auch Prolegomena zu religions- und kulturvergleichenden Studien – nicht nur für den Raum der Levante im 1. Jahrtausend v. Chr.

Markus Witte   Frankfurt am Main,
Stefan Alkier   im Januar 2003

Das ionische Griechentum und seine altanatolische Umwelt im Spiegel Homers[1]

Peter Högemann

1. Griechenland hat viele Gesichter. Die Besonderheit Athens

Die Griechen sind bereits seit dem 7. Jh. v.Chr. im Vorderen Orient vor allem als Söldner anzutreffen. Ihre Funktion als Kulturvermittler wird heute weitgehend überschätzt. In Ägypten, wo ostgriechische Söldner und Kaufleute gut bezeugt sind, ist griechischer Einfluß auf die ägyptische Kultur nirgendwo nachweisbar, wohl aber umgekehrt. Das gilt vornehmlich für Ionien, wo ägyptische Impulse schon bald nach ca. 650 empfangen und produktiv umgesetzt wurden, greifbar vor allem in den Kouroi und dann ab ca. 570 in den säulenreichen Ringhallentempeln von Samos und Ephesos.[2] Aber es waren keine Söldner oder Kaufleute, sondern ionische Künstler und Architekten, die Ägypten gezielt aufsuchten, die ägyptische Vorbilder in Augenschein nahmen und dann mit gefüllten Musterbüchern nach Ionien zurückkehrten, um sich hier ans Werk zu machen.[3] Dass die griechische Welt wenigstens jetzt im 6. Jh. ihrerseits nun als Impulsgeber aufgetreten wäre, selbst davon kann keine Rede sein. So lässt sich griechischer Einfluß auf das sich seit persischer Zeit herausbildende Judentum nicht vor Alexander dem Großen (336-323 v.Chr.) feststellen.[4] Wenn Griechenland somit als Kulturmacht erst sehr spät auftritt, so ist es als politische Macht doch bereits seit

[1] Für die Diskussion im Anschluß an meinen Vortrag bin ich besonders Reinhard Achenbach (München), Otto Kaiser (Marburg), R.G. Kratz (Göttingen), Christoph Levin (München) und Markus Witte (Frankfurt a.M.) zu Dank verpflichtet. Letzterem danke ich auch für die Einladung nach Frankfurt. – Der Vortrag ist aus einem interdisziplinären Hauptseminar in Erlangen im Wintersemester 2001/02 hervorgegangen, das unter dem Thema stand: „Frühe kulturelle und sprachliche Kontakte zwischen Anatolien und Griechenland (15.-5. Jh. v.Chr.)". An diesem Seminar nahmen die Fächer Alte Geschichte, Vergleichende Indogermanische Sprachwissenschaft und Klassische Archäologie teil. Ich danke Hartmut Matthäus, ganz besonders aber Norbert Oettinger für die Gestaltung der gemeinsamen Veranstaltung und für unzählige Einzelgespräche. Der Vortrag wurde für das Buch gründlich überarbeitet und stark erweitert. Robert Plath versorgte mich, wie immer, mit Belehrungen zum Mykenischen und zu den griechischen Dialekten. Dieter Timpe hat mich vor vorschnellen Urteilen gewarnt und teilweise auch bewahrt. André Heller (Erlangen) hat mich mit Literatur zur „Kanaanisierung Lydiens/Ioniens" versorgt. Allen sei herzlich gedankt.

[2] Siehe unten Anm. 57.

[3] Meisterhaft H. Kyrieleis, Der große Kuros von Samos, Dt. Arch. Inst. Samos 10, 1996, 87-127.

[4] So auch O. Kaiser, Die Bedeutung der griechischen Welt für die alttestamentliche Theologie, NAWG.PH 2000/7, 2000. Zur griechischen Präsenz im Vorderen Orient s. P.W. Haider, Griechen im Vorderen Orient, in: Chr. Ulf (Hg.), Wege zur Genese griechischer Identität: die Bedeutung der frühar-chaischen Zeit, 1996, 59-115.

den Perserkriegen ab ca. 500 v.Chr. im Vorderen Orient wahr und ernst genommen worden. Denn die Griechen hatten die persische Expansion ge-
stoppt. Dass dies im Vorderen Orient registriert wurde, darf als sicher gelten,
wenn wir auch dafür keine expliziten persischen Zeugnisse besitzen. Es ist
jetzt das mutterländische Griechenland, und es sind vor allem die Athener,
die es sich als Verdienst anrechneten, für Griechenland die Freiheit gesichert
zu haben. Dieser Meinung hat sich auch Herodot angeschlossen, der allerdings alles andere als ein Parteigänger Athens war.

Athen hat dann als *hegemon*, bald auch als *tyrannos* des Delisch-Attischen
Seebundes, der 478/77 v.Chr. gegründet wurde, sogar damit begonnen, die
Perser aus der Ägäis wieder hinauszudrängen.

Damit nicht genug: Der Seebund unternahm 460 Flottenexpeditionen nach
Zypern, Phönikien und Ägypten.[5] Als Folge davon wurde unter vielen anderen Städten Asiens, vor allem Lykiens und Kariens, aber auch die phönikische Stadt Dor in den Seebund aufgenommen.[6] Wenn Athens Weltgeltung
auch schon 404 mit der Niederlage gegen Sparta endete, so zeigt sich doch
in diesen überseeisch-außergriechischen Unternehmungen die Sonderheit
Athens. Athen ist nämlich der erste griechische Staat, der einen großmächti-
gen Gegenpol gegenüber einer orientalischen Großmacht, damals Persiens,
aufzubauen bestrebt war. Diese Machtpolitik kam alles andere als plump und
unverhüllt daher, mit ihr korrespondierte vielmehr eine fein abgestimmte
Kultur- und Religionspolitik.[7] Hierzu gehörte die Akropolis mit dem Tempel
der Athena Parthenos, in dem, wie der Ostfries verkündete, sogar die 12
Olympischen Götter und Göttinnen am Fest der Panathenäen ihre Theopha-
nie geben würden.[8] Der Parthenon ist ein Monument des Staates und seiner
politischen Theologie, nicht so sehr ein Ort wahrer Frömmigkeit.[9] Mit dem
schönen Schein in eins zu setzen sind nämlich die Langen Mauern, die
Athen mit dem Peiraieus und mit Phaleron verbanden und die Stadt zu einem
unangreifbaren, aber auch unerhört provokanten Festungsdreieck machten.
Ausgehalten wurde die neue „Hauptstadt" Griechenlands vom Geld der griechischen Bundesgenossen, die nicht zu attischen Bürgern werden konnten –
Athen war eine geschlossene Gesellschaft –, sondern „völkerrechtswidrig

[5] Thuk. 1,104; 109f. u. A Selection of Greek Historical Inscriptions (GHI), edd. Meiggs/Lewis, 33, vgl.
auch GHI 34.
[6] The Athenian Tribute Lists (ATL), edd. Meritt/Wade-Gery/McGregor, vol. I, 1939, 483 u. vol. III 9f.
[7] H. Th. Grütter, Die athenische Demokratie als Denkmal und Monument, in: W. Eder/K.-J. Hölkeskamp
(Hg.), Volk und Verfassung im vorhellenistischen Griechenland. FS K.-W. Welwei, 1997, 113-132. B.
Smarczyk, Untersuchungen zur Religionspolitik und politischen Propaganda im Delisch-Attischen Seebund, 1990.
[8] F. Brommer, Der Parthenonfries, I-II, 1977.
[9] Dass die Sache komplizierter ist, hat T.S. Scheer, Die Gottheit und ihr Bild. Untersuchungen zur Funktionsgeschichte griechischer Kultbilder in Religion und Politik, Zet. 105, 2000, 4ff., gezeigt.

versklavt" wurden.[10] Was auf diese so unrühmliche Weise geschaffen
wurde, war die erste „Leitkultur" der griechischen Geschichte. Diese überdauerte den politischen Niedergang Athens bei weitem. Denn attische Sprache und Kultur wird schließlich im Zeitalter Alexanders und der Diadochen
über die gesamte Oikumene verbreitet werden, und so werden die hellenistischen Städte im Osten ihre Verfassungen nach dem athenischen Muster aus-
richten.[11] Ein literarisches Dokument dieser hellenistischen Zeit wird das
Neue Testament sein, dessen sprachlicher Kernbestand das Attische bildet.
Wenn auch in der Forschung nicht mit Kritik an den Athenern und ihrem
„imperialistischen" Gehabe gespart wurde, sah man gleichwohl in Athen die
reinste Verkörperung der griechischen Kultur, die man als klassisch, d.h.
normativ verstand. Scheint das Griechentum mit den Athenern ein Gesicht,
ein europäisches Gesicht, zu bekommen? Selbst wenn das stimmt, sollte die
Griechische Geschichte nicht auf das reduziert werden, was an ihr europä-
isch erscheint, wie z.B. auf die attische Demokratie. Heute gilt es m.E. angesichts der schädlichen Folgen politischer und kultureller Globalisierung in
Erinnerung zu rufen, dass das Griechentum politisch und vor allem kulturell
immer polyzentristisch war und dementsprechend verschiedene Gesichter
zeigt.
Derjenige, der sich mit griechischer Kultur der archaischen Zeit (7.-6. Jh.)
auf Zypern, in Libyen und Ägypten,[12] aber auch in Italien, vor allem aber
sich mit der ostgriechischen Kultur Kleinasiens beschäftigt, dem kann das
Bild Athens schon einmal mehr als befremdlich vorkommen, vor allem hinsichtlich seiner kühl kalkulierten Machtpolitik, der im Geistigen eine abso-
lutistische und dogmatische Denkweise entsprach. Für letzteres mögen die
Anklagen gegen den Ionier Anaxagoras wegen Atheismus stehen (ca. 433
v.Chr.).[13] Als bezeichnend für das rigide Verhalten der Athener im Politischen sei dagegen nur das Beispiel Milet herangezogen.[14] Diese traditions-
reiche Stadt, die sich um 450 v.Chr. gewaltsam, aber vergeblich aus der
Vormundschaft Athens zu befreien versucht hatte, bekam zur Strafe eine
demokratische, d.h. eine aus Athen importierte und durch eine athenische
Garnison kontrollierte Verfassungsform aufoktroyiert.[15] Die Gleichschaltung
von Verfassungen galt den Athenern als probates Machtmittel der Politik.

---

[10] Thuk. 1,98,4, zur Stelle E. Baltrusch, Symmachie und Spondai. Untersuchungen zum griechischen
Völkerrecht der archaischen und klassischen Zeit (8.-5. Jh. v.Chr.), UALG 43, 1994, 60.
[11] So B. Dreyer, Wann endet die klassische Demokratie Athens?, in: AncSoc 31 (2001), 43.
[12] U. Höckmann/D. Kreikenbom (Hg.) Naukratis. Die Beziehungen zu Ostgriechenland, Ägypten und
Zypern in archaischer Zeit, 2001.
[13] Plut. Per. 32, dazu G.S. Kirk/J.E. Raven/M. Schofield, Die vorsokratischen Philosophen, 1994, 387f.
[14] Eine gute Einführung in die Stadtgeschichte bietet V.B. Gorman, Miletos, the Ornament of Ionia. A
History of the City to 400 B.C.E., 2001.
[15] Zu den Maßnahmen Athens gegen Milet s. zusammenfassend K.-W. Welwei, Das klassische Athen.
Demokratie und Machtpolitik im 5. und 4. Jh., 1999, 103f.

2. Ionien ist anders als Athen und Attika

Milet steht nun für eine ganz andere, ältere griechische Kulturprovinz, nämlich für Ionien. Ich möchte im folgenden zu zeigen versuchen, dass das ionische Griechentum etwas Anderes war als das mutterländische, d.h., dass es z.B. keine hegemoniale Machtpolitik nach attischer Art betrieben hat – der Ionische Bund beim Panionion war eine kultische Versammlung, keine Symmachie[16] – des weiteren, dass es keine griechische Leitkultur entwickelt und durchgesetzt und so auch keinen Sport nach Art der Olympischen Spiele[17] betrieben hat, dass überhaupt keine panhellenischen Feste veranstaltet wurden, an denen demonstriert zu werden pflegte, was man für griechisch hielt und was nicht. Das Griechische wurde natürlich auch am Panionion gefeiert. Denn dieses Ioniertum hat sich in seiner altanatolischen Umwelt βίην ὑπέροπλον „mit provozierender Gewalt" durchgesetzt, wie der ostgriechische Lyriker Mimnermos um 650 in Smyrna freimütig bekannte.[18] Apartheid und ethnische Vertreibungen sind in der Tat am Beginn der Landnahme an der Tagesordnung gewesen, aber spätestens um 700 v.Chr. war man zunehmend darum bemüht, den Ausgleich auf völkerrechtlicher Basis mit den kleinasiatischen Dynasten und Königen zu suchen. Dafür steht der Iliasdichter Homer, der einmal davon berichtet, wie es zu einem Waffenstillstand unter Eid, deshalb horkia[19] genannt, zwischen Agamemnon und Priamos gekommen ist. Der Vertragstext ist bei Homer vollständig erhalten, und da das Verfahren mit unerfindlichen Ritualhandlungen zum Abschluss kommt, ist davon auszugehen, dass er selbst einmal Augenzeuge eines solchen Vertragsabschlussverfahrens war.[20] Homer liefert hiermit keineswegs einen genuin griechischen Staatsvertrag, wie Ernst Baltrusch meint,[21] sondern nur den ersten Staatsvertrag in griechischer Sprache, was keineswegs dasselbe ist. Denn wie ich an anderer Stelle zu zeigen versuche, hat Homer hier vielmehr ein letztlich hethitisches Verfahren beschrieben, wofür das

[16] So richtig D. Kienast, Bemerkungen zum Ionischen Aufstand, in: Hist. 51 (2002), 11 Anm. 40 u. 16 Anm. 56. Politisch wird der Bund erst seit persischer Zeit um ca. 550.
[17] U. Sinn, Olympia. Kult, Sport und Fest in der Antike, Beck'sche Reihe Wissen 2039, 1996.
[18] Fr. 12 Diehl = 9 West. Eine sehr gute Einführung in die griechische Lyrik mit ausgesuchten Texten bietet J. Latacz (Hg.), Die griechische Literatur in Text und Darstellung. Bd. 1: Archaische Periode, 1991, 180 (zu unserem Fragment).
[19] Il. 3,94 „Präambel".
[20] Il. 245-313. Dem homerischen Vertrag liegt das Formular eines hethitisch-luwischen Staatsvertrages zugrunde, dazu vorläufig F. Starke, Troia im Kontext des historisch-politischen und sprachlichen Umfeldes Kleinasiens im 2.Jt., in: Studia Troica 7 (1997), 465, u. P. Högemann, Zum Iliasdichter – ein anatolischer Standpunkt, in: Studia Troica 10 (2000), 183-198. Vermutlich vom luwischen Karkamis ausgehend hat dieses Vertragsformular auf die neuassyrischen Staatsverträge abgefärbt und möglicherweise auch die Bundestheologie Israels beeinflußt, vgl. dazu E. Otto, Treueid und Gesetz. Die Ursprünge des Deuteronomiums im Horizont neuassyrischen Vertragsrechts, in: Zeitschrift für Altorientalische und Biblische Rechtsgeschichte 2 (1996), 1-52.
[21] Baltrusch, Symmachie (wie Anm. 10), 104-108.

Vertragsdokument selbst und hierin vor allem die zeremoniellen Flüche sprechen.[22] Dieses völkerrechtliche Abschlussverfahren ist in der Heimat Homers lebendig geblieben. Homer ist eine Quelle für Westanatolien und soll hier als solche ausgewertet werden. Ob das eine unerlaubte Historisierung eines epischen Gedichts ist, wird sich zeigen. Der Alttestamentler steht übrigens vor ähnlichen methodischen Problemen.

Die Blütezeit Ioniens und Milets war die Zeit von 750 bis 500 v.Chr. Das ist die homerische Zeit, der sich (ca. 680-500) die archaische Zeit mit deutlichen Veränderungen anschloss. Ungleich schärfer noch, und zwar im Sinne einer wirklichen Zäsur, wird dann die persische Eroberung Anatoliens ab 550 sein, die die tiefgreifendsten Folgen zeitigen wird. Denn mit dem Ionischen Aufstand von 500-494,[23] den die Perser brutal niederschlugen, war die Blüte Milets geknickt; seine Bewohner wurden deportiert und in der Nähe des Persischen Golfs angesiedelt. Anatolien wird iranisiert, seine westlichen Küstenregionen bald darauf auch attizisiert. Die Perserzeit wird heute religionsgeschichtlich und politisch als die Wasserscheide der vorderorientalischen, aber auch der griechischen Geschichte angesehen. In Griechenland ging die Stafette von Milet an Athen über, das erst jetzt in proklamierter Abgrenzung von den Kulturen des Orients den europäischen Sonderweg anbahnen konnte und anbahnen wird. Als Folge davon lässt sich z.B. feststellen, dass so etwas wie eine homogenisierte gesamtgriechische Religion im Entstehen begriffen war, die uns vor allem in der attischen Kunst des 5. Jh.s entgegentritt. Was die politische Abgrenzung anging, ist zu betonen, dass Athen die Begriffe „Hellenen" und „Barbaren", die in Ionien aufgrund nachbarschaftlich kleinräumiger Differenzwahrnehmung aufgekommen sein mögen, globalisierte und als zwei quasi anthropologisch grundverschiedene, wenn auch zunächst noch als zwei völlig legitime Ausprägungen des Menschseins in Umlauf brachte, so zuerst Aischylos in den Persai von 472. „Hellenen" lebten nach attischer Lesart fortan in Europa, sie waren frei, „Barbaren" existierten in Asien, sie waren Sklaven des Großkönigs. Zwischen beiden Welten herrschte eine naturbedingte Erbfeindschaft.[24]

Ganz anders war die Sichtweise des Ostgriechen Herodot. Herodot rechnet die griechische Insel Samos zu „Asien".[25] Und die Ephesier und Milesier, die in Asien wohnen, wurden natürlich ebenso zu Hellas gerechnet, wie die,

---

[22] Die grundlegenden Vorarbeiten dazu hat Frank Starke geschaffen, s. vorläufig ders., Art. Staatsvertrag, in: Der Neue Pauly 11, 2001, 880f.

[23] Kienast, Bemerkungen (wie Anm. 16), 1-31.

[24] P. Georges, Barbarian Asia and Greek. Experience from the archaic period to the age of Xenophon, 1994. Anregungen zu dieser Thematik verdanke ich D. Timpe, Der Barbar als Nachbar, in: Chr. Ulf (Hg.), Ideologie – Sport – Außenseiter. Aktuelle Aspekte einer Beschäftigung mit der antiken Gesellschaft, IBKW.S 108, 2000, 203-230.

[25] Hdt. 3,56.

die auf der Peloponnes oder auf Sizilien ihre *poleis* hatten. Eine Erbfeindschaft zwischen Europa und Asien kam für die Ionier schon deswegen nicht
in Frage.[26] Auch der Rachegedanke, wie ihn Athen seit den Perserkriegen
hochhielt, auch wenn nur verbal gemeint, war den Ioniern fremd. Eine ähnliche, barbarophile Einstellung finden wir beim Iliasdichter und vielleicht
auch bei ostgriechischen Lyrikern, wie z.B. Sappho.
Sehen wir uns das östliche Griechentum einmal etwas genauer an. G.M.A.
Hanfman, der Ausgräber von Sardes und ihrer bedeutenden Synagoge, fragte
in einem wegweisenden Aufsatz eher rhetorisch, ob die Ionier „leader" oder
„follower" innerhalb des Griechentums seien.[27] Es fiel ihm natürlich nicht
schwer, Argumente dafür zu gewinnen, sie als „forerunners" zu qualifizie-
ren. Man muss ja in der Tat nur auf das Epos, die Lyrik, die Naturphiloso-
phie und die Historiographie verweisen, um sich zu erinnern, dass deren
Archegeten alle aus dem ionischen Sprachkreis stammten: Homer, Archilochos, Thales und Herodot. Hanfmans Entscheidung für Ionien ist denn auch
zurecht nie wieder in Frage gestellt worden. Die entscheidende Frage, die
sich jetzt stellt, muss allerdings lauten, warum ausgerechnet in Ionien das
Griechentum seine erste, vor allem aber eine so individuelle Ausprägung
erfuhr, die es vom Mutterland absetzte. Damit komme ich zu meinem Stichwort „Kontaktphänomene".

3. Sprachliche Kontaktphänomene

Wer sind die Ionier? Homer nennt sie nicht.[28] In dem alten Heldenlied vom
Kampf um Troia fand er sie nicht vor. Sie gehören in der Tat nicht zur mykenischen Welt, anders als z.B. die Achaioi, die Homer als Angreifer Troias
erwähnt und die als die „Leute von Ahhijawa" in den hethitischen Quellen
des 14. und 13. Jh.s bezeugt sind.[29] Die „Ionier" sind erst für das 1. Jt. bezeugt, so zuerst 735 v.Chr. in einem Brief an Tiglat-Pilesar III. von Assyrien,
in dem ihm von „seinem" Mann in Tyros zur Kenntnis gebracht wird, dass

---

[26] Darauf weist hin W. Sieberer, Das Bild Europas in den Historien. Studien zu Herodots Geographie und Ethnographie Europas und seiner Schilderung der persischen Feldzüge, IBKW.S 96, 1995, 122-142.
[27] G.M.A. Hanfman, Ionia Leader or Follower?, in: HSCP 61 (1953), 1-37.
[28] Il.13,685 ist eine attische Interpolation, so Fr. Prinz, Gründungsmythen und Sagenchronologie, 1979, 364ff., anders A. Heubeck, Zum Namen der Iones, in: MSS 48 (1987), 140, der annimmt, dass der Dich-ter „archaisierend formuliert".
[29] F. Sommer, Die Ahhijava-Urkunden, ABAW.PH 6, 1932 (Nachdr. 1975), 1-196; die Arbeit ist in vielen wichtigen Einzelheiten überholt. Eine Neubearbeitung wird von Frau Susanne Heinhold-Krahmer (Innsbruck) besorgt.

„Ionier" die Küste Phönikiens (?) in Unruhe versetzten.[30] Ob das aber griechische Ionier sind oder eher Karer oder Lykier oder griechische Piraten aus Kilikien oder von Zypern, muss offenbleiben. In den griechischen Quellen der nachhomerischen Zeit sind die Ionier jedenfalls Griechen, die im Zuge der sog. Ionischen Kolonisation nach dem Troianischen Krieg „1050" das griechische Mutterland verlassen hätten, um im „vielersehnten Asien" Fuß zu fassen, wie Mimnermos in der schon zitierten Elegie sagt.[31] Wir haben heute Anlass zur Vermutung, dass die meisten Quellen – sie sind nicht älter als das 5. Jh., viele bedeutend jünger –, eine Überlegenheit demonstrierende Kolonisationsbewegung propagieren wollten, und zwar so, als sei diese ausschließlich von Athen ins Werk gesetzt worden. Dies in der durchsichtigen Absicht, Athen als Metropolis der Ionier zu erweisen, um somit das ohnehin schon mehr als drückende Joch, das man den Ioniern im 5. Jh. auferlegt hatte, nicht noch mit dem Ruch einer stammfremden Herrschaft zu belasten. Man mag aus der einseitigen, widerspruchslosen Quellenlage zur sogenannten Ionischen Kolonisation ersehen, wie sehr Athen die öffentliche Meinung seit dem 5. Jh. in Griechenland beherrschte. Unabhängige, ionische Quellen zur Geschichte des Ostgriechentums gibt es jedenfalls nicht.[32] Vielleicht machte nur Xanthos der Lyder eine Ausnahme.[33]

Man geht nun aber sicherlich zu weit, wenn man im Hinblick auf die sogenannte Ionische Kolonisation die Rolle Athens ganz eliminieren und die gegenteilige Meinung vertreten würde, dass die Ethnogenese der Ionier ausschließlich nach Anatolien gehöre.[34] Gegen diese radikale Lösung spricht schon die Ionische Sprache, die nur aus Attika oder Euboia, wo wir später das Westionische bezeugt finden, stammen kann.[35] Aber was wandert eigentlich, die Ionische Sprache oder die Ionier? Doch wohl eher die Sprache, die erst in Ionien für ein buntes Völkergemisch, wie es Herodot beschreibt, tonangebend werden sollte.[36] Eben weil keine Ionier, sondern Flüchtlinge aus ganz Griechenland, vor allem aber aus Mittelgriechenland einwanderten,

---

[30] Nimrud Letter 69:3-6, ed. H.W.F. Saggs, in: Iraq 17 (1955), 127-131 u. Iraq 25 (1963), 76ff. Zur Namensform Iamnaja/Iamani s. R. Rollinger, Zur Bezeichnung von „Griechen" in Keilschrifttexten, in: RA 91 (1997), 167-172.

[31] 3 G.-P. = 12 Diehl = 9 West, dazu Latacz, Griechische Literatur (wie Anm. 18).

[32] Und so waren auch die Ionika des Panyassis aus Halikarnassos (5. Jh.), eines Onkels Herodots, wohl ganz aus der Sichtweise Athens geschrieben: Die Gründer der Ionischen Städte werden jedenfalls mit Athen verknüpft.

[33] P. Högemann, Art. Xanthos der Lyder, in: Der Neue Pauly 12/2 (2002; im Druck).

[34] Diese These wurde schon von Ed. Meyer, Die Herkunft der Ionier, in: Ders., Forschungen zur Alten Geschichte, Bd. 1: Zur älteren griechischen Geschichte, 1892, 127-150, diskutiert. Ein ausgewogenes Urteil findet sich bei D. Hegyi, Das ionische Ethnikum, in: Homonoia 5 (1983), 15-51.

[35] Chr. Ulf, Griechische Ethnogese versus Wanderungen von Stämmen, in: Wege zur Genese (wie Anm. 4), 240-280, scheint mir sprachwissenschaftliche Argumente zu übersehen. Ansonsten teile ich seinen Skeptizismus hinsichtlich der „Ionischen Wanderung".

[36] Hdt, 1,146-47.

deshalb ist die Sichtweise, die Ionier erst in Ionien entstehen zu lassen, sehr
wohl weiterführend, denn sie zwingt dazu, Kleinasien einmal genauer unter
die Lupe zu nehmen. Um bei der Ionischen Sprache zu bleiben: Sie hat sich,
wie zu zeigen sein wird, erst in historischer Zeit und an Ort und Stelle ins
West- und Ostionische aufgespaltet. Zunächst zur unterschiedlichen Lautlehre. Das Ostionische Homers kennt im Gegensatz zum Westionischen die
Psilose (= Verlust des anlautenden *h*): So sagt Homer für den Tag zwar auch
ἡ ἡμήρη mit *spiritus asper*, das wäre die westionische Form, aber er benutzt
öfters τὸ ἔμαρ „Tag" mit *spiritus lenis*. Nun wissen wir, dass auch das Lydische als einzige der altanatolischen Sprachen die Psilose zeigt. Da beide
Sprachen in Kontaktstellung standen, wird der Schluss unausweichlich: Homer hat eine lautliche Besonderheit des Lydischen nachgeahmt.[37] Das war
damals chic, denn die Mode, das gilt auch für die ostgriechische Damen-
mode, was „made in Lydia": Λύδιον κάλον ἔργον.[38] Die Sprachwissenschaft spricht von arealspezifischen Besonderheiten, die zur Ausbildung,
hier des ostionischen Dialektes beitrugen. Verallgemeinernd lässt sich sagen:
Die historischen Dialekte des Griechischen bildeten sich in Kontaktstellung
zueinander, in Kleinasien zudem gar in Kontaktstellung zu sehr entfernt
verwandten indogermanischen, nämlich altanatolischen Sprachen, heraus.
Auch die beiden anderen griechischen Dialekte Anatoliens, nämlich das Ai-
olische und das Dorische dürften keine „Mitbringsel" ethnisch geschlossener
Stämme sein.
Sprachliche Kontaktphänome im Gastland der Ionier sind auch sonst festzu-
stellen, und zwar nicht nur im Falle der Lautlehre, sondern auch auf dem
Feld der Morphologie. Hier wären jene ostionischen Verben zu nennen, die
mit *-ske*-Suffix gebildet sind, und zwar nicht nur vom Präsensstamm, sondern auch vom Aoriststamm aus. Die so suffigierten Verben treten nestartig
auf, und zwar zur Schilderung mehrerer gleichgeschalteter, iterativer Ver-
balhandlungen; eben diesen Tatbestand erfüllen die hethitischen und luwischen Verben mit dem *-ske*-Suffix auch.[39] Dieses Kontaktphänomen grenzt
schon an die Idiomatik und die Lehnübersetzung heran, an ein Feld, das vor
allem von dem Indogermanisten und Hethitologen Calvert Watkins in Har-
vard beackert wird.[40] Ich nenne ein schon länger bekanntes Beispiel: Die

---

[37] Dazu demnächst N. Oettinger, Die griechische Psilose als Kontaktphänomen, in: MSS 62 (2002; im
Druck).
[38] Sappho 39 Voigt/L.-P.: Hier sind es die Schuhe.
[39] Beispiel Il. 18,544-47, vgl. Mursilis Sprachlähmung KBo 4.2 IV 28ff. (edd. Götze/Pedersen). J. Puhvel, Homer and Hittite, Innsbrucker Beiträge zur Sprachwissenschaft. Vorträge und kleinere Schriften 47,
1991, 13-20. Siehe besonders Od. 11,582-592. Hinweise stammen von Norbert Oettinger.
[40] Zuletzt C. Watkins, Homer and Hittite Revisited II, in: K.A. Yener (Hg.), Recent developments in
Hittite archaeology and history. Gedenkschrift H.G. Güterbock, 2002, 167-176. Kaum auszuschöpfen
unter diesem Aspekt ist Calverts Meisterwerk: How to Kill a Dragon: Aspects of Indo-European Poetics,
1995, so z.B. 150f., wo es um die Partikel *-tar* im Luwischen und Griechischen geht, die nach Watkins

römischen Grammatiker nannten den Akkusativ auf die Frage „In welcher Hinsicht?" *accusativus Graecus*, weil er ihnen nur für das Griechische typisch zu sein schien. Er ist in der Tat zuerst für Homer bezeugt, so wenn er sagt: „...; unter ihnen Agamemnon, hinsichtlich Augen und Haupt gleich dem blitzefrohen Zeus".[41] Wir wissen aber heute, dass auch das Hethitische diesen Akkusativ kannte, der für eine andere indogermanische Sprache aber bislang nicht bezeugt ist.[42] Nun waren Hethitisch und Griechisch im 14./13. Jh. zwar Kontaktsprachen, so dass hier eine Entlehnung angenommen werden könnte, weil aber direkte Kontakte zwischen Hethitern und Griechen äußerst begrenzt waren, käme nach heutigem Forschungsstand wohl eher „die Luwier"[43] in Frage. Dass dieser Akkusativ für das Luwische aber noch nicht bezeugt ist, besagt nicht viel, da das luwische Textcorpus im Vergleich zum hethitischen noch recht klein ist.[44] Es wächst aber ständig.[45] Die Römer jedenfalls hätten diesen Akkusativ, wenn sie denn wirklich von den Troianern abstammen wollen, „*accusativus nativus*" - so scherzhaft Norbert Oettinger – nennen müssen und nicht „*accusativus Graecus*". Denn Troja, so können wir heute sagen, gehörte zum luwischen Sprachgebiet. Doch Spaß beiseite. Der Zug ist ohnehin längst abgefahren, und dieser spezielle Akkusativ wird, solange noch Griechisch und Latein gelehrt werden wird, „*accusativus Graecus*" heißen.

Wie sieht es mit toponymischen Entlehnungen aus? 1991 wurde in der Hethiterhauptstadt Hattusa ein mykenisches Schwert ausgegraben, auf dessen Klinge eine Weiheinschrift des Hethiterkönigs Tudhalija I. (1420-1400) eingepunzt ist.[46] In dieser Inschrift, die in keilschriftlichem Akkadisch verfasst ist, wird ein KUR URU A-as-su-wa, ein „Land Assuwa" genannt, das ungefähr mit dem späteren Mysien zu umschreiben wäre, zu der auch die Troas gehörte. „Assuwa" ist die hethitisch-luwische, *a-si-wi-ja[47] die mykenische, „Asia" die alphabetgriechische Adaption eines westanatolischen Toponyms,

---

ein Indiz für eine gemeinsame, luwisch-griechische Dichtungstradition sein könnte. Freundlicher Hinweis von Monika Hartmann M.A., Erlangen.

[41] Il. 2,477-78.

[42] Joh. Friedrich, Hethitisches Elementarbuch, Bd. 1: Kurzgefaßte Grammatik, ³1974, 123f., sog. partivische Apposition, auch Badal-Konstruktion genannt, s. z.B. BoTU 23 A II 29. Freundlicher Hinweis von Hisashi Miyakawa M.A., Erlangen.

[43] Dieses Ethnikon ist in den hethitischen Gesetzen belegt (§19 a u. b, ed. H.A. Hoffner, Jr., The laws of the Hittites, 1997).

[44] Dazu F. Starke, Die keilschrift-luwischen Texte in Umschrift, StBT 30, 1985, 14ff.

[45] So wurde erst jüngst eine hieroglyphen-luwische Felsinschrift im Hinterland Milets entdeckt, Anneliese Peschlow-Bindokat (mit einem Beitrag von Suzanne Herbordt), Eine hethitische Großprinzen-Inschrift aus dem Latmos, in: AA (2001/3), 363-378 (um 1300 v.Chr.).

[46] A. Ünal, in: M. Mellink et al. (edd.), Aspects of Art and Iconography. Anatolia and its neighbors, FS N. Özgüc, 1993, 727-730. M. Salvini/L. Vagnetti, Una spada di tipo egeo, in: ParPass 49 (1994), 215-236.

[47] Toponym nicht belegt, aber PY Fr 1206 bietet eine Weihung für *po-ti-ni-ja a-si-wi-ja* „für die asische Herrin", Fr. Aura Jorro, Diccionario Micénico I, 1985, 110.

dessen Ursprungslautung wir nicht kennen.[48] Zu betonen ist, dass Homer den Ausdruck „Asien" gänzlich zu vermeiden scheint, obwohl er ihn gekannt haben muss. Denn immerhin nennt er das „As(w)ische Wiesenland"[49] im Gebiet von Ephesos. Dieses „as(w)isch" ist in genetischer Hinsicht identisch mit einer für das Luwische vorauszusetzenden Bildung, nämlich *Aswija- „das Aswische (Land), das Land von *Aswa", wobei *Aswa identisch ist mit dem keilschriftlich geschriebenen heth.-luw. Aššuwa. Es ist nämlich eine Eigenheit des Luwischen, dass es von Ländernamen mittels des Suffixes *-ja- Adjektive ableitet, die dann substantiviert werden können und so die gleiche Bedeutung haben wie die Ableitungsbasis, so z.b. Arzawija = Arzawa, Wilusija = Wilusa, Kaskija = Kaska usw.[50]

Die Ionier wohnen also in „Asien", genauer gesagt an den Küstenstrichen Lydiens und Kariens. Ephesos liegt nämlich nicht in Ionien, sondern in Lydien, und Milet liegt ebenfalls nicht in Ionien, sondern in Karien, wie Herodot korrekt sagt (1,142). Als Landschaftsnamen gibt es Ionien eigentlich gar nicht, was zu dem Schluss führen muss, dass die Toponymie Westanatoliens festgeschrieben war, so dass den Griechen kein Spielraum mehr für ihre eigene geographische Begriffsbildung gelassen wurde. Erschwert wurde sie zudem dadurch, dass die Ionier kein echter griechischer Stamm waren, die mit der Inbesitznahme des Landes diesem auch ihren Namen hätten geben können. Beispiele dafür, dass der Landesname von einem sogenannten primären Ethnikon abgeleitet wurde, kennen wir aus dem griechischen Mutterland zuhauf. So ist der Name Thessalia eine Ableitung vom Namen des Stammes der Thessaloi, worauf Fritz Gschnitzer hingewiesen hat.

Vielleicht ist der Ionier-Name überhaupt eine Fremdbezeichnung, die im syro-luwischen Raum erfunden wurde, um mit ihr anatolische Küstenbewohner zu benennen, wobei eher soziale denn ethnische Kriterien für die Begriffsbildung maßgeblich wurden. Auch die Ägypter der Saitenzeit (7.-6. Jh.) unterscheiden mit ihrem Begriff Hau-nebu z.B. nicht ethnisch zwischen Ioniern und Karern, obwohl sie Söldnertruppen aus beiden Bevölkerungsgruppen im eigenen Lande hatten.[51] Das Ethnos-Kriterium kam, so hat es den Anschein, durch die Griechen in die Welt, bezeichnenderweise aber erst im 5. Jh. v.Chr.[52]

---

[48] R.R. Dyer, Asia/*Aswia and Archilochos fr. 23, in: ParPass 20 (1965), 115-132.

[49] Ἀσ(F)ιος λειμών.

[50] Die Formulierung dieses Sachverhalts verdanke ich Norbert Oettinger. Auf die luwischen Parallelen in der topographischen Begriffsbildung zum Homerischen wies zuerst Puhvel, Homer and Hittite (wie Anm. 39), 13-20, hin.

[51] So F. Kammerzell, Die Geschichte der karischen Minderheit in Ägypten, in: Naukratis (wie Anm. 12), 233-243.

[52] Fr. Gschnitzer, Griechische Sozialgeschichte von der mykenischen bis zum Ausgang der klassischen Zeit, Wissenschaftliche Paperbacks Sozial- und Wirtschaftsgeschichte 16, 1981, 42.

Die einwandernden Griechen, die erst viel später, nämlich irgendwann vor
700 sich dann selbst Ionier nannten, fanden bewohnte Siedlungen vor, also
keine Stammeskolonisation nach Art der Phryger.[53] Milet und Ephesos sind
keine griechischen Benennungen, sondern Adaptierungen älterer Toponyme.
Wir kennen schon die hethitischen Adaptionen des 14. Jh.s, nämlich Milla-
wanda und Abasa. Die Griechen sind in diese Siedlungen hinzugezogen,
nachdem sie, wie im Falle von Ephesos belegt, zunächst viele Jahre auf einer
Insel im Kaystros ausgeharrt haben sollen.[54] Erst dann hätten sie sich ver-
traglich eingemeinden lassen. Eine eigene Stadt haben sie hier, aber auch
sonst nirgendwo in Ionien gegründet. Für den Vorgang des Zuzugs darf man
vielleicht den Kunstausdruck *enoikismos* „Einwohnung" benutzen. Die Ionier nehmen dann auch bald teil an den altanatolischen Kultfeiern für kleinasiatische Gottheiten, so für Apollon in Didyma oder für Artemis in Ephesos, aber bitte schön, mit eigenem Geschirr, das jetzt im Falle des ephesi-
schen Artemision nachweislich aus Attika kam, das im 9. Jh. ein bedeuten-
des Produktionszentrum für Keramik war. Auf dem Gebiet der Keramik
waren und blieben die Griechen immer konkurrenzlos im Vorderen Orient.
Gibt es Parallelen, die etwas Konkretes über einen *enoikismos* und die Integ-
rationsfähigkeit altanatolischer Städte aussagen können? Vorarbeiten scheinen aber hierfür zu fehlen.[55]
Die Ilias nennt als Bewohner Milets nun keineswegs etwa Griechen oder
Griechen und Karer, was für Homers Zeit zutreffend gewesen wäre, sondern
einfach nur „Karer", womit er einen Zustand festgehalten haben dürfte, der
bald nach Ende des hethitischen Großreiches 1195 eingetreten ist. Wie dies
die Milesier als Hörer der homerischen Ilias verkraftet haben, ist mir das
größte Rätsel. Diese Karer Milets nun werden *barbarophonos* „barbarischtönend" genannt, und zwar wohl deshalb, weil sie entweder so außergewöhnlich schlecht Griechisch sprachen oder aber, weil das Karische im Gegensatz zum Lykischen oder Lydischen für Homer sehr komisch klang. In
der Tat weist es eine ungewöhnliche Zusammenballung von Konsonanten
auf, deren Aussprache alle Gesichtszüge des Sprechenden zum Entgleisen

---

[53] Anders Hdt. 1,142.
[54] Wichtig ist hier FGrHist 417 Kreophylos von Ephesos (noch 5. Jh.?) Fr. 1= Early Greek Mythography,
ed. Fowler. 2000, 65f. Die Gründungslegenden von Ephesos finden sich gesammelt und übersetzt bei D.
Knibbe, Ephesus. Geschichte einer bedeutenden antiken Stadt und Portrait einer modernen Großgrabung
im 102. Jahr der Wiederkehr des Beginnes österreichischer Forschungen (1895 - 1997), 1998, 72-75.
[55] André Heller M.A. arbeitet z.Z. an einer Promotion über das hellenistische Babylonien. In der Arbeit
wird auch der Frage nachgegangen werden, wie sich die Griechen in die in Babylonien bereits bestehenden Strukturen eingliederten bzw. integriert wurden. Die Arbeit entsteht im Rahmen eines durch die
STAEDTLER-Stiftung Nürnberg geförderten Projektes „Die Griechen und der Vordere Orient von der
mykenisch-hethitischen Zeit bis zu Alexander dem Großen und seinen Nachfolgern". Das Projekt wird
zusammen mit der Indogermanistik (Prof. Norbert Oettinger) und der Assyriologie (Prof. Karlheinz
Kessler) aufgebaut.

gebracht haben müssen. Homer kennt übrigens nur das Possesivkompositum „barbarischtönend", nicht aber das Simplex *barbaros*, wie er auch den Hellenennamen nicht als Kollektivbegriff verwendet. Der Troianische Krieg ist für Homer deshalb auch kein Krieg der Kulturen, sondern ein politischer Kampf zweier Burgherren (ἄνακτες), nämlich Agamemnons von Mykene und Priamos' von Troia, mitsamt der Gefolgschaft – so im Falle Agamemnons bzw. mitsamt den Bundesgenossen, *epikouroi* – so im Falle des höherstaatlichen Troia.[56] Es ist ein Krieg des Ägäischen Raumes. Dem entsprach Homers Weltbild in der Ilias, in dem Ägypten überhaupt noch keine Rolle spielte und wo das phönikische Sidon und wo Zypern in weiter Ferne lagen.[57] Von Zypern heißt es:[58]

„Denn bis Kypros war die große Kunde gedrungen,
Dass die Achaier in Schiffen nach Troia zu fahren beschlossen".

Folgendes zu betonen, ist deshalb wichtig: Kontakte zwischen der Levante und Westkleinasien gab es, aber der Seehandel tendierte in homerischer Zeit und weit darüber hinaus gegen Null; er bestand überhaupt nur im Austausch von Geschenken innerhalb eines sehr kleinen Kreises von Eliten – davon spricht die Ilias zweimal.[59] Oder er bestand in der Stiftung von Votivgaben für die Heiligtümer, wofür das Heraion von Samos mit seinen *orientalia* ein beredtes Zeugnis ablegt – davon spricht Homer aber überhaupt nie. Man wird grundsätzlich betonen müssen, dass keine maritimen Handelsströme die Ägäis erreichten, sondern eher Rinnsale dort endeten! Das trifft besonders auf die westanatolische Küste zu, die im Windschatten für Fahrten aus der Levante lag. Ein hyperaktives Produktions- und Handelszentrum wie es das bronzezeitliche Ugarit war, hat es nirgendwo im frühen 1. Jt. gegeben, schon gar nicht in der Ägäis.[60] Die Annahme von einem phönikischen Handel als Transmissionsriemen kultureller Entlehnungen, wie z.B. des Alphabets, muss wohl stark relativiert werden. Statt dessen ist dem anatolischen Hinterland eine viel größere Bedeutung für das sich herausbildende Ioniertum einzuräumen.

---

[56] Hinter diesem sich auf die Ilias stützenden Differenzierungsversuch steht die von Homer erkannte grundverschiedene Sozialordnung; zur griechischen Gefolgschaft Baltrusch, Symmachie (wie Anm. 10), 3ff.; zur Staats- und Reichsordnung der Troianer Watkins, Homer and Hittite (wie Anm. 40), 167ff.

[57] Die Monumentalplastik, die *kouroi*, aber auch den ägyptisierenden Ringhallentempel von Samos und Ephesos (ab 570) kannte Homer natürlich nicht, dazu P.W. Haider, Kontakte zwischen Griechen und Ägyptern, in: R. Rollinger (Hg.), Griechische Archaik: Interne und externe Impulse, 2002.

[58] Il. 11,21-22.

[59] Il. 23,741-45 u. 11,19-28.

[60] Ugarit war selbst für das 2. Jt. eine Ausnahme, vgl. B.I. Faist, Der Fernhandel des Assyrischen Reiches zwischen dem 14. und 11. Jh. v.Chr., AOAT 265, 2001, 13ff. Das gilt selbst im Vergleich mit Hattusa, das keine Wirtschaftsmetropole war, so G. Beckman, The City and the Country in Hatti, in: H. Klengel/J. Renger, Landwirtschaft im Alten Orient, Berliner Beiträge zum Vorderen Orient 18, 1999, 161-169.

4. Polis und altanatolischer Dynastensitz

Troia wird von Homer *polis* genannt, wie Argos, Sparta und Mykene auch.[61]
Poleis sind Bürgerstaaten, die im angelsächsischen Raum aufgrund ihrer
Kleinheit auch „micro-states" genannt werden. Heute wird die Frage disku-
tiert, ob man die griechische Polis aus Phönikien ableiten dürfe oder nicht.[62]
Hatte der Iliasdichter eine phönikische Stadt vor Augen, als er daran ging,
Troia zu beschreiben oder die beiden Städte auf dem Schild des Achilleus?[63]
Von Häfen ist jedenfalls bei den genannten Städten keine Rede, dafür aber
von Feldern, Weinbergen,[64] Viehweiden und Flüssen, die die ummauerten
Städte umgeben. Da ist wohl eher an altanatolische Städte zu denken, die ja,
selbst wenn sie an der Küste lagen, bis auf Milet nicht seemächtig waren.
Leider kennen wir die altanatolischen Städte, wie z.B. Smyrna und Ephesos
zur Zeit des griechischen Enoikismos im 11./10. Jh. noch nicht hinreichend.
Dürfen wir aber vielleicht einen ähnlichen Stadttyp postulieren wie Karka-
missa (Karkamis) und Maladija (Malatya) im syro-luwischen Raum, die
etwas besser bekannt sind?[65] Die luwischen Städte wären für die Frage nach
der Herkunft der griechischen Polis m.E. eher in Betracht zu ziehen als die
phönikischen. Auf jeden Fall ist aber zu berücksichtigen, dass die Polisstaa-
ten im syro-luwischen und syro-phönikischen Raum bereits im 2. Jt. anzutreffen sind, während sie in Griechenland erst in nachmykenischer Zeit auf-
treten, so dass die Entlehnung durch die Griechen nahegelegt wird.[66] Ich
insistiere aber nicht darauf. Einen anderen Punkt gilt es festzuhalten: Homer
kennt nur Mikro-Staaten. Von den großstaatlichen Residenzstädten der Spätbronzezeit mit ihren spezifischen Palastgesellschaften weiß er dagegen
nichts mehr, und zwar deswegen nicht, weil sie die Seevölkerzeit nicht über-
standen haben, bis auf Ägypten, das aber außerhalb der homerischen Reich-
weite lag. Schließlich sei angemerkt, dass Homer zwar allein den Begriff

---

[61] Il. 4,51-52.
[62] Auf diesen Pfaden bewegt sich Fr. Gschnitzer, Die Stellung der Polis in der politischen Entwicklung des Altertums (1988), jetzt in: Ders., Kleine Schriften Bd. 1, 2001, 233-248, ähnlich auch O. Murray, What is Greek about the Polis?, in: P. Flensted-Jensen/Th. Heine Nielsen/L. Rubinstein (Hg.), Polis & Politics. Studies in Ancient Greek History. FS M.H. Hansen, 2000, 231-244. Skeptisch K.A. Raaflaub, Zwischen Ost und West: Phönizische Einflüsse auf die griechische Polisbildung, in: Griechische Archaik (wie Anm. 57). Zu den luwischen Stadtstaaten vgl. St. Mazzoni, Aramaean and Luwian New Foundations, in: Dies. (Hg.), Nuove Fondazioni nel Vicino Oriente antico, 1994, 319-340.
[63] Il. 18,490-540.
[64] Anatolien gilt als Ursprungsland des Weinbaus, R.L. Gorny, Viticulture and Ancient Anatolia, in: P.E. McGovern et al. (Hg.), The Origins and Ancient History of Wine, 1996, 133-174.
[65] Vorgestellt werden die luwischen Staaten meisterhaft von John David Hawkins jetzt in: Inscriptions of the Iron Age. Corpus of Hieroglyphic Luwian Inscriptions I, 2000.
[66] Zu den phönikischen Stadtstaaten, die bis ins 8. Jh. v.Chr. noch Palastgesellschaften gewesen sein, s. S.F. Bondì, Les institutions, in: V. Krings (Hg.), La civilization phénicienne. Manuel de recherche, 1995, 345-353; zu den Stadtstaaten Palästinas s. Christoph Levin, Das vorstaatliche Israel, in: ZThK 97 (2000), 385-403.

polis benutzt, er aber dennoch zwischen einer griechischen *polis* und der *polis* Troia zu differenzieren weiß. Es ist hier aber nicht der Ort zu zeigen, wie Troia von Homer als eine nichtgriechische Stadt mit einer altanatolischen Sozialstruktur gesehen und besungen wird.[67] Nur so viel sei gesagt: Troia ist ein mit Mauern und Türmen bewehrter Dynastensitz mit einem Palast (*domos*), ihm fehlt aber die *agora*, die eine griechische *polis* schon für Homer ausmacht.[68] Man wird in Zukunft genauer hinsehen müssen, ob alles, worüber die Ilias berichtet, für die griechische Sozialgeschichte ausgebeutet werden darf. Denn vieles könnte sich als altanatolisch erweisen, und was griechisch ist, sollte vorbehaltlich erst einmal für das ionische Griechentum reserviert bleiben.

Homer lässt eine sehr tiefe Zuneigung zu Priamos und Hektor erkennen, die vermutlich tiefer war als die für Agamemnon und Achilleus. Das dürfte ihm die Tore zu den Burgen altanatolischer Dynasten geöffnet haben, die wie die Aineaden von Troia oder die Glaukiden von Lykien sich nun ebenfalls durch das Epos verewigt wünschten. Zum Dank für Kost und Logis nahm er Aineas und Glaukos mitsamt ihren ehrwürdigen und ungewöhnlich langen Stammbäumen in sein Epos auf.[69] Er dürfte ihre Stammbäume nicht zum Zweck der Lobhudelei erfunden haben. Denn es heißt einmal: „Viele Menschen kennen es (= das Geschlecht des Glaukos)".[70] Vielmehr hat er die Stammbäume am betreffenden Dynastensitz studieren können, vielleicht anhand von Namenslisten, die mit ausführlichen *res gestae* kombiniert waren – sprachliche Barrieren gab es nicht. Dass die luwischen Dynasten im Stolz auf ihr altes Geschlecht ihre Stammbäume pflegten, beweisen die hieroglyphen-luwischen Steininschriften aus dem anatolisch-nordsyrischen Raum.[71] Auf einem sogenannten Portal-Orthostaten aus Maras rühmt sich der luwische Stadtkönig Halparuntija III. – er regierte um ca. 800 v.Chr. – Sprössling einer Dynastie zu sein, die bereits seit 6 Generationen auf dem Thron von Kurkuma, na. Gurgum, saß.[72] Wir sind aufgrund der zahlreichen

---

[67] E. Edel, Die ägyptisch-hethitische Korrespondenz aus Boghazköi in babylonischer und hethitischer Sprache. Bd. 1 u. 2. 1994, Nr. 105, weist auf die engen Parallelen hin zwischen Hekabe, der Hauptfrau des Priamos (bes. Il. 6) und Puduhepa, der Großkönigin von Hattusa. Ein „Asianic sentiment" in Il. 5,473ff. sieht Watkins, Homer and Hittite (wie Anm. 40), 167-176. Diese Ilias-Stelle habe eine bemerkenswerte „homology" zu einer vierteiligen hethitischen Formel der Telepinu-Verfassung (1500), mit der der soziale Aufbau des hethitischen Reiches beschrieben wird. Das wäre im Einzelnen noch einmal zu prüfen.
[68] K.-J. Hölkeskamp, Agorai bei Homer, in: Volk und Verfassung (wie Anm. 7), 1-19.
[69] Il. 20,215-240 u. 6,151-211.
[70] Il. 6,151.
[71] D. Bonatz, Das syro-hethitische Grabdenkmal. Untersuchungen zur Entstehung einer neuen Gattung im nordsyrisch-südostanatolischen Raum der Eisenzeit, 2000. Zum historiographischen Gehalt der Inschriften auf den Stelen s. H. Cancik. Die luwische Historiographie. Geschichtsschreibung vor den Griechen, in: Die Hethiter und ihr Reich (Ausstellungskatalog), 2002, 78-81.
[72] MARAS IV.4, ed. Hawkins, Hieroglyphic Luwian Inscriptions (wie Anm. 65) I, 262.

Inschriften in der Lage, Sukzessionslisten luwischer Stadtkönige des syrischen Raumes zusammenzustellen, die sich mit assyrischen korrelieren und
damit datieren lassen. Im Westen Anatoliens fehlen dagegen bislang hieroglyphen-luwische Steleninschriften des 1. Jt. Dafür liefern immerhin
Xanthos der Lyder und Herodot Namen lydischer Dynasten und Könige, die
sich teilweise sogar luwisch etymologisieren lassen, so die Namen Sadyattes
und Alyattes.[73] Wichtig für unseren Zusammenhang ist hier nur der Umstand, dass die lydische Liste bei Herodot bis an den Troianischen Krieg
heranreicht, den die Griechen auf ca. 1200 datierten.[74] Dies möge als Indiz
für die Tiefe des Geschichtsraumes gelten, in dem diese Anatolier lebten. Im
Vergleich zu Aineas und Glaukos sind zwar auch die griechischen Heroen
keine *ephemeroi* „Eintagsfliegen", aber es fällt doch auf, dass z.B. Diomedes
in der berühmten Szene vom Waffentausch dem hochadeligen Glaukos nicht
nur nicht seinen Stammbaum herunterzählen kann, was man aus Gründen
der Kontrastierung mit Glaukos doch hätte erwarten können, sondern dass er
dazu noch bekennen muss, nicht einmal mehr seinen Vater gekannt zu haben.[75]
Um noch einmal auf die syro-luwischen Orthostaten zurückzukommen.
Diese sind neben Felsen und Stelen die wichtigsten Bild- und Inschriftenträ-
ger des Luwischen. Im Westen Anatoliens sind zwar luwische Felsinschrif-
ten des 2. Jt.s bekannt, dafür aber bislang keine Orthostaten und Stelen des 1.
Jt.s. Das mag Zufall sein, denn die Ilias erwähnt Stelen, und zwar auf den
Grabhügeln in der Troas und in Lykien. Homer wird sie selbst gesehen haben. Als Grabherrn nennt er in einem Falle Ilos, Sohn des Tros und Epony-
men von Ilios, und das andere Mal Sarpedon, den Fürsten der Lykier.[76] Auch
in Lydien hat es Grabstelen und vielleicht sogar Orthostaten gegeben. Denn
in einer Wegbeschreibung machte sich der Jamben-Dichter Hipponax von
Ephesos um 550 über die vielen Staatsmonumente der lydischen Könige
lustig, die der Wanderer zu passieren hätte. Er parodiert den lydischen Nati-
onalstolz, wenn er sagt:
„...so wandre auf dem Wege nach Smyrna
quer durch das Lyderland, vorbei an Attales' Grabhügel (τύμβος)

---

[73] Xanthos gibt vor, eine „königliche Chronik" der Lyder benutzt zu haben, FGrH 90 F 44,7. Zur Etymologie der lydischen Namen s. N. Oettinger, Die Stammbildung des hethitischen Verbums, Erlanger
Beiträge zur Sprach- und Kunstwissenschaft 64, 1979, 450 Anm. 120.
[74] Hdt. 1,6ff. W. Burkert, Lydia between East and West, in: J.B. Carter/S.P. Morris (Hg.), The Ages of
Homer, FS E.T. Vermeule, 1995, 139-148.
[75] Il. 6,212-236, dazu B. Wagner-Hasel, Der Stoff der Gaben. Kultur und Politik des Schenkens und
Tauschens im archaischen Griechenland, Historische Studien 28, 2000.
[76] Il. 11,371 u. 16,457.

und an dem Gyges-Mahnmal (σῆμα) und Sesostris' Stele
und an dem Tos-Gedenkmal (μνῆμα), Mytalidas Großfürsten,
gen Sonnenuntergang dabei den Bauch stets ausrichtend!"[77]

5. Die Orientalisierung Westanatoliens

Es dürfte schon hinreichend deutlich geworden sein, dass wir Westanatolien
dem Vorderen Orient zurechnen können und müssen. Wann erfolgte seine
Orientalisierung? Kommen wir zu diesem Zweck noch einmal auf das mykenische Schwert aus Hattusa mit seinen Keilschriftzeichen zurück. Die Tatsache, dass die Hethiter sowohl die Keilschrift pflegten, und zwar in ihrem
nordsyrischen Duktus, als auch den babylonischen Dialekt des Akkadischen
in ihrer mehrsprachigen Kanzlei benutzten[78], zeigt, wie sehr sie als orientalisiert zu gelten haben. Und mit der Tontafel und der akkadischen Sprache
kamen Hymnen und Gebete, Epen und Mythen Babyloniens nach Hattusa.[79]
Kurzum, Hattusa wurde eine Literaturprovinz des Vorderen Orients. Mit
einer wichtigen Einschränkung: Mythen, die Bestandteil eines hethitischen
Rituals waren und dieses aitiologisierten, wurden weiterhin nur in hattisch-
hethitischen Bilinguen überliefert.[80] Hattisch war die Sprache Anatoliens in
vorhethitischer Zeit; sie wurde als Kult- und Ritualsprache von den Hethitern beibehalten.[81]
Kann auch Westanatolien als orientalisiert gelten? Für die hethitischen Könige war zweifellos Nordsyrien und das Zweistromland das, was für die
mittelalterlichen Kaiser Italien war. Wie stand es aber mit Westanatolien?
Dass das „Land Luwija",[82] wie es in den althethitischen Gesetzen genannt
wird und zu dem das Großreich von Arzawa mit der Residenzstadt Ephesos
gezählt wurde, im 15./14. Jh. einen unterentwickelten Eindruck gemacht
hätte, kann man nicht behaupten. Wenn auch die Tontafel, die Keilschrift

---

[77] F 7 ed. E. Degani, Hipponactis testimonia et fragmenta, 1983. Zum historischen Gehalt s. W.M. Ramsay, Asianic Elements in Greek Civilisation, 1928, 140-170, S. Mazzarino, Fra oriente e occidente. Ricer-
che di storia greca arcaica, 1947, 101f. u. O. Seel, Herakliden und Mermnaden, in: Navicula Chiloniensis.
FS F. Jacoby, 1956, 50ff.
[78] E. Forrer, Die Inschriften und Sprachen des Hatti-Reiches, in: ZDMG 76 (1922), 174-269.
[79] H.G. Güterbock, Hethitische Literatur, in: W. Röllig (Hg.), Altorientalische Literaturen, NHL 1, 1978,
211-253.
[80] J. Klinger, Reinigungsriten und Abwehrzauber, in: Die Hethiter und ihr Reich (Ausstellungskatalog),
2002, 146-151.
[81] A. Kammenhuber, Hethitisch, Palaisch, Luwisch, in: Altkleinasiatische Sprachen, HdO I/2, 1.-
2.Abschnitt, Lfg.2, 1969, 148-161.
[82] Zum „Land Luwija", das im 14. Jh. durch den Namen Arzawa ersetzt wurde (Heth. Gesetze §19 a B,
ed. Hoffner, s. Starke, Troia im Kontext [wie Anm. 20], 456).

und das Akkadische hier nie wirklich heimisch wurden,[83] so war Arzawa bei den Hethitern doch berühmt für seine Ritualschulen, die sich auf Pestheilungen spezialisiert hatten.[84] Diese Nachricht gewinnt Profil, wenn man sich daran erinnert, dass am Beginn der Ilias Apollon sich in der Ebene von Troia niederhockt und mit seinem Bogen die Pestpfeile ins Lager der Griechen schießt, wo dann die Seuche ausbricht. Als sei sie ein Ritualbuch, hört man in der Ilias dann weiter, wie Heilung von der Pest erzielt wurde, nämlich durch gezielte Besänftigung von Apollons Groll.[85] Wer sich mit Ritualen und Magie der Hethiter beschäftigt, wird die Ilias mit anderen Augen lesen als der Gräzist oder Althistoriker.[86]

Eine kulturelle Aufwärtsentwicklung Westanatoliens setzte dennoch wohl erst mit dem Hethiterkönig Mursili II. (1318-1290) ein, der nach der Eroberung von Arzawa das Land erst einmal, wie er selbst sagt, „ordnete" (heth. *taninu-*, was genetisch zu verbinden ist mit gr. ἵστημι und lat. *constituere*),[87] d.h. er baute Städte, belegte sie mit hethitischen Garnisonen und setzte den Arzawäer Mashuiluwa, der bereits sein Schwager war, per Staatsvertrag zum König des Rumpfstaates ein, der jetzt Mira hieß.[88] Das war Romanisierung auf Hethitisch.

Hundert Jahre später ging Hattusa 1195/1190 unter, bald gefolgt von der luwischen Staatenwelt im Westen, und zwar sang- und klanglos. Allein das Schicksal von Troia wird besungen, nämlich von Homer. Hethiter gab es seit diesem Datum nicht mehr, aber Formen hethitischer Kultur und Staatlichkeit lebten nach Ausweis der bildlichen und epigraphischen Denkmäler in den luwischen Staaten Nordsyriens ohne Unterbrechung fort, so vor allem in Karkamis. Gab es eine vergleichbare Kontinuität auch in Westanatolien? Troer gibt es hier auch nicht mehr, auch keine Arzawäer oder Miräer. Jedenfalls hören wir nichts von ihnen, da luwische Inschriften der frühen Eisenzeit bislang nicht aufgetaucht sind. Inschriften in lydischer, karischer und lykischer Sprache stehen erst ab dem 5. Jh. v.Chr. zur Verfügung. Sie erregten zunächst einmal nur das Interesse der Indogermanisten, da sie historisch

[83] S. Alp, Das Hieroglyphensiegel von Troja und seine Bedeutung für Westanatolien, in: G. Wilhelm (Hg.), Akten des IV. Int. Kongresses für Hethitologie, StBT 45, 2001, 27-31.
[84] B. Janowski/G. Wilhelm, Der Bock, der die Sünden hinausträgt, in: B. Janowski (Hg.), Religionsgeschichtliche Beziehungen zwischen Kleinasien, Nordsyrien und dem Alten Testament: Internationales Symposion Hamburg, 17. - 21. März 1990, OBO 129, 1993, 135f. mit weiterführender Literatur (z.B. von O.R. Gurney, H.M. Kümmel und Anderen).
[85] Dazu F. Graf, Die Religion, in: H. Krefeld (Hg.), Hellenika. Einführung in die Kultur der Hellenen. Neue Ausgabe, 2002, 62-93 (die beste Einführung in das Phänomen der griechischen Religion).
[86] Hierzu N. Robertson, Hittite Ritual at Sardis, in: ClA 1 (1982), 122-140.
[87] KUB XIV 15, Rs IV,34: AA (Ausführliche Annalen) 4. Jahr, übersetzt nach A. Goetze, Die Annalen des Mursilis, MVÄG 38, 1933, 72ff.
[88] KUB XIV 15, Rs IV,35-49. Der Staatsvertrag mit Mashuiluwa ist nicht erhalten. Suppiluliuma I., der Vater Mursilis, hatte dem damals nach Hattusa geflüchteten Mashuiluwa seine Tochter zur Frau gegeben und ihn zu seinem Bundesgenossen (ÌR^DU₄) durch Eid gemacht, KBo IV 4 u. IV 56ff.

wenig ergiebig erschienen. Die Sprachwissenschaftler[89] können nun aber zeigen, dass die so spät dokumentierten Sprachen bronzezeitlichen Ursprungs sind, womit sie auch für den Historiker Bedeutung bekommen dürften.

Das Lydische gehört zur altanatolischen Gruppe der indogermanischen Sprachfamilie, steht allerdings dem Luwischen ferner als das Karische und Lykische, die das Luwische direkt fortsetzen. Das Lydische ist aber ebenso alt wie das Hethitische und Luwische. Sprachwissenschaftliche und historische Indizien sprechen dafür, die Anfänge der Lyder am Marmara-Meer bis hin nach Bithynien zu suchen. Zu nennen wäre vor allem Daskyleion, ein Siedlungshügel, der uns vor wenigen Jahren schon ein altbabylonisches Rollsiegel mit akkadischer Aufschrift aus dem 18. Jh. beschert hat.[90] Schon in dieser Zeit könnte hier Lydisch gesprochen worden sein. Wann, wie und wodurch es zum großen Wechsel von der luwischen zur lydischen Sprache in weiten Teilen Westanatoliens kam, ist im Moment nicht zu beantworten.

Auf das Lydische und die Lyder muss sich das Interesse besonders konzentrieren, wenn es darum geht, für das homerzeitliche Westanatolien eine altanatolische Kultur nachzuweisen, d.h. eine Kultur, die ihre Wurzeln noch im 2. Jt. hat. Die Münzprägung, die bekanntlich den Lydern verdankt wird und von den Ioniern um 630 sofort übernommen wurde, ist zunächst einmal ein Beispiel für ein Kontaktphänomen, diesmal nicht sprachlicher, sondern technisch-künstlerischer Art.[91] Ein anderer Punkt kommt hinzu! Wenn sich die Münzprägung mit der bronzezeitlichen Siegelpraxis, wie sie für Hattusa und Troia und den Vorderen Orient insgesamt bezeugt ist, genetisch in Verbindung bringen ließe – diesen Vorschlag mache ich hier –, dann gewönne man ein handfestes Indiz dafür, dass die Lyder generell für die Bewahrung kultureller und materieller Errungenschaften des bronzezeitlichen Orients in Frage kämen. Ihre Bedeutung für Homer und die Ionier würde dann in einem ganz anderen Licht erscheinen.

Auch ob die Lyder ein Volk sind oder eher eine sozial vergleichbare Gruppe von Dynasten gleicher Sprache, lässt sich ebenfalls noch nicht entscheiden. Bald nach 700 v.Chr. sitzt jedenfalls ein lydisches Geschlecht, und zwar das der Mermnaden - Mermnadai bedeutet Sperber oder Falken - in Sardes. Bergsiedlung mit Palast und Unterstadt, die Tempel und Handwerkerviertel aufweist, lassen keinen Zweifel daran, in dieser Siedlung eine altorientalische Stadt zu sehen, die vom Siedlungstypos ihre nächste Parallele in Hat-

---

[89] Etwa H.C. Melchert, Anatolian Historical Phonology, Leiden Studies in Indo-European 3, 1994.

[90] T. Bakir, Archäologische Beobachtungen über die Residenz in Daskyleion, in: P. Briant (Hg.), Dans les pas des Dix-Mille, Pallas 43, 1995, 271.

[91] Vorläufig P. Högemann, Die Geburt der Rationalität aufgezeigt am Beispiel der Münzprägung, in: B.Gmelin/H. Weidinger (Hg.), Die Rationalität und der Zeitgeist, Atzelsberger Gespräche der Medizinischen Gesellschaft Nürnberg e.V., Bd. 5, 1999, 13-23.

tusa hat. Die Palastwirtschaft eines westanatolischen Dynasten mag Homer
vor Augen gehabt haben, wenn es in einem Gleichnis heißt:[92]
„Und gleich darauf rann das dunkelfarbene Blut aus der Wunde (des Mene-
laos),
Wie wenn ein maionisches (d.h. lydisches) oder ein karisches Mädchen
Elfenbein (*elephanta*)[93] färbt mit Purpur, als Wangenstück für die Pferde"
Generell gilt für die homerischen Gleichnisse, dass sie Fenster sind, die den
Blick freigeben in des Dichters eigene Zeit, und so wohl auch hier.

6. Anatolien als Landbrücke. Die „Kanaanisierung" Lydiens

Das expandierende Lyderreich grenzte etwas vor 600 im Südosten an Kilikien, dem luwisch-hurritischen Kizzuwadna der Spätbronzezeit. Von Gyges
wird berichtet, dass er mit Assurbanipal (668-ca. 630) in Verbindung stand,
dessen Bundesgenosse er sogar vorübergehend war.[94] Aufgrund der direkten
Kontaktstellung mit dem syro-phönikischen Raum bricht nun ein ganz anderer Orient über Lydien und Ionien herein.[95] Man könnte fast von einer Kanaanisierung sprechen: z.B. durch die „Sakrale Prostitution", was auch immer Herodot damit gemeint haben mag,[96] durch die kultische Verwendung
von Weihrauch[97] sowie schließlich durch das Symposion mit Klinen und
besonderem Geschirr. Das Symposion pflegte von lyrischen Darbietungen
mit Instrumentalbegleitung umrahmt zu werden. Alles das ist erst für die
nachhomerische Zeit bezeugt. Dass das Symposion von allen Griechen zuerst die Ionier erreichte, und zwar vermittels der Lyder, dafür sprechen folgende, zugegebenermaßen noch lose Indizien: Vergoldete und versilberte

---

[92] Il. 4,141-47, dazu C. Moulton, Similes in the Homeric Poems, Hyp. 49, 1977, 93 u. R. Plath, Der
Streitwagen und seine Teile im frühen Griechischen, Erlanger Beiträge zur Sprache, Literatur und Kunst
76, 1994, 361.
[93] *elephas* ist, wie andere wertvolle Materialien sonst auch, ein Lehnwort aus dem Hethitischen, E. Laro-
che, in: RPh 39 (1986), 56-59. H.G. Güterbock, Ivory in Hittite Texts, in: Anat. 15 (1971).
[94] Texte bei M. Cogan/H. Tadmor, Gyges and Ashurbanipal, in: Or. 46 (1977), 65-85. E. Lipinski, Gyges
et Lygdamis, in: OLoP 24 (1993), 65-71.
[95] Anders C.H. Greenwalt Jr., Croesus of Sardis and the Lydian Kingdom, in: J.M. Sasson, Civilizations
of the Ancient Near East II, 1995, 1173-1183, der den nahöstlichen Einfluss für gering hält.
[96] Hdt. 1,93; Strab. 13,4,7; Ael. var. 4,1 (ed. Morand). Vgl. W. Fauth, Sakrale Prostitution im Vorderen
Orient und im Mittelmeerraum, in: JAC 31 (1988), 24-39. M.I. Gruber, Hebrew qedashah and her Canaanite and Akkadian Cognates, in: UF 18 (1986), 133-148. G. Wilhelm, Marginalien zu Herodot Klio 199,
in: T. Abusch (Hg.), Lingering over Words. FS W. Moran. 1990, 505-524. In letzter Zeit mehren sich
allerdings die Stimmen, dass die sakrale Prostitution „an amalgam of misconceptions, presupposstions,
and inaccuracies" sei, das Herodot in die Welt gesetzt habe, so etwa J.G. Westenholz, Tamar, Qedesa,
Qadistu, and Sacred Prostitution in Mesopotamia, in: HThR 82 (1989), 245-265.
[97] Sappho 2 Voigt/L.-P. = 192 LGS, J. Latacz, Die griechische Literatur in Text und Darstellung. Archaische Periode, 1991, 408ff.

klinai erwähnt Herodot für die Lyder.[98] Der griechische Lyriker Alkman nennt als erster die *kline*.[99] Alkman soll nach einem Zeugnis des Aristoteles aus Sardes gebürtig sein (um 650), wirkte dann aber in Sparta, wo schon Terpander von Lesbos den Musikunterricht organisiert haben soll.[100] Von Alkman heißt es nun ausdrücklich, dass er die „dorische Lyra" mit „lydischen *asmata* ‚Liedern' gemischt" habe.[101] Die Lyder haben uns mehrere längere Gedichte hinterlassen.[102] M.E. ist die lyrische Dichtung, die in Ionien und auf Lesbos zuerst greifbar wird, das stärkste Indiz für die Priorität der Ostgriechen hinsichtlich der Übernahme des „kanaanäischen" Symposiums. Ich insistiere aber nicht darauf.

Bei so viel Orientalisierung dürfen die Eunuchen natürlich nicht fehlen. Und in der Tat, wir haben sie. Die Eunuchen haben Herodots Bild vom Orient maßgeblich bestimmt und so berichtet er einmal, dass Periander, der Tyrann von Korinth, 300 Söhne aus vornehmen griechischen Familien der Insel Kerkyra zum lydischen König Alyattes (um ca. 600 v.Chr.) nach Sardes hat auf den Weg bringen lassen, damit sie dort verschnitten würden.[103] Hat der Lyderkönig mit griechischen Eunuchen gehandelt, sie z.B. an die Höfe von Babylon oder Jerusalem verkauft, wo *ša rêši* bzw. *sarys* belegt sind – wenn dies denn Eunuchen sind[104] – oder hat er sie in sensible Hofämter seines eigenen Reiches eingesetzt, so seines Harems? Wir wissen es nicht.

Hier gilt es festzuhalten, dass Homer keine sakrale Prostitution kennt, kein Symposion und keine Eunuchen, aber auch keine Söldner,[105] die die Kehrseite des Luxus (*habrosyne*) bei den Lydern waren.

---

[98] Hdt, 1,50. Darstellungen von Klinen finden sich im 8. Jh. im syro-luwischen Raum und auf Kreta, s. H. Matthäus, Das griechische Symposion und der Orient, in: Nürnberger Blätter zur Archäologie 16 (1999/2000), 41-64.

[99] Poetae Melici Greci, ed. Page fr. 19 = Greek Lyric II (Loeb, ed. Campbell) p. 410.

[100] Greek Lyric II (Loeb, ed. Campbell) T 8 p. 342 u. F 16 p. 408.

[101] Himerius, or. 39,2 (p. 160, ed. Colonna).

[102] E. Littmann, Lydian Poetry, in: Ders., Lydian Inscriptions (Sardis, vol. VI), 1916, 58-62, u. H. Eichner, Probleme von Vers und Metrum in epichorischer Dichtung Altkleinasiens, in: G. Dobesch (Hg.), Hundert Jahre Kleinasiatische Kommission, DÖAW 236, 1993, 114-126. Eichner rechnet mit lydischen Einflüssen auf die lesbische Lyrik.

[103] Hdt. 3,48. In persischer Zeit wurden Eunuchen auch in Ephesos verkauft, Hdt. 8,105.

[104] Positiv H. Tadmor, The Inscriptions of Tiglat-Pileser III, King of Assyria, 1994, 44 und R. Mattila, The King's Magnates. A Study of the Highest Officials of the Neo-Assyrian Empire, State Archive of Assyria Studies 11, 2000, 131f. Im luwischen Karkamis hieß der Eunuch *wasinasi* (KARKAMIS A6 § 30).

[105] Den ältesten Beleg für *epikouros* im Sinne von Söldner bietet Archilochos (Mitte 7. Jh.) fr. 216 West: „Man nennt mich *epikouros*, so als wär' ein Karer ich." Die Lyder hatten ionische Söldner, FGrH 70 Ephoros von Kyme F 58, FGrH 90 Nikolaos von Damaskos F 65 u. Polyain. 7,22, dazu C. Talamo, La Lidia arcaica. Tradizioni genealogiche ed evoluzione istituzionale, Il mondo antico 10, 1979.

7. Noch einmal zu Homer!

Was lässt sich nach meinen Ausführung jetzt über Homer sagen? Homer ist wie Herodot Ostgrieche. Sie haben viele Wesenszüge gemeinsam, was daraus resultieren mag, dass sie in Nachbarschaft mit vorderorientalischen Hochkulturen lebten, die sie hochschätzten. Nachhaltige Versuche der letzten Jahre, die Ilias bis auf 650 herabzudatieren, laufen ins Leere, aber auch die traditionelle Datierung 730 oder gar 750 läßt sich mit den anatolischen Gegebenheiten, wie sie hier erörtert wurden, kaum in Einklang bringen. Ich möchte die Ilias in die Zeit vor Gyges und vor den Kimmeriersturm, d.h. in die Zeit zwischen 700 und 680, setzen. Die Odyssee ist später zu datieren, und es ist fraglicher denn je, ob sie denselben Autor hat wie die Ilias. Die Odyssee ist jedenfalls schon aufgrund der Stoffwahl, nämlich des Seefahrermärchens, viel stärker phönikischem Einfluss ausgesetzt gewesen, wie er z.B. in Chalkis auf Euboia anzutreffen war. Unser Homer, der Iliasdichter, wurde wohl in Smyrna geboren. Smyrna hat dem Namen nach als eine altanatolische, vielleicht luwische Gründung zu gelten, die erst ab dem 10. Jh. von griechischen Aiolern aus Lesbos besiedelt wurde.[106] Trotzdem wurde noch in der Zeit Homers weiterhin auch Karisch und Lydisch in Smyrna gesprochen.[107] Mit Homer tritt nun aber das Griechische als Verkehrssprache Ioniens in den Vordergrund.

Das alte Heldenlied vom Kampf um Troia, das vielleicht im 13. Jh. auf den Burgen von Mykene oder Theben zum ersten Mal zu Gehör gebracht wurde, hatte Homer von anderen Sängern in seiner Heimat kennen gelernt. Homer hat dann den mykenischen Stoff, der sich zur Zeit nur anhand mykenischer Ethnika und Toponyme einigermaßen sicher festmachen lässt, zur Rahmenhandlung seines eigenen Großgedichtes gemacht, dessen Titel im ersten Vers der Ilias steckt: „Vom Zorn des Peliden Achilleus". Denn die Sorgen Homers waren nicht die eines Antiquars, der nur darauf zu achten gehabt hätte, das alte Kampflied schadlos in seinem Bestand und seiner Intention zu transportieren. Die Troia-Geschichte, die alle seine Hörer kannten, musste zwar erkennbar, d.h. authentisch, bleiben, aber sie diente ihm nur als Kulisse, vor der er zeitgenössische Probleme griechischer Poleis in altanatolischer Umwelt zur Darstellung bringen wollte: „Kein Krieg mehr um Troia", das war die Moral von der Troia-Geschichte. Homer hat seine Ilias zu diesem Zweck nicht künstlich anatolisiert, sondern er schildert eine lebendige Kultur seiner Zeit, die noch vor der griechischen Dominanz im Kulturellen und Politischen lag.

---

[106] A. Heubeck, Smyrna, Myrina und Verwandtes, in: BNF 3 (1950), 270-82.
[107] R. Gusmani, Kleinasiatische Graffiti aus „Alt-Smyrna", in: Kadmos 14 (1975), 149.

Was ihn veranlasste, diese seine Ilias nach und nach zu verschriftlichen, wissen wir nicht. Er schrieb vermutlich auf Lederrollen, wohl noch nicht auf Papyros. Denn Herodot sagt, dass die Ionier ihre Bücher Felle nennen würden, weil sie früher, als sie noch kein Papyros hatten, auf Häuten geschrieben hätten.[108] Dass die Verschriftlichung der griechischen Literatur in Ionien ihren Anfang nahm, ist wohl mit der Kontaktstellung zur altanatolischen Kultur zu erklären, die ihrerseits die Brücke zur syro-phönikischen Welt herstellte, auf der die Alphabetschrift in den Westen gelangte.

8. Zur homerischen Religion

Hesiod und Homer hätten für die Griechen ihr Göttergeschlecht (θεογονίη) geschaffen und die Götter ihre Namen gegeben, sagt Herodot (2,53). Hätte dies Homer oder ein Ephesier oder Milesier in homerischer Zeit unterschreiben können, der den Kult der Artemis in Ephesos und des Apollon in Didyma aufmerksam beobachtete? Wohl kaum! Er wusste, dass Artemis und Apollon längst vor den Griechen verehrt wurden. Nur Herodot wusste es wohl nicht mehr.

Wie sah die religiöse Welt in Westanatolien vor und um 700, d.h. vor der Kanaanäischen Revolution aus? Auch hierfür ist Homer die wichtigste Quelle. Nach dem Gesagten mag man erahnen, dass vor dem altanatolischen Hintergrund besonders unsere Vorstellungen von der homerischen Religion einer gründlichen Revision unterzogen werden müssen. Grundsätzlich lässt sich sagen, dass die Religion Homers noch weitgehend bronzezeitlich geprägt ist. Ekstatische Gottheiten wie Kybele, die in Mysterien mit Tympana und Kymbala verehrt wurde, kennt Homer nicht. Er kennt auch keine Propheten, sondern nur „Seher" (manteis). Diese sind Techniker der Wahrsagekunst, wie z.B. die Vogelflugdeuter, die auch für Troia erwähnt werden.[109] Das Vogelflugorakel war die wichtigste divinatorische Praxis der Hethiter und ist originär hethitisch. Die Eingeweideschau hat Homer dagegen wohl nicht kennen gelernt, jedenfalls erwähnt er sie nicht.

Reinigung von Krankheiten, wie z.B. von Seuchen, durch magische Praktiken, davon berichtet die Ilias, davon berichten auch schon die hethitischen Rituale.[110] Von Sünde und Sündenreinigung in unserem Sinne ist aber weder bei den Hethitern noch in der Ilias etwas zu lesen. Eine katharsis, eine Puri-

---

[108] Hdt. 5,58, vgl. Martin L. West, Homer durch Jahrtausende, in: Troia - Traum und Wirklichkeit (Ausstellungskatalog), 2001, 108-111.

[109] J.N. Bremmer, Art. Divinatio, in: Der Neue Pauly 3, 1997, 709f.

[110] A. Kammenhuber, Orakelpraxis, Träume und Vorzeichenschau bei den Hethitern, Texte der Hethiter 7, 1976, speziell A. Goetze, Die Pestgebete des Mursilis, KAF I/2, 1929, 164f.

fikation z.B. von Blutschuld gibt es bei Homer nicht. Die erste Purifikation wird von Herodot berichtet: Der lydische König Kroisos habe einen phrygischen Prinzen entsühnt (c.550).[111]

Am Ende steht der Tod. Man lehnte sich nicht gegen ihn auf, er war etwas Natürliches. Eine Jenseitserwartung, wie sie sich dann aus pythagoreischen oder orphischen Vorstellungen in Griechenland entwickelte, gab es natürlich in homerischer Zeit noch nicht. Auch Mysterien, wie die von Eleusis,[112] finden bei Homer keine Erwähnung. In der Ilias gehen die Seelen der Toten in die Unterwelt, durch die Tore des Hades.[113] Hades hat eine indogermanische Etymologie; in Hades steckt nämlich die Wurzel *a-wid- „unsichtbar".[114] Hades ist der „Unsichtbare". Er spielte zusammen mit Kerberos, der die Pforten der Unterwelt bewachte, eine Rolle schon in der Jenseitsvorstellung der Indogermania. Wie das urindogermanische Erbe bei Homer von der Orientalisierung abzuheben ist, ist methodisch sehr schwierig und eine große Aufgabe, die eigentlich noch vor uns liegt und die der Gräzist und Althistoriker ohne die kollegiale Hilfe der Indogermanistik und Altorientalistik nicht wird lösen können. Wie sich beide Schichten zueinander verhalten und eine Verbindung eingehen, lässt sich nun schön am Beispiel des Hades zeigen. Denn Homer sagt, dass Hades die Unterwelt durch Losung (πάλλω) mit seinen Brüdern Zeus und Poseidon erhalten habe.[115] Eben dieser Umstand lässt sich im Indogermanischen nicht nachweisen, vielmehr hat sich gezeigt, dass das Motiv der Losung auf eine Entlehnung zurückgeht, die letzten Endes auf das Babylonische zurückweist. Denn die Verteilung der Welt durch Los hat ihr nächste Entsprechung im altbabylonischen Atrahasis-Mythos,[116] so Walter Burkert.[117] Wie der Übertragungsweg im Einzelnen verlief, wissen wir nicht. Der Hinweis aber verdient Beachtung, dass in Hattusa ein akkadisches Fragment des Atrahasis-Epos gefunden wurde. Von einem hethitischen Bruchstück nehmen die Herausgeber an, dass es die hethitische Spalte einer einst zweisprachigen Tafel sei. Trifft das zu, so liegt hier einmal eine wirkli-

---

[111] F. Hoessly, Katharsis. Reinigung als Heilverfahren. Studien zum Ritual der archaischen und klassischen Zeit sowie zum Corpus Hippocraticum, Hyp. 135, 2001; W. Burkert, Itinerant Diviners and Magicians, in: R. Hägg (Hg.), The Greek Renaissance of the 8th Century B.C. Tradition and Innovation. Proceedings of the 2nd Internat. Symposium at the Swedish Inst. in Athens, 1-5 June, 1981, 1983, 115-119 u. R.C.T. Parker, Miasma. Pollution and Purification in Ancient Greece, 1983, 370ff. (zu Hdt. 1,35: Kroisos entsühnt Adrastos).

[112] Dazu M. Janda, Eleusis. Das indogermanische Erbe der Mysterien, Innsbrucker Beiträge zur Sprachwissenschaft 96, 2000.

[113] Il. 5,646. J.N. Bremmer, The Rise and Fall of the Afterlife, 2002, 1-10

[114] R.S.P. Beekes, Hades and Elysion, in: J. Jasanoff (Hg.), Mír Curad, FS C. Watkins, Innsbrucker Beiträge zur Sprachwissenschaft 92, 1998, 17-28.

[115] Il. 15,187-193.

[116] Wolfram von Soden, Einführung in die Altorientalistik. 21992, 200ff.

[117] W. Burkert, The Orientalizing Revolution. Near Eastern Influence on Greek Culture in the Early Archaic Age, Revealing Antiquity 5, 1992, 90f.

che Übersetzung eines akkadischen Epos ins Hethitische vor.[118] Was Homer angeht, so würde sich dadurch die Ansicht verfestigen lassen, dass der anatolische Nahbereich unsere Ilias entscheidend mit geprägt hat. Als Vermittler kommen entweder die Luwier oder die Lyder in Frage. Ich zweifle nicht daran, dass uns vor allem neue Inschriftenfunde hier weiterbringen werden. Die Zeichen hierfür stehen günstig. Denn Troia und der „Troianische Krieg", wie er seit dem Sommer 2001 vor allem in den Medien seine Fortsetzung fand, haben nun auch die Blicke der Altorientalistik und der türkischen Archäologie auf den „fernen Westen" gelenkt, der sich nicht als griechisches Kolonialgebiet, sondern als altanatolisch-griechische Austauschlandschaft erwiesen haben dürfte und sich in Zukunft noch deutlicher erweisen wird.

---

[118] CTH 347. J. Siegelová, in: ArOr 38 (1970), 135-138. H.G. Güterbock, Hethitische Literatur, in: W. Röllig (Hg.), Altorientalische Literaturen, 1978, 234.

Reisen zum Orakel
Griechen, Lyder und Perser
als Klienten hellenischer Orakelstätten

Veit Rosenberger

Sprechen wir vom „Altertum",
so meinen wir meistens die griechisch-römische
Lebenswelt und damit eine solche von
vergleichsweise blitzblanker Neuzeitlichkeit.
(Thomas Mann, Joseph und seine Brüder)

Als der persische Großkönig Kyros im Rahmen seiner Westexpansion auch
die im Südwesten Kleinasiens gelegene Stadt Knidos bedrohte, wollten sich
die Bewohner der Stadt zunächst wehren. Die Knidier bewohnten eine
schmale langgezogene Halbinsel, die nur im Osten ein Isthmos mit dem
Festland verband. Um sich besser gegen die Perser verteidigen zu können,
begannen sie, den Isthmos zu durchstechen sowie Türme und Mauern zu
errichten. Doch die Arbeiten gingen nur schleppend voran und führten zu
außergewöhnlich zahlreichen und schweren Verletzungen. Besonders die
Augen der Arbeiter wurden dermaßen häufig durch Steinsplitter verletzt, daß
man dies für einen göttlichen Wink hielt. Man sandte Boten nach Delphi, um
nach dem Grund für diese Widrigkeiten zu fragen, und erhielt folgende
Antwort:
Ihr sollt am Isthmos Turmwerk nicht noch Graben bauen!
Zeus schuf ihn ja zur Insel, hätt´ er´s nur gewollt.
Danach beschlossen die Knidier, die Arbeiten aufzugeben und sich kampflos
dem Großkönig zu unterwerfen[1]. Nun mag dieser Orakelspruch eigens von
den Knidiern später so erzählt worden sein, um vor den anderen Griechen zu
erklären, warum sie sich nicht gegen die Perser gewehrt hatten; auch mag es
sein, daß man vor dem Persereinfall in Knidos tatsächlich debattierte, wie zu
verfahren sei – in diesem Fall war ein Orakelspruch, selbst ein erfundener,
eine Argumentationshilfe in der innerstädtischen Debatte[2].

---

[1] Herodot 1,174. Teile dieses Beitrages wurden in Vorträgen in Frankfurt, Odense sowie Stuttgart vorgestellt und profitierten von fruchtbaren Diskussionen. Für wertvolle Ratschläge danke ich ferner Gunther
Gottlieb; bei der Erstellung der Karten unterstützte mich Timo Bovi.
[2] J. Kindt, Delphische Orakelsprüche und soziale Kontrolle, in: K. Brodersen (Hg.), Prognosis: Studien
zur Funktion von Zukunftsvorhersagen in Literatur und Geschichte seit der Antike, 2001, 29f.

Zwei Aspekte dieser Episode verdienen besondere Beachtung. Zum einen ist
auf die weite Strecke von Knidos nach Delphi zu verweisen. Die Gesandten
hatten eine Strecke von rund 400 km Luftlinie zu bewältigen. Zu ihrer Rei-
seroute äußert Herodot sich nicht – betrieben sie Küstenschiffahrt, über-
brückten sie die Ägäis von Insel zu Insel, umschifften sie die Peloponnes
oder überquerten sie bei Korinth den Isthmos, um dann weiterzusegeln?[3]
War es üblich oder war es eher selten, daß man solche Wege in Kauf nahm,
um den Rat eines Orakels einzuholen? Daher sollen einige Überlegungen zu
den Distanzen, welche die Klienten der Orakelstätten zurückzulegen bereit
waren, vorgestellt werden. Zum anderen spiegelt sich in der Orakelbefragung das Verhältnis zwischen Griechen und einer Macht aus dem Alten Orient wider. Damit erhebt sich die Frage, welche Rolle Orakeln bei einem
kulturellen Austausch zwischen den Griechen und dem Osten zuwuchs[4].
Beide Themenkomplexe erfordern eine umfassende Untersuchung und können im vorgegebenen Rahmen nur angerissen werden. In einem ersten Teil
sollen Überlegungen zur Methode vorgestellt werden; das zweite Kapitel
widmet sich dem Kundenkreis Delphis bei Herodot. Im dritten Teil werden
mit Dodona und Lebadeia zwei weitere Orakelstätten aus dem Mutterland
beleuchtet, im vierten Teil mit Didyma und Klaros zwei kleinasiatische Orakel. Im fünften Teil sollen die Befragungen von Kroisos und Xerxes gegen-
übergestellt werden.

1. Zur Methode

In der Forschung finden sich zwar Auflistungen der erhaltenen Orakelsprüche nach dem Grad ihrer Authentizität oder ihrer Deutlichkeit bzw. Ambiguität[5], eine systematische Aufzählung der geographischen Herkunft der
Klienten eines Orakels hingegen wurde noch nicht in Angriff genommen.

---

[3] Es spricht vieles dafür, daß die primär auf dem Seeweg erreichbaren Orakel, wie etwa Delos, auf Dauer
nicht attraktiv genug waren. V. Rosenberger, Der alte Mann und das Meer: Das Meer und seine Bewohner als Träger prophetischen Wissens, in: K. Brodersen (Hg.), Prognosis: Studien zur Funktion von
Zukunftsvorhersagen in Literatur und Geschichte seit der Antike, 2001, 64f.
[4] In der Forschung der letzten Jahrzehnte wurde die enge Abhängigkeit des „griechischen Wunders" vom
Alten Orient herausgearbeitet. Cf. W. Burkert, Die orientalisierende Epoche in der griechischen Religion
und Literatur, 1984; O. Murray, Das frühe Griechenland, [4]1992, 106-131; 109: Wenn eine Idee, eine
Lehre oder ein Ritual eine kulturelle Grenze kreuzt, findet ein Tiefenwandel statt, der nicht immer an der
Oberfläche entdeckt werden kann. Jedes fremde Phänomen wird neu verstanden oder umgedeutet, bis es
in bereits vorhandene religiöse und soziale Muster paßt. Vergleiche auch den Beitrag von P. Högemann
im vorliegenden Band.
[5] So etwa bei H.W. Parke u. D.E.W. Wormell, The Delphic Oracle, 2 Bd., 1956; J. Fontenrose, The
Delphic Oracle, 1978. M. Dillon, Pilgrims and Pilgrimage in Ancient Greece, 1997, behandelt diese
Problematik nicht.

Dies mag darauf beruhen, daß ihre Erstellung zahlreiche methodische Probleme aufwirft.

1. Ein grundsätzliches Problem stellt unsere Überlieferungssituation dar. Wir wissen halbwegs Bescheid über die Vorgänge in Athen, unser Wissen über Sparta ist sehr von Mythen getrübt, über die übrigen griechischen Gemeinwesen besitzen wir nur durch gelegentliche literarische oder inschriftliche Zeugnisse Kenntnis[6]. Wie eine Inschrift aus dem 4. Jh. v.Chr. aus Oropos nahelegt, wurden spätestens seit dieser Zeit die Namen und die Herkunft der Anfragenden schriftlich festgehalten:

Den Namen des Inkubanten soll, sobald dieser das Geld einzahlt, aufschreiben der Küster, sowohl seinen Eigennamen wie den seiner Herkunftsstadt, und soll ihn veröffentlichen im Heiligtum, indem er ihn aufschreibt auf eine Holztafel, damit ihn sehen kann, wer will[7].

Zu bedenken ist, daß jeder neu entdeckte Text, jede neue Inschrift mit einer Aufzählung von Orakelsprüchen das Bild grundlegend ändern kann.

2. Eine scharfe Trennung zwischen authentischen und fiktiven Orakelsprüchen ist nicht wirklich durchführbar und soll daher auch nicht in die Untersuchung einfließen[8]. Es soll allein zählen, daß ein Orakelspruch überliefert wurde. Daher werden alle Anfragen mit gleicher Gewichtung behandelt. Bei einigen Orakelstätten, etwa im Fall von Dodona, läßt die Trennung nach der Quellengattung in literarisch und epigraphisch überlieferte Orakelsprüche Erkenntnisse erhoffen.

3. Bisweilen werden Antworten, etwa aus Delphi, bei unterschiedlichen Autoren unterschiedlichen Fragenden zugewiesen. Einmal erhielten die Argiver in Delphi einen Spruch, der auch den Milesiern galt[9]. In einem Fall soll Delphi sogar an alle Anfragenden denselben Orakelspruch gegeben haben[10].

4. Ebenso kann es sein, daß derselbe Orakelspruch unterschiedlichen Orakelstätten zugeschrieben wird. So mögen einige Sprüche, die Didyma zugeschrieben werden, auch aus Delphi sein.

5. Bisweilen ist die Lokalisierung eines Ortes unklar. Besonders deutlich wird dieses Problem bei einem der Orakeltäfelchen aus Dodona, in dem der Klient aus einem nicht näher spezifizierten Herakleia kommt: Rund ein Dutzend Orte dieses Namens sind bekannt. Auch sind die Ortsangaben in den

---

[6] H.-J. Gehrke, Jenseits von Athen und Sparta, 1986.
[7] Inscriptiones Graecae VII 235; Supplementum Epigraphicum Graecum 31, 416; Übersetzung nach K. Brodersen, W. Günther u. H.H. Schmitt, Historische griechische Inschriften in Übersetzung, Bd. 2, 1996, 92.
[8] L. Maurizio, Delphic Oracles as Oral Performances: Authenticity and Historical Evidence, ClA 16 (1997) 308-335.
[9] Herodot 6,77.
[10] Herodot 4,159.

Quellen nicht immer gleich präzise; zumeist wird die Stadt, bisweilen aber
nur die Region oder die Stammeszugehörigkeit eines Klienten angegeben.

6. Wir wissen nur in wenigen Fällen über die Gründe der Befragung eines
bestimmten Orakels Bescheid: Zog man eigens für eine Anfrage von der
Heimat zum Orakel oder konsultierte man ein Orakel, weil man auf einer
Reise ohnehin am entsprechenden Heiligtum vorbei kam? Wer als Zuschauer
oder als Wettkämpfer zu den Pythischen Spielen nach Delphi reiste, mochte
dies mit einer Befragung des Orakels verbinden. Eindeutig ist die Situation
nur, wenn eine Polis ein Orakel zu einem bestimmten Problem konsultierte -
sie verfügte über die Mittel, eine Gesandtschaft zu schicken.

7. Eine Beschränkung auf die Fälle, in denen eine Anfrage oder zumindest
ein Orakelspruch erhalten sind, ist bis zu einem gewissen Grad willkürlich.
Größer wäre die Breite, würde man noch alle Weihungen, z.B. in Delphi,
mitzählen. Pausanias etwa bietet eine eindrucksvolle Liste der wichtigsten
Weihgeschenke in Delphi[11]. Andererseits ist zu betonen, daß nicht jede
Weihung aufgrund eines Orakelspruches geschah. Nach den Perserkriegen
verteilten die wenigen Griechen, die gegen die Perser gekämpft hatten, aus
ihrer Beute Gaben nach Delphi, Olympia und an den Poseidon am Isthmos[12].
Orakel in Delphi und Olympia sind belegt; ein Orakel des Poseidon am
Isthmos jedoch nicht. Hier wurde ein Geschenk gegeben, weil man am
Isthmos eine letzte Verteidigungslinie aufgebaut hatte: Der Gott hatte, auch
bei den Seeschlachten, den verbündeten Griechen geholfen und verdiente
Dank. Um 480 weihten die Korkyraier aus den Erträgen eines außergewöhnlich erfolgreichen Thunfischzuges das Standbild eines Rindes in Delphi[13].
Dies geschah nicht als Dank für einen Orakelspruch, sondern sollte Reichtum und Glück der Korkyraier vor der griechischen Öffentlichkeit repräsentieren.

8. Aus Gründen der Vergleichbarkeit soll auch auf eine Auflistung der
Schatzhäuser verzichtet werden, die gleichsam als Botschafts- und Reprä-
sentationsgebäude einer Polis fungieren konnten[14]. Wenn eine Polis über ein
Schatzhaus in Delphi verfügte, so sind stärkere Kontakte und häufigere Anfragen zwar zu postulieren, aber nicht zu belegen[15].

9. Während in der früheren Forschung Delphi als Knotenpunkt der Kolonisation angesehen wurde, an dem Informationen über fremde Länder, günstige Häfen und Seerouten zusammenliefen, was den Priestern ein großes

---

[11] Pausanias 10,9-31.
[12] Herodot 9,81.
[13] Pausanias 10,9,3-4.
[14] A. Behrens-du Maire, Zur Bedeutung griechischer Schatzhäuser, in: W. Hoepfner u. G. Zimmer (Hg.),
Die griechische Polis, 1993, 76-81.
[15] H.A. Shapiro, Athena, Apollon, and the Religious Propaganda of the Athenian Empire, in: P. Hellström
u. P. Alroth (Hg.), Religion and Power in the Ancient Greek World, 1996, 101-113.

Wissen verschaffte und sie zu den Lenkern der Kolonisationsbewegung machte, wurde dieser These in den letzten Jahren widersprochen. Orakelsprüche im Kontext der Koloniegründungen mögen erst im Nachhinein entstanden sein, um das Ansehen einer Stadt zu erhöhen[16].

10. Eine, wenn auch wünschenswerte, Einteilung nach chronologischen Abschnitten ist aufgrund der dünnen Quellendecke nicht sinnvoll. Die Verteilungen, welche die wenigen Belege uns erlauben, sind nicht repräsentativ in dem Sinne, daß sich daraus ein Bild der Beliebtheit einer Orakelstätte im Lauf der Jahrhunderte erschließen ließe. Ohnehin ist von einem ständigen Bedarf nach göttlichem Ratschlag auszugehen, der nicht nur durch Orakel, sondern auch durch weitere Wahrsagetechniken wie die Deutung von Vorzeichen und Träumen gedeckt wurde[17]. Der Vorteil der ausgewählten Orakelstätten besteht darin, daß sie – mit wenigen Ausnahmen – in der gesamten Antike konsultiert wurden; bei vielen anderen Orakeln, etwa Delos, wurde der Betrieb bereits im 5. Jh. v.Chr. eingestellt[18].

11. Auch wenn Vollständigkeit erstrebt wurde, mag es sein, daß einige Orakelsprüche übersehen wurden.

2. Delphi bei Herodot

Die Orakelpraxis in Delphi ist in der Forschung heftig umstritten. Während Joseph Fontenrose von einem direkten Kontakt der Ratsuchenden mit der Pythia, ohne mantische Raserei, ausging[19], stellte sich Georges Roux die Pythia in einem Trancezustand vor[20]. Herbert W. Parke und Simon Price vertraten die Ansicht, daß der Klient die Pythia nicht sah, allenfalls hörte[21]. Nach Lisa Maurizio gab die Pythia die Sprüche, die Klienten konnten sie sehen und hören[22]. Meines Erachtens sind zwei unterschiedliche Szenarien,

---

[16] C. Morgan, Athletes and Oracles: The Transformation of Olympia and Delphi in the Eighth Century B.C., 1990, bes. 172-175; vgl. I. Malkin, Religion and Colonization in Ancient Greece, 1987; Th. Miller, Die griechische Kolonisation im Spiegel literarischer Zeugnisse, 1997; O. Murray, Das frühe Griechenland, 61999, 145f.; die alte Position vertritt v.a. A. Snodgrass, Archaic Greece: The Age of Experiment, 1980.

[17] Cf. S.R.F. Price, Religions of the Ancient Greeks, 1999, 74-76; V. Rosenberger, Griechische Orakel, 2001, 180.

[18] Siehe S.E. Alcock, Minding the Gap in Hellenistic and Roman Greece, in: S.E. Alcock u. R. Osborne (Hg.), Placing the Gods: Sanctuaries and Sacred Space in Ancient Greece, 1994, 248: sacred landscapes are shifting and fluid by nature.

[19] J. Fontenrose, The Delphic Oracle, 1978, 204-224.

[20] G. Roux, Delphi: Orakel und Kultstätten, 1971, 150.

[21] H.W. Parke, The Oracles of Zeus, 1967, 84f.; S. Price, Delphi and Divination, in: P.E. Easterling u. J.V. Muir (Hg.), Greek Religion and Society, 1985, 128-154; vgl. auch L. Bruit Zaidman u. P. Schmitt Pantel, Die Religion der Griechen, 1994, 126.

[22] L. Maurizio, Anthropology and Spirit Possession: A Reconsideration of the Pythia´s Role at Delphi, JHS 115 (1995) 69-86; vgl. J. Holzhausen, Zur Inspirationslehre Plutarchs in "De Pythiae oraculis",

die sich nicht gegenseitig ausschließen, möglich[23]. Zum einen ist ein direkter
Kontakt der Pythia mit den Klienten vorstellbar, bei dem die Pythia in welcher Form auch immer als inspiriert gelten kann. Dies trifft vor allem auf das
Bohnenorakel und alle Anfragen, in denen die Pythia lediglich aus verschiedenen Optionen auswählen mußte, zu[24]. Das zweite Szenario sieht folgendermaßen aus: Die Sprüche der Pythia wurden durch Vermittlung der verschiedenen Priester erteilt. Es gab um 200 v.Chr. zwei als *Hiereus* bezeichnete Priester, einen *Prophetes* und fünf *Hosioi*. Auch wenn wir nicht genau
den Aufgabenbereich der Priester kennen, und auch wenn ihre Anzahl im
Lauf der Jahrhunderte geschwankt haben mag, so standen der Pythia acht
männliche Priester zur Seite[25]. Keiner der vielen Erklärungsversuche für die
Art und Weise, wie das delphische Orakel funktionierte, läßt sich durch die
Quellen widerspruchslos untermauern. Vielleicht sollten wir angesichts der
zahllosen Berichte in der antiken Literatur über Anfragende, Orakelsprüche
und prachtvolle Weihgeschenke die kargen und uneinheitlichen Aussagen
über die Vorgänge im delphischen Orakel nicht verwenden, um die Orakel-
technik zu rekonstruieren, sondern sollten den einzig sinnvollen Schluß ziehen: Was zählte, war ein Spruch aus Delphi.

Parke listet 615 Orakelsprüche aus Delphi auf, wobei in den meisten Fällen
die Herkunft der Anfragenden bekannt ist[26]. Die Klienten kommen aus einem Raum, der von Etrurien und Rom im Westen bis hin zu den Lydern im
Osten und Ägypten im Süden reicht. Es soll hier nicht der Versuch unter-
nommen werden, alle Belege auf einer Karte zu verorten. Statt dessen erscheint eine Beschränkung auf Herodot sinnvoll. In der Darstellung Herodots manifestiert sich an den meisten Wendepunkten göttliches Eingreifen.
Neben Orakeln sind Träume, Vorzeichen, und andere Erscheinungen anzutreffen. Herodot zweifelt nicht an den Fähigkeiten der Seher und Propheten,
auch wenn er weiß, daß Prophezeiungen zu politischen Zwecken mißbraucht
werden können[27]. Immer wieder begegnen Vorzeichen: In Chios fiel, kurz
vor einer verheerenden Schlacht, auf die Kinder in einer Schule die Decke
herab, so daß von 120 Kindern nur eines überlebte – ein verheerendes Prodi-

Philologus 137 (1993) 72-91; St. Schröder, Platon oder Chrysipp: Zur Inspirationstheorie in Plutarchs
Schrift "De Pythiae oraculis", Würzburger Jahrbücher für die Altertumswissenschaft 20 (1994/95) 233-
256; Ch. Schnurr-Redford, Weissagung und Macht: Die Pythia, in: Th. Späth u. B. Wagner-Hasel (Hg.),
Frauenwelten in der Antike, 2000, 132-146.
[23] Vgl. P. Amandry, La mantique apollinienne à Delphes, 1950, 25-36.
[24] Zur Problematik des Bohnenorakels in Delphi: G. Rougemont, Corpus des inscriptions de Delphes, Bd.
1, 1977, 127-128.
[25] P. Amandry, La mantique apollinienne à Delphes, 1950, 115-125; Fontenrose 1978, 218-232.
[26] H.W. Parke u. D.E.W. Wormell, The Delphic Oracle, Bd. 2, 1956.
[27] F. Mora, Religione e religioni nelle Storie di Erodoto, 1985; P. Cartledge, Die Griechen und wir, 1998,
160; J. Romm, Herodotus, 1999, 144; Th. Harrison, Divinity and History: The Religion of Herodotus,
2002, bes. 122-157 und 243-247.

gium für die Chier[28]. Ebenso wies ein Erdbeben auf Delos auf Unglück für die Griechen hin[29]; tote Fische zappelten und verkündeten den Zorn der Götter[30]. Selbst bei Namen konnte man besonders hellhörig sein. Zeitgleich mit der Schlacht bei Plataiai machte man in Kleinasien von der guten Vorbedeutung des Namens Hegesistratos (=Heerführer) Gebrauch[31].

Bei Herodot werden Didyma und Dodona, ebenso wie auch Oropos und das Ammoneion in der Oase Siwa, jeweils dreimal konsultiert[32]. Zwei Befragungen sind für Abai, Lebadeia und Ephyra, je eine Anfrage ist für Ptoion sowie das Orakel des Apollon Ismenios in Theben belegt[33]. Diesen 20 Anfragen, die sich auf neun Orakelstätten verteilen, stehen 50 Anfragen an Delphi gegenüber – ein klares Indiz für die herausragende Rolle Delphis[34]. Innerhalb des herodoteischen Geschichtswerkes nimmt diese Verteilung nicht Wunder, da bereits im ersten Buch der Historien Kroisos durch seinen Orakeltest die überragende Zuverlässigkeit Delphis als Orakelstätte bestätigte; lediglich Oropos war von vergleichbarer Qualität, wurde aber von Kroisos nicht weiter frequentiert[35]. Die meisten Anfragen kommen aus Mittelgriechenland, der Peloponnes und der Ägäis. Hervorhebung verdienen die Spartaner, die gleich in elf Fällen Delphi befragten[36]. Zu dieser Zahl kommt noch die Nachricht, daß die Spartaner in den Jahren vor 510, wann immer sie in Delphi anfragten, auf Betreiben der Alkmeoniden die Auskunft erhielten, Athen von der Tyrannenherrschaft zu befreien. Wenn keine Polis so häufig das delphische Orakel konsultierte, so kann dies als Indiz für die Frömmigkeit der Spartaner gelten, die Herodot auch sonst immer unterstreicht. Damit

---

[28] Herodot 6,27.

[29] Herodot 6,98.

[30] Herodot 9,120.

[31] Herodot 9,91.

[32] Unbekannt ist die Orakelstätte in den folgenden Fällen: Amasis (2,174 + 3,16); Amathusier (5,114); Athener vor Salamis (7,189); Delos betreffend, Anfragende nicht bekannt (6,98); Sparta (8,141). Mardonios büßt den Spartanern nach dem Orakel den Tod des Leonidas (9,6).

[33] Didyma: Kroisos (1,46), Kyme (1,157 + 1,159); Dodona: Apollonia (9,93), Kroisos (1,46), Pelasger (2,52 auf Samothrake und Athen?); Oropos: Kroisos (1,46 + 1,53), Mys (8,134); Oase Siwa: Kroisos (1,46), ägypt. Städte Marea und Apis (2,18), Kyrene (2,32); Abai: Kroisos (1,46), Mys (8,134); Ephyra: Korinth (5,92 eta 2 + 5,92 eta 4); Lebadeia: Kroisos (1,46), Mys (8,134); Ptoion: Mys (8,134); Theben, Apollon Ismenios: Mys (8,34).

[34] Agyllaier=Caere (1,167); Apollonia (9,93); Argos (6,19 + 6,77 + 7,148); Elis (9,33); Epidauros (5,82); Delpher (7,178 + 8,36); Dolonker (Thraker 6,34); gemeinsame Anfrage aller kretischen Städte (7,169); Lemnos (6,139); Knidier (1,174); Korinth (5,92 beta 2 + 5,92 beta 3 + 5,92 epsilon 2); Kyrene (4,157 könnte auch unter Thera verbucht werden + 4,161); Metapont (4,15); Paros (6,135); Phokaia (1,165 ersichtlich aus 1,167,4); Samos (4,163); Sikyon (5,67); Siphnos (3,57); Theben (5,79). Nach der Schlacht bei Salamis schickten die verbündeten Hellenen einen Teil der Beute nach Delphi und fragten an, ob die Gaben genügend und wohlgefällig seien (8,122).

[35] Th. Harrison, Divinity and History, 2002, 145 erkennt keine qualitative Unterscheidung zwischen Delphi und den übrigen Orakelstätten bei Herodot. Cf. J. Kirchberg, Die Funktion der Orakel im Werke Herodots, 1965, 11-29.

[36] Sparta (Lykurgos 1,65 + 1,66 + 1,67,2 + 1,67,3 + Dorieus 5,43 + mehrfach [Alkmeoniden] 5,63 + 6,52 + 6,66 + 6,76 + 6,86 gamma 2 + 7,220=239).

steht auch die Verspätung der Spartaner bei der Schlacht bei Marathon in einem andern Licht – waren sie doch erst nach der Schlacht angekommen, da sie zunächst einen Ritus in Sparta zu beachten hatten. Von den Athenern und den Theraiern sind jeweils vier Fragen belegt[37]. Die Randgebiete der griechischen Welt sind nur spärlich vertreten; aus Unteritalien und Nordafrika (Kyrene) kommen je 2 Anfragen, aus dem Norden Griechenlands je eine Anfrage aus Apollonia und eine von den Dolonkern. Wenn aus Kleinasien nur die Phokaier und die Knidier je einmal Delphi konsultierten, so dürfte dies dadurch zu erklären sein, daß in Kleinasien andere Orakelstätten zur Verfügung standen. Anfragen aus dem Schwarzmeergebiet, Sizilien und weiter westlich wohnender Griechen fehlen völlig. Die einzigen Nichtgriechen, die Delphi befragten, waren die Lyderkönige. Neben Kroisos, der gleich viermal anfragte, sind auch seine Vorgänger Alyattes und Gyges zu nennen[38] (Karte 1*).

Der Sonderstatus Delphis manifestiert sich darin, daß von und nach Delphi außer den Ratsuchenden auch in regelmäßigen Abständen Prozessionen zogen. Nach Strabon stahlen die Boioter jedes Jahr des Nachts einen Dreifuß in Delphi, verhüllten ihn mit Kleidungsstücken und trugen ihn zur Konkurrenz nach Dodona[39]. Alle neun Jahre wanderten delphische Knaben vornehmer Abkunft nach Thessalien ins Tempetal zum Altar des Apollon. Der Altar war an der Stelle errichtet, an der Apollon einst selbst den Lorbeer geholt hatte, um sich vom Mord an der Python zu reinigen und nach Delphi zurückkehren zu dürfen. Bereits im Altertum wurde die Route „Pythische Straße" genannt, sie führte durch Thessalien, die Pelasgiotis, das Oite-Gebirge, das Gebiet der Ainianen, der Malier, Dorier und der hesperischen Lokrer[40]. In Athen wurden die als Pythaiden bezeichneten Gesandtschaften ursprünglich nicht einfach zu einem beliebigen Zeitpunkt, sondern erst nach bestimmten Blitzzeichen – am Ende des 2. Jh. v.Chr. nur alle acht Jahre – geschickt[41]. Auch von der Peripherie Athens, etwa von den Bewohnern der Gegend um Marathon, gingen regelmäßige Gesandtschaften nach Delphi[42]. Ferner zog aus Athen in jedem zweiten Jahr eine Schar athenischer Frauen von Athen nach Delphi. Ihr Ziel war nicht das Orakel, sondern sie wollten Dionysos, der sich während der Abwesenheit Apollons in den Wintermonaten in Delphi aufhielt,

---

[37] Athener (Herodot 5,89 + 6,35 + 7,140 + 7,141); Thera (Herodot 4,150 + 4,151 + 4,155 + 4,156).
[38] Gyges (Herodot 1,13); Alyattes (Herodot 1,19); Kroisos (Herodot 1,46 + 1,53 + 1,85 + 1,90, indirekt dazu 6,125).
* Anm. der Herausgeber: Die Karten befinden sich am Ende des Beitrags.
[39] Strabon 9,2,4=C 402.
[40] Aelian 3,1; vgl. Plutarch, Moralia 417F-418B; B. Wagner-Hasel, Der Stoff der Gaben: Kultur und Politik des Schenkens und Tauschens im archaischen Griechenland, 2000, 291f.
[41] Strabon 9,2,11=C 404.
[42] R. Parker, Athenian Religion, 1996, 332.

verehren[43]. Sie folgten dazu einer bestimmten Route mit festgelegten Punkten - wir wissen von einem Halt in Panopeus in Phokien - an denen sie rasteten und Tänze zu Ehren des Dionysos aufführten[44].

Als die Athener im Jahre 415 über eine Expedition gegen Syrakus debattierten - sie hofften, damit die wichtigste Nachschubbasis ihres Erzfeindes Sparta zu zerstören und gleichzeitig große Reichtümer zu erwerben - setzte die Anhängerschar um den Kriegstreiber Alkibiades auch Orakelsprüche aus der Oase Siwa ein, in denen dem Vorhaben Erfolg vorhergesagt wurde. Obgleich das delphische Orakel nicht gefragt wurde, wuchs Delphi eine wichtige Rolle zu. Ein halbes Jahrhundert zuvor hatten die Athener nach dem Sieg über die Perser ein goldenes Standbild ihrer Schutz- und Stadtgöttin Pallas Athene auf einer bronzenen Palme nach Delphi gestiftet. An diesem Siegesdenkmal gingen, so wird berichtet, während der Diskussionen in Athen seltsame Dinge vor. Raben hackten tagelang auf das Bildnis ein, bissen von der Palme die goldenen Früchte ab und warfen sie zu Boden[45]. Die Botschaft des Zeichens ist unmißverständlich: Wenn Raben, die Vögel des Apollon, das Denkmal eines athenischen Sieges beschädigen, so prophezeit der Gott den Athenern eine Niederlage. Sobald die Befürworter des Krieges gegen Syrakus in Athen von diesem schlechten Vorzeichen hörten, taten sie es als eine Erfindung der Delpher ab, die von den Syrakusanern und Spartanern dazu angestachelt worden seien. In Athen entschied man sich für die Expedition nach Sizilien, die in einer Katastrophe endete. Diese Episode zeigt, wie in Delphi, dem zentralen Ort der griechischen Welt, zahlreiche Informationsstränge zusammenliefen und unterschiedliche Interessenslinien sich kreuzten: Athener, die den Krieg gegen Syrakus wollten, Athener, die den Frieden mit Syrakus vorzogen sowie die Syrakusaner selbst führten durch das Berichten von Zeichen und ihre Deutung eine Debatte in der griechischen Öffentlichkeit. Es bleibt sich gleich, inwieweit diese Episode erfunden wurde oder nicht - was zählt ist, daß man in der Antike darüber sprach und schrieb.

3. Zwei weitere Orakelstätten im Mutterland: Dodona und Lebadeia

In Dodona, einem der großen panhellenischen Orakelzentren, waren Zeus, bisweilen auch Dione, sein weibliches Pendant, Orakelgeber. Dodona beanspruchte, das älteste Orakel in Griechenland zu sein und präsentierte sich damit als ernsthafte Konkurrentin zu Delphi. Zu den Orakeltechniken in

---

[43] Th. v. Scheffer, Hellenistische Mysterien und Orakel, 1940, 152f.
[44] Pausanias 10,4.
[45] Plutarch, Nikias 13.

Dodona gehörte zum einen das Deuten des Rauschens der heiligen Eiche,
zum anderen das Flugverhalten und die Rufe der heiligen Tauben. Im Gegensatz dazu stehen die archäologischen Funde: Erhalten sind zahlreiche
Orakeltäfelchen aus dem 5. Jahrhundert und aus späterer Zeit, in denen nach
Dingen des Alltags gefragt wurde, die wohl am ehesten durch ein Losverfah-
ren beantwortet wurden. Damit stehen wir in Dodona vor einer ähnlichen
Situation wie in Delphi. Auf der einen Seite gibt es die immer wieder literarisch tradierte Vorstellung von geheimnisvollen Techniken, auf der anderen
Seite bieten die archäologischen Quellen ein nüchternes Bild.

Die 26 in der antiken Literatur überlieferten Belege für eine Befragung Dodonas, die meisten sind in mythisch früher Zeit angesiedelt, unterliegen der
folgenden geographischen Verteilung[46]. Der Großteil der Klienten stammt
aus dem griechischen Mutterland einschließlich Nordgriechenlands. Aus der
Ägäis sind nur die Pelasger auf Lemnos vertreten, die in mythischer Frühzeit
Dodona konsultiert haben sollen. Aus dem Siedlungsgebiet der Griechen im
Osten und im Westen kommen keine Anfragen, sieht man von Kroisos und
den Pelasgern, in diesem Fall handelt es sich um in Umbrien ansässige Pelasger, ab. Zu den nicht lokalisierbaren Personen zählen mythologische
Gestalten wie Liber Pater, Herakles und Aeneas, ferner auch der Wander-
philosoph Apollonius von Tyana, der im 1. Jh. n.Chr. lebte[47]. Mit acht Anfragen steht Athen an der Spitze[48]. Demosthenes bemerkt in einer seiner
Reden, daß die Athener schon oft Orakel aus Dodona eingeholt hatten[49]. Wir
können davon ausgehen, daß sicherlich mehrere Dutzend, vielleicht sogar
einige hundert, Sprüche aus Dodona in Athen archiviert waren. Diese Notiz
bei Demosthenes offenbart einmal mehr den fragmentarischen Charakter
unserer Überlieferung; auch für andere Städte der griechischen Welt sind
ähnliche Sammlungen zu vermuten. Mit fünf Anfragen stehen die Spartaner
an zweiter Stelle[50]. Aus Theben sind drei Anfragen bekannt[51]. Wenn die

---

[46] Orestes aus Argos: Euripides, Andromache 886; Arkader aus Theutis bei Theisoa: Pausanias 8,28,6 (im troianischen Krieg); Kroisos: Herodot 1,46; Pelasger: Herodot 2,52; Pelasger aus Umbrien: Dionys von Halikarnass 1,19,3; Apollonia: Herodot 9,93; Kalydonier: Pausanias 7,21, 2-3 (mythisch); Thessaler: Philostratos, Heroikos 53,8 (im troianischen Krieg); Pyrrhos, der Sohn des Achilles: Justin 17,3; Aletes, mythischer König von Korinth: Sch. Pindar N 7,155; Pyrrhos v. Epiros: Cassius Dio 9,6 (280 v.Chr.); sein Sohn Alexander: Strabon 6,1,5; Livius 8,24,1 (~250 v.Chr.).
[47] Liber Pater: Hygin, De Astronomia 2,23; Herakles: Sophokles, Trachiniai 172; Aeneas: Dionys von Halikarnass 51,1,5; Apollonios von Tyana: Philostratos, Vita Apollonii 4,24.
[48] Athen: Apheidas, Nachkomme des Theseus: Pausanias 7,25,1; Themistokles: Plutarch, Themistokles 28,5; evtl. im Peloponnesischen Krieg: Pausanias 8,11,12; Demosthenes, Oratio 21, 52 und 53 (zwei Orakelsprüche, die sich schon längere Zeit in Athen befanden); Plutarch, Phokion 28 (um 322); Hypereides, Euxenippos 24 (um 325); Einführung des Bendiskultes: Inscriptiones Graecae II² 1283,5 (Mitte 3. Jh.).
[49] Demosthenes, Oratio 21, 54.
[50] Sparta: (Lykurgos - Cicero, De Divinatione 1,96; Lysander - Diodor 14,13,4; Plutarch, Lysander 25,3; Nepos, Lysander 3,2; Agesilaos - Plutarch, Moralia 208 F; Spartaner mit Arkadern kurz vor Leuktra - Diodor 15,72,3; vor Leuktra – Cicero, De divinatione 1,76).

Boioter im Gegensatz zu allen anderen Griechen die Orakelsprüche in Dodona von Männern erhielten und jedes Jahr einen Dreifuß von Delphi nach
Dodona entführten, so mag dies eine besonders enge Verbindung ausdrü-
cken, die sich allerdings nicht in belegten Anfragen am Orakel nieder-
schlägt[52]. (Karte 2)
Im Falle Dodonas verfügen wir durch die zahlreichen erhaltenen Orakeltäfelchen über eine einzigartige Quellengattung, durch die sich die literarische
Überlieferung überprüfen läßt. Von den rund hundert publizierten Orakeltäfelchen finden sich auf 16 Angaben über die Herkunft der Anfragenden.
Diese geringe Zahl mag erstens mit dem Erhaltungszustand zu erklären sein,
da nur wenige Täfelchen gänzlich erhalten sind; zweitens ist nicht auszu-
schließen, daß beim Fehlen einer Ortsangabe der Klient aus Dodona selbst
oder der unmittelbaren Umgebung stammte, so daß sich die Eintragung „aus
Dodona" erübrigte. In diesem Fall würde sich unser Bild dramatisch verän-
dern, da wir eine Häufung der Anfragenden aus Dodona hätten. Drittens,
dies ist die wohl wahrscheinlichere Annahme, gab es keine festen Vorgaben
über das, was auf den Täfelchen zu notieren war; was zählte, war vor allem
die Antwort des Orakels. Nun liegt die Vermutung nahe, daß die
epigraphisch überlieferten Anfragen im Gegensatz zu den literarisch überlieferten Anfragenden aus der unmittelbaren Nähe der Orakelstätte kamen.
Aufschlußreich ist hierbei die Unterteilung der Orakeltäfelchen nach Anfragen durch Staatswesen und durch Privatpersonen. Fälle, in denen lediglich
aufgrund des Dialektes die Herkunft der Anfragenden eingegrenzt werden
kann, werden nicht beachtet[53].
Wer erwartet, daß Gemeinwesen aufgrund ihrer in der Regel besseren finan-
ziellen Ausstattung einen weiteren Weg nach Dodona als die Privatpersonen
in Kauf nahmen, wird eines anderen belehrt. Von den insgesamt acht anfragenden Poleis liegen, mit der Ausnahme von Tarent, alle in der direkten
Umgebung um die Orakelstätte: Im Binnenland Dodona selbst, Byllis sowie
Mondaia in Thessalien; an der Küste von Norden nach Süden Orikos in einer
Anfrage zusammen mit Korkyra, die Polis der Chaones, Onchesmos, eine
Hafenstadt gegenüber Korkyra, Korkyra allein mit zwei Anfragen[54]. Es fällt

---

[51] Theben: Kreon: (Euripides, Andromache 982); Pelarge: Pausanias 9,25,8 (mythisch); Pelasger aus Theben: Strabon 9,2,4=C 402.
[52] Strabon 9,2,4=C 402.
[53] Der Anfragende in Sammlung griechischer Dialektinschriften 2,1559 muß aus Thessalien stammen.
[54] Tarent: Sammlung griechischer Dialektinschriften 2,1567=SEG 43,318 (325-300 v.Chr.); Dodona: Supplementum Epigraphicum Graecum 19,427 (4. Jh. v.Chr.); Byllis (es gibt 2 Städte dieses Namens in der Region): Supplementum Epigraphicum Graecum 43,334 (360-50 v.Chr.); Mondaia: Sammlung grie- chischer Dialektinschriften 2,1557; Korkyra und Orikos: Supplementum Epigraphicum Graecum 23,474 (4. Jh. v.Chr.); Polis der Chaones: Supplementum Epigraphicum Graecum 15,397 (4. Jh. v.Chr.); On- chesmos: Supplementum Epigraphicum Graecum 43,336 (400-350 v.Chr.); Korkyra: Sammlung griechi- scher Dialektinschriften 2,1562 und 2,1563.

dabei auf, daß all diese Orte nördlich von Dodona liegen (Karte 3). Die privaten Anfragen kreisen um sehr persönliche Themen: Männer wollen wissen, ob sie heiraten sollen, ob ihre Frau ein Kind - vornehmlich einen Sohn - gebären werde oder ob das Kind, das ihre Frau zur Welt gebracht hat, tatsächlich auch ihr Kind sei; man fragt, ob man eine geplante Reise oder einen Umzug durchführen solle. Ferner fragt man bei Krankheit und allgemein nach der Möglichkeit, wie man die Unterstützung der Götter erlangen und bewahren könne. Im Unterschied zu den Fragen durch Gemeinwesen verteilt sich die Herkunft der neun privaten Klienten auf weite Teile des griechischen Siedlungsraumes. Sie kommen aus Herakleia und Metapont in Unteritalien, im griechischen Mutterland von Norden nach Süden aus Apollonia, Ambrakia, Athen und – die Heimat eines gewissen Ariston ist nicht gänzlich gesichert – aus Korinth. Aus der Ägäis ist Paros zu nennen. Sonderfälle sind Pyrrhos und der Piratenkönig Zeniketes. Für Pyrrhos als König von Epiros war Dodona die wichtigste Orakelstätte seines Herrschaftsgebietes. Aus Kleinasien ist nur der lykische Piratenkönig Zeniketes, der ca. 84-77 v.Chr. sein Unwesen trieb, zu erwähnen (Karte 4). Ob er eigens nach Dodona fuhr, eine Gesandtschaft schickte, oder ob er einfach im Rahmen einer Raubfahrt bis nach Nordwestgriechenland gekommen war, läßt sich nicht entscheiden. Doch da in Kleinasien genügend Orakelstätten zur Verfügung standen, ist die letztere Möglichkeit wahrscheinlich.[55]

Ähnlich wie bei den literarischen Belegen kommen die meisten Anfragen aus dem griechischen Mutterland, wobei sich eine eindeutige Konzentration auf den Nordwesten konstatieren läßt. Es sieht zwar schon so aus, als würden die Nachbarstaaten Dodonas das Orakel konsultieren. Doch die literarischen Belege, vor allem die häufigen Anfragen aus Sparta und Athen, können das Bild korrigieren, das die epigraphischen Belege bieten. Inwiefern dies Ausdruck einer losen politischen Zusammengehörigkeit ist, muß offen bleiben. Der epirotische Bund wurde erst später gegründet.

Neben Delphi und Dodona besaß das Orakel des Trophonios in Lebadeia eine wichtige Bedeutung im griechischen Mutterland. Pausanias bietet eine ausführliche Beschreibung der Orakelpraxis[56]. Am Anfang standen Reinigungen und Opfer. Priester geleiteten den Klienten zu mehreren nah beiein-

---

[55] Herakleia, will nach Taras: Supplementum Epigraphicum Graecum 43,326 (340-330 v.Chr.) mindestens 11 Städte dieses Namens sind bekannt, ich folge der vom Herausgeber des Textes vorgeschlagenen Identifizierung des Ortes; Metapont: Supplementum Epigraphicum Graecum 43,322 (400-375 v.Chr.); Deinokles aus Apollonia: Supplementum Epigraphicum Graecum 43,332 (350-325 v.Chr.); Ambrakia: Sammlung griechischer Dialektinschriften 2,1564; Diognetos aus Athen: Sammlung griechischer Dialektinschriften 2,1596; Ariston aus Korinth: Supplementum Epigraphicum Graecum 43,330 (frühes 3. Jh. v.Chr.); Paros: Supplementum Epigraphicum Graecum 43,328 (um 400); Pyrrhos: Supplementum Epigraphicum Graecum 43,342 (ca. 291); Zeniketes: Supplementum Epigraphicum Graecum 28,530; ZPE 30,247f.
[56] Pausanias 9,39.

ander entspringenden Quellen, aus denen er das Wasser des Vergessens trank; er sollte alles vergessen, was er bisher gedacht hatte. Erst dann begab man sich auf den Berg zur eigentlichen Orakelstätte, einer kleinen Plattform aus Marmor mit einer Tür aus Bronze, dahinter war ein ausgebauter Erdschlund. Vom Bodenniveau gelangte man durch ein Loch in der Seite nach innen. Da der Raum so eng war, mußte sich der Klient dazu auf den Boden legen und die Füße ins Loch schieben. Sobald die Knie hindurch waren, wurde er von der anderen Seite ergriffen und wie durch einen Wasserwirbel hereingezogen. Nach der Rückkehr an die Oberwelt wurde der Klient von den Priestern auf den sogenannten Thron des Erinnerns gesetzt. Sie gaben ihm vom Wasser des Erinnerns, das aus einer anderen Quelle stammte, und fragten ihn, was er gesehen und erfahren habe.

Die wenigen literarisch belegten Orakelsprüche, in denen wir über die Herkunft der Anfragenden Bescheid wissen, verteilen sich zum einen auf die unmittelbare Nachbarschaft des Orakels. In mythischer Zeit kamen Abgesandte aus allen Städten Boiotiens, die auf den Rat Delphis in Lebadeia den Eingang zur Orakelhöhle suchten[57]; Timarchos von Chaironeia, ein Schüler des Sokrates, mag auch aus Athen statt aus Chaironeia angereist sein[58]. Ferner sind zwei Anfragen der Thebaner vor der Schlacht bei Leuktra (371 v.Chr.) überliefert, in der sie die Spartaner besiegten und für kurze Zeit zur Hegemonialmacht in Griechenland aufstiegen[59]. Zum anderen kommen die Anfragenden aus der Peripherie der griechischen Welt: Aus dem Westen sind die Römer – allerdings im Rahmen eines Feldzuges in Griechenland – mit zwei Anfragen sowie Parmeniskos aus Metapont[60] zu nennen, aus dem Osten Kroisos[61]. Die beiden Klienten aus Nordgriechenland waren Mardonios, in dessen Auftrag Mys mehrere Orakelstätten besuchte, sowie der Makedonenkönig Philipp II.[62] Unklar ist die Lokalisierung der folgenden Fälle: Xuthos, der Vater des Ion, und Apollonios von Tyana. Pausanias rühmt sich, selbst das Orakel befragt zu haben, was er wohl im Rahmen einer Reise durch Mittelgriechenland machte[63].

Nach Pausanias mußte jeder, der ins Heiligtum des Trophonios hinabgestiegen war, das, was er gesehen oder gehört hatte, auf einer öffentlich aufge-

---

[57] Pausanias 9,40,1.
[58] Plutarch, De genio Socratis 590 A.
[59] Pausanias 4,32,5; Polyain 2,3,8,7 sowie Diodor 15,53,4.
[60] Plutarch, Sulla 17,1; Athenaios 14,614a.
[61] Herodot 1,46.
[62] Herodot 8,134; Aelian, Varia historia 3,45.
[63] Xuthos könnte von Athen aus angefragt haben (Euripides, Ion 300, 393, 405); Apollonios von Tyana (Philostratos, Vita Apollonii 8,19); Pausanias selbst (9,39,14); der Leibwächter des Demetrios (Pausanias 9,39,12). Der mythische messenische Held Aristomenes ging auf Geheiß des delphischen Orakels nach Lebadeia, stieg in die Höhle hinab und erhielt dort seinen Schild wieder, den er in der Schlacht gegen die Spartaner verloren hatte (Pausanias 4,16,7); von einem Orakelspruch ist nicht die Rede.

stellten Tafel niederschreiben[64]. Eine Vorstellung erhalten wir durch eine Inschrift aus dem 4. Jh. v.Chr., in der die Namen derjenigen ausgeführt werden, die freiwillig eine erhöhte Orakelgebühr zahlten[65]. Im Text werden Name, Herkunft und die gezahlte Summe genannt: Mit der Ausnahme des Makedonenkönigs Amyntas, als dessen Herkunft wir die Hauptstadt Pella annehmen können, liegen die Wohnorte der übrigen Personen kranzförmig in einem Radius von 40-60 km um Lebadeia. Im Uhrzeigersinn im Nordosten beginnend handelt es sich um Chalkis auf Euboia, Tanagra, Pellene, Ktenion und – hier ist die Lokalisierung eher unklar – die Lokris (Karte 5). Hervorhebung verdienen drei Aspekte. Erstens verteilen sich die Anfragenden aus der näheren Umgebung nicht nur auf Boiotien, sondern auch auf Euboia und die Peloponnes. Zweitens ist es im Falle des Makedonenkönigs gut möglich, daß er sich durch Gesandte vertreten ließ. Drittens ist bei aller Vorsicht angesichts der dünnen Quellendecke in den epigraphischen Belegen ein engerer Kreis von Klienten als in der Literatur zu erkennen. Von der jeweils einen epigraphisch und literarisch belegten Anfrage eines makedonischen Königs auf eine besondere Beziehung zum Orakel in Lebadeia zu schließen, wäre zu gewagt.

4. Die kleinasiatischen Orakelstätten Didyma und Klaros

Die Orakelpraxis von Didyma liegt weitgehend im Dunkeln, scheint aber ebenso wie das Heiligtum selbst mit der Eroberung durch die Perser eine einschneidende Zäsur erlitten zu haben. Wurden die Orakel vor der Zerstörung durch Männer aus dem Geschlecht der Branchiden gegeben, so verkündete nach dem Wiederaufbau eine Frau die Sprüche. Genaueres wissen wir nur über die zweite Blütephase. Vor einer mantischen Sitzung, die nur des Nachts[66] stattfand, mußte die Prophetin drei Tage lang fasten und sich kultisch reinigen. Beim Orakelspruch selbst saß sie auf einer Achse, netzte ihre Füße mit dem Wasser der heiligen Quelle, atmete ihren Dunst ein und geriet dadurch in mantische Ekstase. Die Anfragenden wurden im Tempel vom Prophetes empfangen, der sie durch einen der Gänge in die Nähe der Seherin führte. Danach brachte der Prophetes die Anfrage zur Seherin, sie erteilte den Spruch und der Prophetes übermittelte ihn mündlich an die Klienten. Daher stellte der Prophetes das Bindeglied zwischen den Anfragenden und

---

[64] Pausanias 9,39.
[65] Sammlung griechischer Dialektinschriften I 413 + p. 393; Inscriptiones Graecae VII 3055; K. Brodersen, W. Günther u. H.H. Schmitt, Historische griechische Inschriften in Übersetzung, Bd. 2, 1996, 91.
[66] J. Rodriguez Somolinos, Le plus ancien oracle d´Apollon Didyméen, Epigraphica Anatolica, 17 (1991) 69-71.

der Seherin dar[67]. Im Schicksal des didymäischen Orakels spiegelt sich die abwechslungsreiche Geschichte der Griechen Kleinasiens wider. Als die Ionier 500 v.Chr. den Abfall vom Perserreich planten, überlegte man, die Weihgeschenke des Kroisos in Didyma zu Geld zu machen, um damit Söldner zu bezahlen – verwarf aber die Entweihung der Geschenke. Vor dem Beginn des Ionischen Aufstandes fragten die Milesier sicherlich in Didyma an, doch ist kein Spruch überliefert. Als hingegen die Argiver in Delphi wegen einer anderen Angelegenheit anfragten, erhielten sie eine Antwort, die sich auf Milet bezog:

Auch du, stolzes Milet, du Urheberin böser Taten,
Wirst zum leckeren Mahl, zur herrlichen Gabe für viele.
Waschen werden die Frauen die Füße langhaarigen Männern,
Und in Didyma werden den Tempel uns andere hüten.

Der Spruch ging in Erfüllung, da die siegreichen Perser langes Haar trugen; sie zerstörten Milet 494 oder 479 – eine genaue Datierung ist unklar – und führten den Orakelkult von Didyma nach Baktrien[68]. Unter der persischen Oberhoheit verwaiste das Orakel in Didyma. Die zweite Blütezeit begann nach 334, als Alexander der Große auf seinem Feldzug gegen das Perserreich die Griechenstädte Kleinasiens befreite.

In der Auflistung bei Fontenrose sind einschließlich der fragmentarischen Sprüche sowie der in der Zuweisung fraglichen Orakel insgesamt 79 Orakel aus Didyma zusammengetragen, von denen etwa die Hälfte Angaben zur Herkunft der Anfragenden liefert[69]. Literarisch bezeugt sind vor allem Könige. Zunächst drei mythische Gestalten: Der Gründer Milets, Neileos aus Pylos, Sohn des athenischen Königs Kodros, der milesische König Laodamas sowie der aus Argos stammende Lyrkos, der als König von Kaunos Didyma befragte. Kroisos schloß in seinem Orakeltest auch Didyma ein. Seleukos I., in dessen Reich Didyma die wichtigste Orakelstätte war und die er dementsprechend mit Weihgeschenken ausstattete, konsultierte das Orakel mindestens dreimal. Unter den römischen Kaisern sind Diokletian, Licinius und Julian zu nennen[70]. Ferner sind zwei Befragungen durch Kyme und durch die Milesier, sowie eine Anfrage durch die Karer bekannt[71].

[67] Zu Didyma: W. Günther, Das Orakel von Didyma in hellenistischer Zeit, 1971; H.W. Parke, Oracles of Apollo in Asia Minor, 1985, 1-111; J. Fontenrose, Didyma. Apollo´s Oracle, Cult, and Companions, 1988; N. Ehrhardt, Didyma und Milet in archaischer Zeit, Chiron 28, 1998, 11-20; R. Baumgarten, Heiliges Wort und Heilige Schrift bei den Griechen, 1998, 25-29; W. Burkert, Olbia and Apollo of Didyma, in: J. Solomon (Hg.), Apollo: Origins and Influences, 1999, 49-60.
[68] Herodot 6,18-19. Zu dieser in der Forschung umstrittenen Aktion cf. T. Scheer, Die Gottheit und ihr Bild: Untersuchungen zur Funktion griechischer Kultbilder in Religion und Politik, 2000, 252-257.
[69] J. Fontenrose, Didyma, Apollo´s Oracle, Cult, and Companions, 1988.
[70] Neileus: Fontenrose 59 (mythisch); Laodamas: Fontenrose 60 (mythisch); Lyrkos aus Argos: Fontenrose 57 (mythisch); Kroisos: Fontenrose 37 (~550 v.Chr.); Seleukos: Fontenrose 41, 42 und 43 (~334

Nun zu den epigraphisch bezeugten Orakelsprüchen. Zunächst die Anfragen durch eine Polis, von Norden nach Süden: Kyzikos, Pergamon, Teos, Milet, Iasos sowie die Insel Kalymnos. Von den meisten dieser Orte war der Weg nach Didyma nicht weit: Teos, Milet, Iasos und Kalymnos sind rund 50 km vom Orakel entfernt. Ferner ist die überragende Bedeutung Milets herauszustreichen. Während von den anderen Städten jeweils nur eine Frage an das didymäische Orakel belegt ist, können wir 8 Anfragen sicher Milet zuweisen, 6 weitere sind mit einem Fragezeichen zu versehen[72]. (Karte 6)
Auch die Anfragen durch Privatpersonen stammen vor allem aus der unmittelbaren Nähe. In zehn Fällen ist die Herkunft aus Milet gesichert, in fünf weiteren wahrscheinlich. Ihnen steht jeweils ein Klient aus Kos und aus Alexandria gegenüber. Da der Text von Frage und Antwort des Orakels an der Wand des milesischen Sarapeum festgehalten ist, liegt es nahe, daß der Anfragende aus dem ägyptischen Alexandria stammte. Es ist allerdings unklar, ob er tatsächlich aus Alexandria kam, um das Orakel zu konsultieren, oder ob er nicht seit langem schon etwa in Milet lebte, aber immer noch stolz seine Herkunft aus der ägyptischen Metropole vorführte[73]. (Karte 7)
Angesichts der engen Verbindungen zwischen Didyma und Milet verwundert es nicht, daß die Milesier den Großteil der Anfragenden stellten. Während die Polis der Milesier überwiegend in hellenistischer Zeit anfragte (7 Konsultationen), nur ein Fall aus dem 2. Jh. n.Chr. ist belegt, verhält es sich bei den Privatpersonen umgekehrt: Eine Anfrage stammt aus dem 1. Jh. n.Chr., die übrigen aus dem 2. und 3. Jh. n.Chr. Auch wenn diese Zahlenverhältnisse durch die Zufälle der Überlieferung bedingt sein mögen, können sie

---

v.Chr.); Diokletian: Fontenrose 33 (303 n.Chr.); Licinius: Fontenrose 55 (323 n.Chr.); Iulian: Fontenrose 56 (362 n.Chr.) .

[71] Kyme: Fontenrose 38 und 39 (6. Jh. v.Chr.); Milesier: Fontenrose 4 (331 v.Chr.) und 36 (6. Jh. v.Chr.); Karer: Fontenrose 40 (~500 v.Chr.). Für unsere Untersuchung unbrauchbar sind die folgenden Fälle, da es sich möglicherweise um Orakel aus Delphi handelt. Milesier: Fontenrose 34 und 35; Nikaia: Fontenrose 48.

[72] Kyzikos: Fontenrose A9 (severisch); Pergamon: Fontenrose A7 (Mitte 2. Jh. n.Chr.?); Teos: Fontenrose 11 (201 v.Chr.); Milet: Fontenrose 5 (228/7 v.Chr.); 6 (228/7 v.Chr.); 7 (223/2 v.Chr.); 8 (~225 v.Chr.); 10 (205-200 v.Chr.); 12 (180 v.Chr.); 13 (nach 130 v.Chr.); 25 (2. Jh. n.Chr.?); wahrscheinlich aus Milet: Fontenrose 1 (6. Jh. v.Chr.); Fontenrose 3 (6. Jh. v.Chr.?); Milesier oder Andronikos, Aufseher der Arbeiten am Tempel: Fontenrose 14 (spätes 2. Jh. v.Chr.); Fontenrose 32 (~300 n.Chr.); Arbeiter im Tempel (?): Fontenrose A2 (~200 n.Chr.); Verehrer des Bacchus: Fontenrose A4 (2. Jh. n.Chr.?); Iasos: Fontenrose 9 (3. Jh.v.Chr.); Kalymnos: Fontenrose A1 (2. Jh.n.?).

[73] Appheion aus Alexandria: Fontenrose 20; cf. R. Merkelbach u. J. Stauber, Steinepigramme aus dem griechischen Osten, Bd. 1, 1998, 118 (~130 n.Chr.); Lochos aus Kos: Fontenrose 15 (~100 v.Chr.). Die folgenden Personen kommen aus Milet. Name unklar: Fontenrose 17 (1. Jh. n.Chr.); Arbeiter am Theater von Milet: Fontenrose 19 (~120 n.Chr.); Priesterin Alexandra: Fontenrose 22 (2. Jh. n.Chr.); Priesterin Alexandra: Fontenrose 23 (2. Jh. n.Chr.); Hermias: Fontenrose 27 (3. Jh. n.Chr.?); Hermias: Fontenrose 28 (3. Jh. n.Chr.?); der Prophet Flavius Ulpianus: Fontenrose 29 (3. Jh. n.Chr.); der Prophet Damianos: Fontenrose 30 (285-305); der Prophet Damianos: Fontenrose 31 (285-305); der Prophet Ulpius Athenagoras: Fontenrose A1 (202 n.Chr.). Privat, wahrscheinlich aus Milet: Fragender unklar: Fontenrose 18 (~100 n.Chr.); Karpos: Fontenrose 21 (~130 n.Chr.); eine Frau: Fontenrose 24 (190-200 n.Chr.); Hermias: Fontenrose 26 (3. Jh. n.Chr.?); Priester (?): Fontenrose A5 (kaiserzeitlich).

als Indikator für einen wachsenden Individualismus dienen, der durch die über Jahrhunderte dauernde außenpolitische Unselbständigkeit der Stadt bedingt war.

Neben Didyma war das Apollonorakel von Klaros die einflußreichste Orakelstätte Kleinasiens. Nach festgelegten Vorbereitungen, über die keine Details bekannt sind, sagte man dem Propheten nur die Anzahl und Namen der Kunden. Danach ging er in eine Höhle, trank vom Wasser einer geheimen Quelle und erteilte seine Orakelsprüche über das, was die Befragenden angeblich lediglich dachten, nicht aber aussprachen[74]. Der Tempel wurde in frühhellenistischer Zeit umgestaltet, im 1. Jh. n.Chr. wurden Kolossalstatuen von Apollon, Leto und Artemis hinzugefügt, unter Hadrian wurde er vollendet. Eine Auflistung der wenigen literarisch überlieferten Konsultierungen lohnt sich nicht. Sie stammen aus Antiochia am Orontes, aus Smyrna und aus Aizanoi. Im 2. Jh. n.Chr. will der Kyniker Oinomaos von Gadara eigens nach Klaros gereist sein, um das Orakel zu entlarven; Aelius Aristides schickte seinen Diener von Lebedos aus nach Klaros, um für ihn ein Orakel über seine Krankheit einzuholen[75]. Aelius Aristides berichtet davon, wie nach einer Reihe von ungewöhnlich starken Erdbeben in der Mitte des 2. Jh. n.Chr. – Mytilene war nahezu dem Erdboden gleichgemacht – die Städte Kleinasiens Gesandtschaften nach Klaros schickten, um Hilfe zu erhalten. Es sollen so viele Gesandtschaften zugleich angekommen sein, daß sie sich um den Vortritt zankten. Leider zählt Aelius Aristides die Städte nicht auf[76]. Aufschlußreich dagegen ist die Verortung der epigraphisch belegten Anfragen; sie stammen vor allem aus dem 2. und 3. Jh. n.Chr. und sind, soweit der Erhaltungszustand eine Aussage zulässt, alle von Gemeinwesen an das Orakel gestellt. Es ergibt sich eine weitaus breitere Verteilung als im Fall von Didyma[77]. Auch wenn wiederum der Großteil aus Kleinasien kommt, beschränkt sich die Herkunft weniger auf die Region an der Küste – hier sind Nikomedia, Kios, Pergamon und das an der Südküste gelegene Syedra[78] zu

---

[74] Zu Klaros insgesamt: H.W. Parke, The Oracles of Zeus, 1967, 122f.; H.W. Parke, Oracles of Apollo in Asia Minor, 1985, 112-170; R. Merkelbach u. J. Stauber, Die Orakel des Apollon von Klaros, Epigraphica Anatolica 27 (1996) 1-53; Ph. Gauthier, Nouvelles inscriptions de Claros, REG 112, 1999, 1-36; M. Flashar, Panhellenische Feste und Asyl – Parameter lokaler Identitätsstiftung in Klaros und Kolophon, Klio 81 (1999) 412-436.

[75] Antiochia: 40 (2. Jh. n.Chr.?); Smyrna: 4-6 (4. Jh. v.Chr.); Aizanoi: 34. Oinomaos von Gadara: 36-39 (2. Jh. n.Chr.); Aelius Aristides schickt seinen Diener von Lebedos aus nach Klaros, um für ihn ein Orakel einzuholen: 35f. (2. Jh. n.Chr.) (alle Seitenzahlen nach der Edition von Merkelbach u. Stauber).

[76] Aelius Aristides, Hieroi logoi 3,38.

[77] Die inschriftlichen Belege sind zusammengestellt bei Merkelbach u. Stauber; eine Karte findet sich S. 4; cf. auch die Liste der Inschriften, in denen römische Truppen eine Weihung aufgrund eines Spruches aus Klaros aufstellten: Housesteads am Hadrianswall, Corinium in Dalmatien, bei Cuicul im Grenzgebiet zwischen Numidien und Mauretanien, Volubilis sowie Banasa in Mauretanien und Nora auf Sardinien.

[78] Nikomedia: 28f.; Kios: 29; Pergamon: 6-10 (1. oder 2. Jh. n.Chr.); Syedra: 30f. (alle Seitenzahlen nach der Edition von Merkelbach u. Stauber).

nennen – sondern erstreckt sich auch auf das Binnenland: Belegt sind Caesa-rea Troketta, vier Anfragen aus Hierapolis, Ikonion und Vasada[79]. Unsicher ist eine Anfrage aus Laodikeia[80]. Ein weiterer Unterschied zu Didyma be-steht darin, daß auch Klienten außerhalb Kleinasiens belegt sind: Odessos und Anchialos am Schwarzen Meer sowie Kallipolis auf der europäischen Seite der Dardanellen[81]. (Karte 8)

Insgesamt erwecken die Inschriften den Eindruck, als sei die Klientel von Klaros ebenso wie die von Didyma auf den Osten beschränkt, wobei Klaros ein weiteres Einflußgebiet hatte, Didyma hingegen vor allem ein lokales Orakel für das berühmte Milet war und seinen Ruf der Stadt verdankte. Zie-hen wir eine Zwischenbilanz: Der Einzugsbereich der fünf untersuchten Orakelstätten – Delphi, Dodona, Lebadeia, Didyma und Klaros – beschränkt sich weitgehend auf die griechische Welt. Nur wenige Anfragen kommen aus dem Vorderen Orient – umgekehrt wird als einzige nichtgriechische Orakelstätte das Ammoneion der Oase Siwa auch von Griechen konsultiert. Griechen, etwa Eubotas aus Kyrene, der sich nach seinen Siegeschancen bei den Olympischen Spielen erkundigen wollte, nahmen den langen Weg zum Heiligtum in der libysch-ägyptischen Wüste in Kauf[82].

5. Hellas, Ägypten und der Alte Orient

Im folgenden sollen die Beziehungen zwischen den Griechen und ihren Nachbarn im Osten und Süden anhand der Berichte über die Gründung von Orakelstätten sowie von Orakelkonsultationen vermessen werden. Orakel-stätten existierten nicht nur bei den Griechen, sondern auch am Rand der Oikumene. Herodot kennt das Orakel der Paionen am Strymon[83] sowie das Dionysosorakel der thrakischen Satren, bei dem, ähnlich wie in Delphi, eine Priesterin die Sprüche verkündete[84]. Das Weidenrutenorakel der Skythen, für das große Bündel von Ruten auf die Erde gelegt und geöffnet wurden – wahrscheinlich war die Art des Auseinanderfallens der einzelnen Ruten ent-scheidend – war nicht an einen Ort gebunden, sondern konnte bei Gelegen-

---

[79] Caesarea Troketta: 16-20; Hierapolis: 11-16; Ikonion: 31; Vasada: 27; unklar ist die Stadt am Hermos: 26f.; ferner eine Konsultation aus Phrygien: 33f.; bei dem Beleg aus Oinoanda ist es fraglich, ob es sich um eine Konsultation von Klaros handelt: 41f. (alle Seitenzahlen nach der Edition von Merkelbach u. Stauber).

[80] Laodikeia: 31f. (Seitenzahlen nach der Edition von Merkelbach u. Stauber).

[81] Odessos: 32f.; Anchialos: 25; Kallipolis: 20-25 (alle Seitenzahlen nach der Edition von Merkelbach u. Stauber).

[82] Pausanias 6,8.

[83] Herodot 5,1.

[84] Herodot 7,111.

heit konsultiert werden[85]. Damit entspricht die Mobilität des Orakels den nomadischen Lebensgewohnheiten der Skythen und hat mit den festen Orakelstätten der Griechen wenig gemeinsam. Thomas Harrison macht die spannende Beobachtung, daß die Völker am Rand der Erde bei Herodot nur eine Wahrsagetechnik haben, etwa die Nasamonen oder die Geten[86]. Umgekehrt erkennen wir, daß bei den Griechen, im Zentrum der Oikumene, die meisten Divinationstechniken angewendet wurden. Während Vorzeichen aller Art auf der gesamten Oikumene geschehen können, ballen sich die Orakel im griechischen Siedlungsgebiet. Ziel dieser Untersuchung soll nicht die gegenseitige Beeinflussung der griechischen und altorientalischen Divinationstechniken sein[87]. Wohl aber ist es möglich, die Situation, wie sie sich aus griechischer Sicht bietet, zu analysieren.

Zunächst zu den von den Griechen vertretenen Ansichten über die Gründungen von Orakelstätten. Während sich eine klare Abgrenzung zum Orient erkennen läßt, bietet sich für Ägypten ein anderes Bild. Zunächst Ägypten: Dodona, das als das älteste Orakel galt, soll von Ägypten aus gegründet worden sein. Herodot will im ägyptischen Theben, in dem es ein Orakel aus dem Wehen des Windes gab, von den Priestern die folgende Erzählung gehört haben: Phoiniker entführten einst zwei Priesterinnen aus Theben und verkauften eine nach Libyen, die andere nach Hellas. Beide begründeten die jeweils ersten Orakelstätten – in Libyen das Orakel des Zeus Ammon in der Oase Siwa, in Hellas das Zeusorakel von Dodona. In Dodona hörte Herodot eine andere Variante: Zwei schwarze Tauben seien vom ägyptischen Theben aus davongeflogen, die eine sei nach Libyen, die andere nach Griechenland gelangt. Während die erste Taube das Orakel des Zeus Ammon stiftete, setzte sich die andere Taube in Dodona auf einer Eiche nieder, sprach wie ein Mensch und forderte, an diesem Ort ein Orakel des Zeus zu gründen[88]. Beiden Erklärungsmodellen ist die Abhängigkeit Dodonas von Ägypten gemeinsam.

Im Unterschied dazu ist für keine Orakelstätte eine Abhängigkeit aus dem Osten überliefert. Delphi wurde von Apollon selbst gegründet; die ersten Priester, von Apollon installiert, sollen Kreter gewesen sein. Oropos wurde von Amphiaraos gegründet, der im boiotischen Theben durch einen Blitz des Zeus in die Unterwelt geschleudert wurde und in Oropos wieder auftauchte.

---

[85] Herodot 4,68.
[86] Harrison 2002, 147; Herodot 4,94 und 4,173.
[87] Stellvertretend für die große Anzahl der Publikationen St. Maul, Zukunftsbewältigung: Eine Untersuchung altorientalischen Denkens anhand der babylonisch-assyrischen Löserituale, 1994; U. Koch-Westenholz, Babylonian Liver Omens, 2000.
[88] Herodot 2,54-57; H.-G. Nesselrath, Siwa und Herodot – ein Testfall für den Vater der Geschichte, MH 56 (1999) 1-14.

Das Orakel des Trophonios in Lebadeia wurde durch Delphi gestiftet[89].
Noch deutlicher wird die Abgrenzung bei den Orakelstätten an der kleinasiatischen Küste. Auch wenn eine gewisse Beeinflussung durch altorientalische Traditionen angenommen werden kann, führen sie sich auf Delphi oder
auf wandernde griechische Seher zurück. Die Orakelquelle in Klaros entstand aus den Tränen der Seherin Manto, der Tochter des Teiresias, die sie
aus Schmerz über die Zerstörung ihrer Heimat Theben – wohlgemerkt das
boiotische Theben – vergoß; in Delphi hatte sie den Auftrag erhalten, nach
Kleinasien zu gehen. Mantos Sohn Mopsos zog zusammen mit dem Seher
Amphilochos, dem Sohn des Trophonios, nach Mallos in Kilikien, um dort
ein Orakel zu gründen[90]. Der Gründungsmythos des didymäischen Orakels
ist folgendermaßen: Smikros (=der Kleine), der Sohn eines Delphers, verlief
sich auf einer Reise in der Nähe von Didyma und wurde von den Einheimischen aufgenommen. Später heiratete er eine Frau aus der Gegend. Apollon
verliebte sich in die Frau und zeugte mit ihr Branchos, den er zum Verkün-
der der Orakelsprüche einsetzte[91]. Bei einem Versuch der Interpretation dieser Situation sind verschiedene Aspekte zu berücksichtigen.
Erstens der politische Aspekt. Die Situation an der kleinasiatischen Küste ist
von häufigen Spannungen geprägt. Wenn die Orakelstätten Kleinasiens vom
griechischen Mutterland aus gegründet sind, so entspricht dies der Vorstellung, daß die Gebiete im westlichen Kleinasien um 1100 v.Chr. vom Mutterland aus besiedelt wurden. Es ist also verständlich, wenn nicht nur die
Städte, sondern auch die religiösen Zentren nach griechischem Verständnis
auf griechischen Ursprung zurückgehen. Damit wurde die Identität, vor allem angesichts des Verlustes der staatlichen Selbständigkeit unter der persischen Oberherrschaft – mit kleinen Unterbrechungen etwa von der Mitte des
6. Jh. bis zum Alexanderzug – gesichert. Im Unterschied dazu gab es, mit
der Ausnahme des Handelsstützpunktes Naukratis, keine griechischen Siedlungen im ägyptischen Raum. Seit Alexander gehörte Ägypten zum hellenistischen Kulturkreis. Konflikte oder gar kriegerische Auseinandersetzungen von Griechen mit Ägyptern sind nicht belegt. Es gab keinen Grund für
Griechen, sich in Absetzung von den Ägyptern zu definieren. Vielmehr wird
immer wieder große Hochachtung vor dem Alter der ägyptischen Kultur
bezeugt.
Zweitens der religiöse Aspekt. In der griechischen Überlieferung wird von
Orakelstätten in Ägypten, nicht aber in der Welt des Alten Orients berichtet.
Das Orakel des Zeus Ammon in der Oase Siwa galt als eines der berühm-

[89] Oropos: Philostrat. 1,27; Lebadeia: Pausanias 9,40.
[90] D. Metzler, Der Seher Mopsos auf den Münzen der Stadt Mallos, Kernos 3 (1990) 235-250.
[91] Über wandernde Seher in Kleinasien T. Scheer, Mythische Vorväter: Zur Bedeutung griechischer
Heroenmythen im Selbstverständnis kleinasiatischer Städte, 1993, 153-271.

testen der Welt. Das Orakel der Leto in Buto war das zuverlässigste in Ägypten und wird bei Herodot nur von Herrschern befragt[92]. Die Pharaonen Pheros, Mykerinos und Psammetichos[93] sowie der Perserkönig Kambyses[94], der als Nachfolger der Pharaonen agierte, konsultierten Buto. Dieses Bild entspricht cum grano salis der Wirklichkeit. Astrologie, Omendeutung, Leberschau etc., Techniken, die ihren Ursprung im Alten Orient haben, gewannen erst relativ spät, in persischer, spätestens in hellenistischer Zeit, in Ägypten an Bedeutung. In der Zeit zuvor spielte das Orakelwesen eine wichtige Rolle[95].

Angesichts dieser Verhältnisse ist es verwunderlich, wenn die großen Anfragen an griechische Orakel von Personen außerhalb des griechischen Kulturkreises nicht aus Ägypten, sondern aus dem Osten kommen. Dies mag zum einen daran liegen, daß den ägyptischen Pharaonen eigene Orakelstätten zur Verfügung standen, zum anderen führten die engen Kontakte zwischen Griechen und den Machthabern in Kleinasien dazu, daß Erzählungen über Orakelbefragungen entstanden. Zu nennen sind vor allem die lydischen Könige. Nach Gyges und Alyattes tritt Kroisos besonders hervor, dessen Herrschaft 547 v.Chr. endete. Dabei soll es nicht stören, daß das Verhältnis zwischen Kroisos und Delphi, über das vor allem Herodot berichtet, mit märchenhaften Episoden angereichert ist. Gerade weil die Anekdoten konstruiert sind, erheben sie die Kroisosgeschichte zum Paradigma. Dieser Aspekt gewinnt noch an Profil, wenn man beachtet, wo er überliefert ist - Herodot, der erste Historiker, stellte die Kroisosepisode an den Anfang seines Werkes und installierte damit die Parameter des Umganges mit Orakeln. Die Beziehung zwischen Kroisos und Delphi beginnt damit, daß Kroisos herausfinden wollte, welche der zahlreichen Orakel der bekannten Welt zuverlässig seien. Er schickte Gesandtschaften zu den Apollonorakeln von Delphi, Abai und Didyma, zum Zeusorakel von Dodona, zum Ammonsorakel der Oase Siwa in Libyen sowie nach Oropos, wo Amphiaraos weissagte, und zum Orakel des Trophonios in Lebadeia (Karte 9). Kroisos wollte von den sieben konkurrierenden Orakeln - deren Zahl an die sieben Weisen erinnert, die ebenfalls im Wettstreit gestanden haben sollen - wissen, was er gerade zu einem bestimmten Zeitpunkt tue; dazu ließ er alle Gesandtschaften am selben Tag und zur selben Stunde dieselbe Frage stellen. Aus Delphi erhielt Kroisos den folgenden Spruch:

---

[92] Zu den ägyptischen Traditionen in Buto cf. H. de Meulenaere, Nota a Erodoto II, 174, Athenaeum 27 (1949) 299-301; cf. Herodot 2,29 und 2,139.
[93] Herodot 2,111; 2,133,1 und 3; 2,152.
[94] Herodot 3,64.
[95] H. Brunner, Das hörende Herz, OBO 80, 1988, 224-229; J. Assmann, Ägypten: Eine Sinngeschichte, 1996, 233-234; G. Roeder, Kulte und Orakel im Alten Ägypten, 1998; L. Kákosy, s.v. Orakel, LÄ 4, 600-606.

Weiß ich doch, wieviel Sand am Ufer, wie weit auch das Meer ist,
Höre ich doch des Stummen Gespräch und des Schweigenden Worte
Schildkrötenduft erreichte mich wohl, des gepanzerten Tieres,
Kochend mit Fleisch zusammen vom Lamme in eherner Pfanne;
Erz umschließt es von allen Seiten, so oben wie unten.

Dies war die zutreffende Antwort, da Kroisos im Moment der Anfrage eine Schildkröte und ein Lamm in einem ehernen Kessel kochte, den er mit einem ehernen Deckel verschlossen hatte. Neben Delphi lieferte nur noch Oropos eine richtige Antwort[96]. Von den sieben Orakelstätten hatten sich nur zwei als zuverlässig erwiesen, wobei auch Oropos bald im Schatten von Delphi stehen sollte. Die Prüfung durch einen Außenstehenden legitimierte den Anspruch, den man in Delphi erhob. Es ist dabei wohl kaum ein Zufall, daß ein Nichtgrieche, und dazu noch ein König, das Orakel bestätigte. Hätte hingegen eine griechische Polis oder auch ein einzelner Grieche Delphis Rang als beste Orakelstätte erwiesen, so wäre dessen Heimat als die treibende Kraft hinter dem Orakel erschienen. Sogleich wäre die Autorität Delphis angreifbar gewesen.

Nachdem Kroisos nun von den Fähigkeiten Delphis überzeugt war, befragte er mehrfach das Orakel. Zunächst bedankte sich Kroisos bei Apollon durch opulente Gaben[97]. Danach ließ er das Orakel fragen, ob er gegen die Perser ziehen und sich ein Heer von Bundesgenossen schaffen solle. Diese Frage wurde auch dem Orakel von Oropos gestellt, an das ebenfalls Weihgeschenke gegangen waren. Beide Orakel gaben die berühmt gewordene Auskunft, wenn Kroisos gegen die Perser ziehe, werde er ein großes Reich zerstören; auch rieten sie ihm, sich mit dem mächtigsten Staat in Griechenland zu verbünden. Als Kroisos wissen wollte, ob seine Herrschaft lange bestehen bleibe, antwortete die Pythia, daß ihm erst dann Schwierigkeiten entstünden, wenn ein Maultier König der Meder geworden sei. Kroisos wiegte sich in Sicherheit[98]. Indes war der Lyderkönig einem Trugorakel aufgesessen[99]. Bevor Kroisos sein Reich verlor, wollte er wissen, ob einer seiner Söhne, der stumm war, jemals von seiner Krankheit geheilt werden könne. Delphi tadelte seine Torheit und sagte weiterhin: „Wünsche dir nicht im Haus die erbetene Stimme Deines sprechenden Sohnes zu hören; es ist für dich besser.

---

[96] Herodot 1,47.
[97] Herodot 1,50-5;1; H.W. Parke, Croesus and Delphi, GRBS 25 (1984) 222f.
[98] Herodot 1,53-56.
[99] Vergleichbar mit diesem Spruch ist die Vorhersage der drei Hexen an Macbeth, daß seine Herrschaft erst dann enden werde, wenn der Wald von Birnam zu seinem Schloß Dunsinan komme. Was nicht zu erwarten war, geschah, der Wald zog tatsächlich zum Schloß des Königs: Jeder Mann aus der Truppe seiner Feinde hatte von den Bäumen des Waldes einen Ast abgehauen, um in dessen Deckung möglichst lange unbemerkt vorrücken zu können. Für Macbeth sah dies aus, als komme der Wald zu seiner Burg. Das vermeintlich unmögliche Ereignis war Realität geworden, und Macbeth verlor Herrschaft und Leben.

Denn, wenn zuerst er spricht, das ist am Tage des Unglücks". Am Ende des verhängnisvollen Krieges gegen die Perser sah der Sohn des Kroisos, wie sein Vater von einem Gegner angegriffen wurde. Da rief er, durch die Angst um seinen Vater bewegt, aus: "Mann, töte den Kroisos nicht!" Seit diesem Zeitpunkt konnte der Sohn sprechen[100].

Als Kroisos sich nach seiner Niederlage beim delphischen Orakel beschwerte, hatte dies ihm doch nach seiner Meinung den Sieg vorausgesagt, wurde er eines besseren belehrt: Der Maulesel, von zwei verschiedenen Tiergattungen erzeugt, ist eine Metapher für den Mischling. Da die Mutter des persischen Großkönigs Kyros eine Mederin war, sein Vater hingegen aus dem Volk der Perser stammte, konnte Kyros als Mischling gelten - Kroisos hätte nie den Krieg gegen Kyros beginnen sollen. Auch habe Kroisos den Spruch, er werde ein großes Reich zerstören, wenn er den Halys überschreite, falsch verstanden. Apollon habe nämlich nicht gesagt, welches Reich. Kroisos hätte also, wenn er klug gewesen wäre, noch eine Gesandtschaft nach Delphi schicken sollen, um dies zu erfragen. Ohnehin, so weiter das Orakel, habe Apollon versucht, dem Kroisos für die reichen Geschenke zu danken. Apollon habe vorgehabt, den Fall von Sardes erst auf die Söhne des Kroisos zu verschieben, doch sei es nicht möglich, das Schicksal zu ändern; immerhin sei Apollon in der Lage gewesen, die Niederlage des Kroisos um drei Jahre hinauszuschieben[101]. Schließlich half Apollon dem König, indem er den Scheiterhaufen, auf dem er nach dem Beschluß des siegreichen Kyros bei lebendigem Leibe verbrannt werden sollte, durch einen kräftigen Regen zum Verlöschen brachte. Daß Kroisos danach sogar zum geschätzten Ratgeber seines ehemaligen Feindes Kyros geworden sein soll, läßt sich durch den Vergleich mit altorientalischen Quellen als eine griechische Konstruktion zur Ehrenrettung des Lyders entlarven; tatsächlich wurde er getötet, wie wir aus einer babylonischen Priesterchronik wissen[102].

Fassen wir den gesamten Dialog zwischen Kroisos und Apollon zusammen, so erhalten wir nicht nur eine farbenprächtige Geschichte, sondern auch ein moralisches Lehrstück: 1. Das Schicksal ist nicht aufzuhalten; selbst die Götter können nur innerhalb enger Grenzen einen Aufschub, nicht aber eine Änderung bewirken; 2. Auch wenn die Götter es schätzen, daß sie Gaben erhalten, lassen sie sich nicht kaufen; es gibt eine Grenze für die Menschen[103]; 3. Wer zu einem Orakel geht, soll sich seine Fragestellung gut

---

[100] Herodot 1,85.
[101] Herodot 1,91.
[102] W. Burkert, Das Ende des Kroisos. Vorstufen einer herodoteischen Geschichtserzählung, in: Ch. Schäublin (Hg.), Catalepton, FS B. Wyss, 1985, 4-15; J. Wiesehöfer, Das antike Persien, 1993, 82-83; O. Murray, Das frühe Griechenland, 5 1999, 311f.
[103] Th. Harrison, Divinity and History, 2002, 157: If even Croesus – proverbial for his wealth – could have fallen foul of the oracle, others could rest assured that all men were indeed equal before the god.

überlegen; auch soll man nicht zu viel fragen; 4. Man soll eine Antwort nicht voreilig deuten.

Gegen Ende der Historien Herodots findet sich eine weitere Rundfrage bei verschiedenen Orakelstätten im Auftrag eines Herrschers aus dem Osten: Xerxes. Im Spätjahr oder Winter 480 v.Chr. ließ der persische Feldherr Mardonios, der nach der Schlacht bei Salamis mit seinem Heer in Thessalien überwinterte, durch seinen Gesandten Mys eine vergleichbar große Zahl an Orakelstätten befragen. Es bietet sich daher ein Vergleich mit Kroisos an. Mys befragte insgesamt fünf Orakelstätten, das phokische Abai, sowie die boiotischen Orakel des Apollon Ismenios in Theben, des Amphiaraos in Oropos, des Apollon Ptoion in Ptoion sowie des Trophonios in Lebadeia[104]. Die Auswahl der Orakel ist auffällig und entspricht der Liste der persischen Verbündeten (Karte 10). Bei der Schlacht von Plataiai kämpften auf persischer Seite unter anderen auch die Boioter und ein Teil der Phoker. Offensichtlich ging durch die Phoker ein Riß – einige waren auch auf der Seite der verbündeten Griechen[105]. Dies mag erklären, warum das ebenfalls in der Phokis gelegene Delphi nicht befragt wurde.

Die Tour des Mys durch die verschiedenen Orakelstätten diente nicht nur dazu, den göttlichen Willen zu erkunden, sondern läßt sich als Kommunikation auf religiöser Ebene zwischen den Persern und ihren Verbündeten verstehen: Mardonios erwies den Orakelstätten der Verbündeten Respekt, wobei diplomatische Kontakte vorstellbar sind. Herodot, unser Gewährsmann, weiß nicht, was Mardonios fragen ließ und welche Antworten er erhielt. Herodot betont dies am Anfang und am Ende dieser Episode und spekuliert darüber, ob Mardonios den Rat erhalten habe, sich mit den Athenern zu verbünden. In Lebadeia und in Oropos bestach er jeweils Leute, die für ihn das Orakel konsultierten. Nach Plutarch soll sich in Oropos folgendes ereignet haben: Als Mys sich im Heiligtum zum Orakelschlaf niedergelegt hatte, erschien ihm im Traum ein Diener des Amphiaraos, der ihn aufforderte, den heiligen Bezirk zu verlassen. Da Mys sich nicht zum Weggehen bewegen ließ, versuchte der Diener, ihn mit den Händen wegzustoßen; als dies immer noch nichts half, schlug ihn der Diener mit einem großen Stein auf den Kopf. Für Plutarch war dies ein Vorzeichen für den Tod des Mardonios, der mit einem Stein erschlagen worden war[106]. Es liegt nahe, daß der Traum des Mys erst im nachhinein konstruiert wurde, um die antipersische Gesinnung des Orakels zu demonstrieren. Als Mys zum Orakel des Apollon Ptoios bei Theben kam,

---

[104] Herodot 8,133-135. W.W. How u. J. Wells, A Commentary on Herodotus, Bd. 2, 1936, 280f. vermuten, daß es sich im Falle des Orakels des Amphiaraos nicht um Oropos, sondern um eine Orakelstätte in der Nähe Thebens gehandelt habe.
[105] Herodot 9,31.
[106] Plutarch, Moralia 412a-b.

verkündete – so Herodot – der Oberpriester sogleich einen Spruch, allerdings in einer Barbarensprache. Mys wurde dem Brauch entsprechend von drei Thebanern begleitet, die den Götterspruch aufzeichnen sollten; da sie die Sprache nicht verstanden, nahm Mys ihnen die Tafel, die sie mitgebracht hatten, um den Spruch aufzuzeichnen, ab und trug ihn selbst ein. Nach der Auskunft des Mys handelte es sich um einen Spruch in karischer Sprache[107]. Es ist zu bezweifeln, ob der Sachverhalt, daß ein griechisches Orakel seine Antwort auf Karisch erteilt haben soll, ein Beleg für die Wahrhaftigkeit dieser Prophezeihung ist[108]. Plutarch erklärt die Situation damit, daß das Orakel einem Barbaren nicht einen Spruch in griechischer Sprache erteilen wollte[109]. Folgen wir dieser Deutung, so handelt es sich um eine Form der Ausgrenzung. Mys erhält in einer griechischen Orakelstätte die Auskunft in einer Sprache, die im Perserreich gesprochen wird und die – in dieser Situation – nur er selbst versteht: Ein klares Indiz für die Alterität des persischen Boten[110].

Auch wenn sich unbestrittene Parallelen zwischen Kroisos und Xerxes feststellen lassen, beide testen ein Divinationssystem, Kroisos die Orakel, Xerxes in einem hier nicht behandelten Kontext die Träume[111], und beide werden letztlich getäuscht, so ergeben sich deutliche Unterschiede im Charakter der beiden Herrscher. Während Kroisos die Orakel durch Geschenke gewinnt, muß Xerxes, vertreten durch Mys, Bestechung anwenden; während Kroisos ein Freund der Griechen ist, strebt Xerxes danach, sie zu unterjochen. Dies entspricht der Charakterisierung der beiden Könige in der griechischen Tradition: Während Kroisos weise ist, gilt Xerxes als ein unbeherrschter Mensch, der seiner Wut stets freien Lauf läßt und zu Recht von den Göttern bestraft wird[112].

Zu einem gewissen Grad konnten Orakelsprüche, waren sie einmal schriftlich fixiert, wandern. Die Peisistratiden befragten nicht die großen Orakelstätten, sondern schufen durch eine Orakelsammlung, die auf der Athener Akropolis verwahrt wurde, ein eigenes Archiv göttlichen Wissens[113]. An der

---

[107] Cf. D. Chamberlain, On Atomics Onomastic and Metarhythmic Translations in Herodotus, Arethusa 32 (1999) 263-312. Nach Pausanias 9,23,6 stellte Mys bereits seine Frage in karischer Sprache.
[108] Harrison 70.
[109] Plutarch, Moralia 412a.
[110] Nach Pausanias 4,32,5 befragten die Thebaner vor der Schlacht bei Leuktra folgende Orakel: Lebadeia, Apollon Ismenios in Theben, Ptoion, Abai und Delphi.
[111] Herodot 7,15-18.
[112] V. Rosenberger, Kommunizierende Köpfe, in: P. Barceló u. V. Rosenberger (Hg.), Humanitas, FS G. Gottlieb, 2001, 291. Zum Bild des Barbaren bei Herodot grundlegend F. Hartog, Le miroir d´Hérodote: Essai sur la répresentation de l´autre, ²1992; P. Cartledge, Die Griechen und wir, 1998, 36-60.
[113] R. Crahay, La littérature oraculaire chez Hérodote, 1956; M. Rocchi, Les oracles des Pisistratides dans le temple d´Athena, in: C. Baurain (Hg.), Phoinikeia Grammata: Lire et écrire en Méditerranée, 1991, 577-589; R. Parker, Athenian Religion, 1996, 87; H. Brandt, Pythia, Apollon und die älteren griechischen Tyrannen, Chiron 28 (1998) 193-212.

Redaktion der Sammlung waren verschiedene Personen beteiligt, unter anderem der Chresmologe Onomakritos; mit dem Begriff „Chresmologe" werden
sowohl „Orakelkünder" als auch „Orakelsammler" bezeichnet. Nach seiner
Vertreibung aus Athen hielt sich Hippias zusammen mit Onomakritos und
einem Teil der Sammlung am Hof des Perserkönigs auf. Für Hippias diente
der Chresmologe als Werkzeug, den Perserkönig zum Zug gegen Athen zu
bewegen. Wenn Onomakritos vor den König gerufen wurde, trug er nur solche Orakelsprüche aus seiner Sammlung vor, die für den Perserkönig günstig
waren, unter anderem die Prophezeiung, daß einst ein Perser den Hellespont
überbrücken werde[114].

Schluß

Die Befragung von Orakeln war im kulturellen Gedächtnis der Griechen tief
verankert. Durch die mündliche Tradition, durch den sich ab dem 5. Jh.
v.Chr. allmählich verbreiternden Strom der literarischen Produktion sowie
durch die sich gleichzeitig vollziehende Ausstattung der großen Orakelstätten mit Weihgeschenken festigten sich zunehmend die Vorstellungen über
den Umgang mit einem Orakel, deren Grundaussage ebenso banal wie raffi-
niert war: Natürlich kann man zweifeln, ob die Götter den Menschen Antworten erteilen, aber wer zu einem Orakel geht, hat gute Aussichten, die
Antwort zu erhalten, die er begehrt. Diese Ambiguität finden wir in den
Orakeltechniken wieder. Auf der einen Seite gab es die in Mythen, Bildern
und sogar in der Geschichtsschreibung vertretene Vorstellung, daß die Fragenden durch inspirierte Seher oder Prophetinnen Antworten auf ihre Fragen
erhalten. Auf der anderen Seite erkennen wir bei den halbwegs nachvoll-
ziehbaren Orakeltechniken relativ nüchterne Vorgehensweisen. Man fragte
nach Zustimmung und Ablehnung, wobei wohl immer wieder Wiederholun-
gen vorstellbar sind, bis das gewünschte Ergebnis erzielt war; selbst die
Athener befragten vor der Seeschlacht bei Salamis (480 v.Chr.) Delphi
gleich zweimal, da die erste Antwort zu ungünstig ausgefallen war.
Bei der Bewertung der Ergebnisse ist zu bedenken, daß es auch andere Divinationstechniken gab, die nicht an einen bestimmten Ort gebunden waren,
wie etwa Traumdeutung oder das sogenannte Homerorakel. Der Zahlwert
der Würfelseiten wurde durch Buchstaben ausgedrückt: Alpha stand für 1,
Beta für 2, Gamma für 3, Delta für 4, Epsilon für 5 und Sigma für 6. Drei
Würfe waren gefordert, so daß 216 verschiedene Ergebnisse möglich waren.

---

[114] Herodot 7,6; vgl. Herodot 5,90; 7,6; 8,20 + 8,77 + 9,43; 8,96. H.A. Shapiro, Oracle-Mongers in
Peisistratid Athens, Kernos 3 (1990) 335-345; R. Baumgarten, Heiliges Wort und Heilige Schrift bei den
Griechen, 1998, 38-52. 60-63.

Jeder Kombination war, allerdings ohne erkennbare Logik, ein bestimmter Homervers zugeordnet, den man in Handbüchern nachschlagen konnte. Würfelte man etwa dreimal Alpha, so galt *Ilias* 24,369: "Abzuwehren den Mann, wenn einer zuerst euch belästigt". Bei dem Wurf Alpha Beta Sigma war die Auskunft: "Aber ich geh, nicht umsonst soll das Wort sein, was er auch sage" (Ilias 24,92); bei Alpha Gamma Gamma hieß es: "Trete ich ihnen entgegen; nicht läßt mich verzagen Pallas Athene" (5,256)[115].

Bei der Untersuchung der Herkunft der Personen, die ein Orakel befragten, ergeben sich mehrere Schlußfolgerungen: 1. Bei der Entstehung der Berichte von Menschen, die ein Orakel konsultierten, ist von einer Wechselwirkung zwischen Mythos und Geschichte auszugehen: Während einerseits die Mythen um Personen, die ein Orakel befragten (Orestes, Oidipus, bis zu einem gewissen Grad auch Kroisos) dazu führten, daß auch Menschen späterer Zeit Orakel befragten und dazu weite Wege auf sich nahmen, mag gerade die in historischer Zeit ständig anzutreffende Praxis der Orakelbefragung wieder zur Entstehung neuer mythischer Orakelbefragungen geführt haben. 2. Im Fall von Dodona, mit Abstrichen auch in Didyma und Lebadeia können wir die literarische und epigraphische Überlieferung vergleichen. Aus dem Vergleich ergab sich, daß die Menschen einerseits gewillt waren, Reisen von mehreren Tagen auf sich zu nehmen. Andererseits waren die Klienten nur selten bereit, über ihre Region hinaus zu reisen: Wer im Nordwesten Griechenlands lebte, ging nach Dodona; Menschen aus Mittelgriechenland konsultierten außer dem übermächtigen Delphi auch Lebadeia. Wer in Kleinasien lebte, zog Didyma vor. 3. Reisen mit dem alleinigen Zweck einer Orakelbefragung scheinen für Delphi, mit Abstrichen auch für Didyma und Dodona nachweisbar zu sein. In diese Gruppe gehören alle Anfragen durch Gemeinwesen, die sich göttlichen Rat für ihre Probleme erhofften. Anfragen bei kleineren Orakelstätten sind tendenziell eher im Rahmen einer anders motivierten Reise – Handelsreise, Bildungsreise oder Feldzug – vorgenommen worden. Daher liegt es nahe, daß Gemeinwesen eher bereit waren, eine Gesandtschaft einen weiteren Weg zu einem Orakel zu schicken. 4. Anfragen aus Sizilien fehlen weitgehend; auch aus Unteritalien sowie den noch weiter westlich liegenden Siedlungen der Griechen sind nur wenige Menschen belegt, die zu einem Orakel zogen. Dies ist verwunderlich, da von Griechen benutzte Orakelstätten in diesen Gegenden kaum bekannt sind[116]. Möglicherweise ist dieses Bild nur durch die Überlieferungssituation bedingt. 5. Nur wenige Verbindungen zwischen Ost und West sind belegt. Sie

---

[115] V. Rosenberger, Griechische Orakel, 2001, 40f. und 177f.
[116] Nach Strabon 6,3,10=284 C gab es in Drium in Apulien ein Orakel des Kalchas. Zu den italischen Orakelstätten siehe J. Champeaux, Sors oraculi: Les oracles en Italie sous la république et l'empire, MEFRA 102 (1990) 271-302.

beschränken sich auf die lydischen Könige Gyges, Alyattes und Kroisos, die das delphische Orakel befragten. Doch auch die kleinasiatischen Griechen zogen es vor, Orakel in Kleinasien zu konsultieren.

Von einem Chor von 100 Jünglingen, den die Chier nach Delphi schickten, kehrten nur zwei zurück, die anderen starben an einer Seuche[117]. Auch wenn es sich hier um ein im Nachhinein konstruiertes Vorzeichen für die Chier handelt, illustriert es die mit einer Reise zu einem entfernten Orakel verbundenen Risiken. Zugleich dürfte die Distanz auch als Chance zu werten sein: Wer einen Weg von einigen Tagen in Kauf nehmen mußte, konnte während der Reise nochmals gründlich sein Problem durchdenken. Reiste man nicht allein, so bestand überdies noch die Möglichkeit, mit anderen darüber zu sprechen. Somit erweist sich der Weg zum Orakel als eine Phase, in der man sich mit der Anfrage beschäftigte und sie schon zum Teil klären konnte. Insgesamt befand sich also die Gesandtschaft, die über die Haltung der Knidier gegenüber dem Perserreich den Rat Apollons einholen sollte, auf ihrem weiten Weg von Kleinasien nach Delphi in einer alten Tradition, die sich noch ein knappes Jahrtausend aufrecht erhielt.

---

[117] Herodot 6,27.

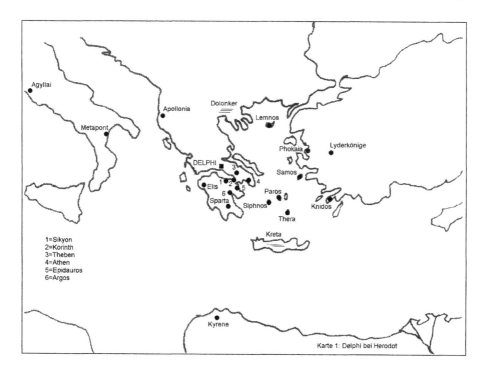

1=Sikyon
2=Korinth
3=Theben
4=Athen
5=Epidauros
6=Argos

Karte 1: Delphi bei Herodot

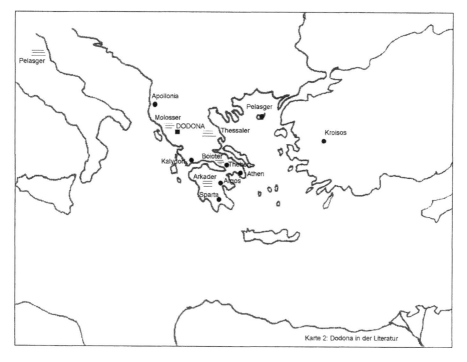

Karte 2: Dodona in der Literatur

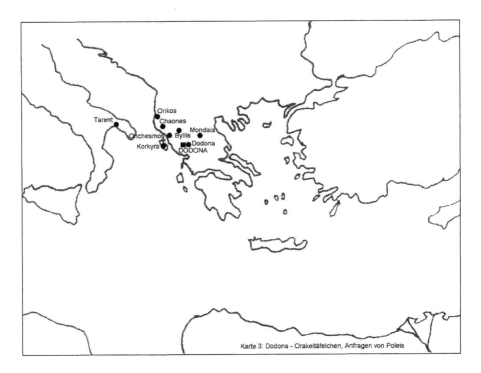

Karte 3: Dodona - Orakeltäfelchen, Anfragen von Poleis

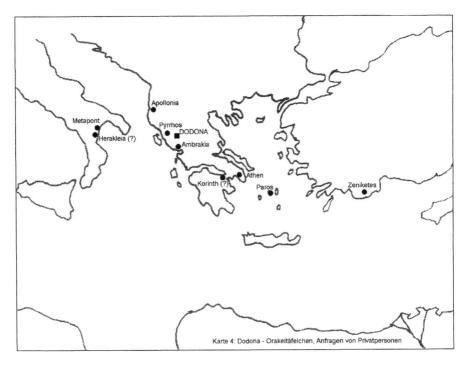

Karte 4: Dodona - Orakeltäfelchen, Anfragen von Privatpersonen

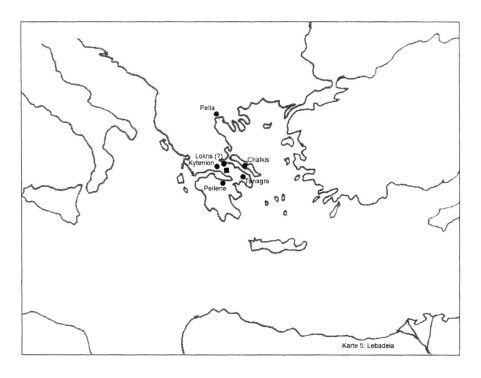

Karte 5: Lebadeia

Karte 6: Didyma - Inschriften, Anfragen von Poleis

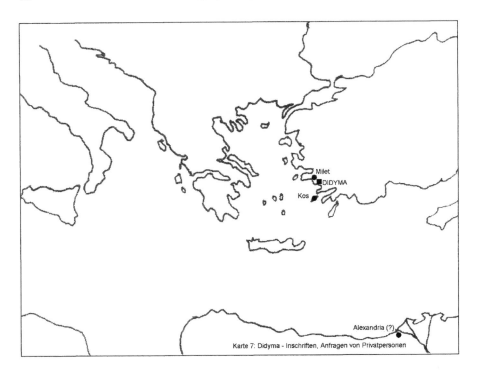

Karte 7: Didyma - Inschriften, Anfragen von Privatpersonen

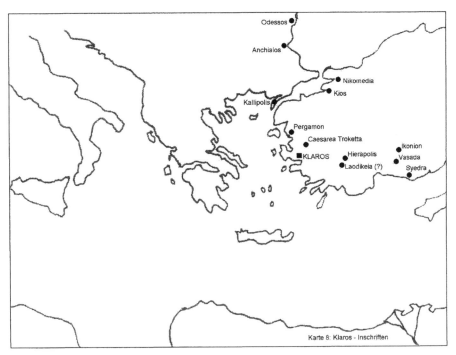

Karte 8: Klaros - Inschriften

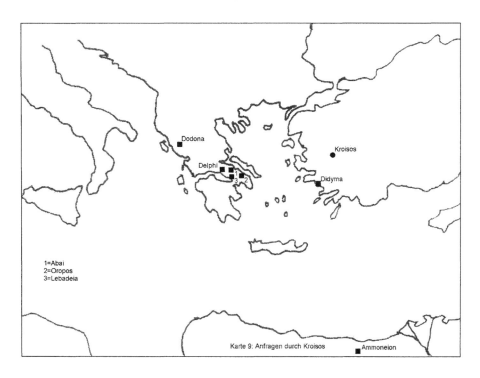

1=Abai
2=Oropos
3=Lebadeia

Dodona

Delphi

Kroisos

Didyma

Karte 9: Anfragen durch Kroisos

Ammoneion

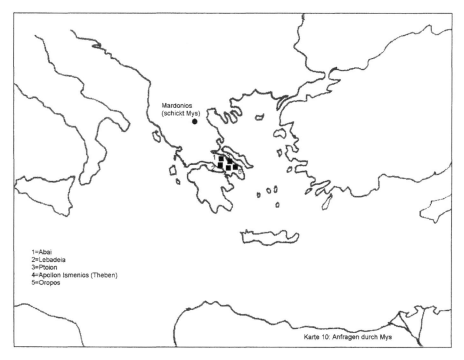

Mardonios
(schickt Mys)

1=Abai
2=Lebadeia
3=Ptoion
4=Apollon Ismenios (Theben)
5=Oropos

Karte 10: Anfragen durch Mys

Die geraubte Artemis.
Griechen, Perser und die Kultbilder der Götter

Tanja Susanne Scheer

Noch in der hohen Kaiserzeit, im 2. Jh. n. Chr., zeigt sich der Perieget Pausanias bewegt vom großen Krieg der Perser gegen Griechenland – der inzwischen mehr als ein halbes Jahrtausend zurückliegt. Und was ihn in diesem Zusammenhang besonders interessiert, was er sofort assoziiert, wenn von Persern und Griechen die Rede ist, das ist die frevelhafte Dreistigkeit der Perser gegenüber den Götterbildern der Griechen: „Von dem Perserkönig Xerxes, dem Sohn des Dareios, wissen wir, daß er außer dem, was er in der Hauptstadt Athen erbeutete, auch aus Brauron das Kultbild der brauronischen Artemis raubte."[1] Die erbeutete Statue sei nach Susa gebracht worden, so ergänzt Pausanias an anderer Stelle.[2] Es war allerdings nicht nur die Göttin Artemis, die von seiten des Perserkönigs Frevel erleiden musste. „Den Milesiern", – so Pausanias weiter – „denen er vorwarf, in der Seeschlacht gegen die Athener willentlich versagt zu haben, raubte er den bronzenen Apollon in Branchidai."[3]

1. Ein Perserkönig als Kultbildräuber?

An dieser Stelle soll der Frage nachgegangen werden: Hat Pausanias mit seiner Behauptung recht? Können wir mit ihm annehmen, daß die genannten Kultbilder wirklich vom persischen Großkönig Xerxes (bzw. seinen Truppen) geraubt worden sind? Warum sollte Xerxes sich speziell an diesen beiden Götterbildern vergriffen haben? Wäre ein derartiges Verhalten des Xerxes der Regelfall für den Umgang eines achämenidischen Großkönigs mit Götterbildern? Und wie hat schließlich das Schicksal der griechischen Götterbilder in den Perserkriegen die Einschätzung der Perser durch die Griechen, das Verhältnis dieser zwei Mächte und Kulturen beeinflußt?
Pausanias schreibt den Raub der genannten Götterbilder dezidiert dem König Xerxes zu.

---

[1] Pausanias 8,46.3.
[2] Pausanias 3,16.7.
[3] Pausanias 8,46.3.

Wie sieht es mit der Historizität dieser Aussage aus? Die genannten Fälle
betreffen zwar Götter, die in der griechischen Mythologie Zwillingsge-
schwister sind, in unserem Zusammenhang müssen aber die Artemis von
Brauron und Apollon von Didyma getrennt voneinander behandelt werden.

1.1 Chronologische Aspekte

Im Fall der Artemis besteht eine gewisse Möglichkeit, den Verlust ihres
Kultbilds in Brauron mit Xerxes in Verbindung zu bringen: Im Jahr 480, vor
der Seeschlacht von Salamis, eroberten die Truppen des Perserkönigs die
verlassene Stadt Athen – ganz Attika war ihnen schutzlos ausgeliefert, und
damit auch Brauron. Der Großkönig befand sich sogar höchstpersönlich bei
seinen Truppen in Griechenland. Wir besitzen zwar kein weiteres Zeugnis
außer Pausanias, das den Raub der brauronischen Artemis erwähnen würde,
aber weder Chronologie noch die Gesamtumstände des Jahres 480 sprechen
grundsätzlich gegen seine Aussage.

Beim Apollon von Branchidai stößt man auf einen anderen Befund: Das
Apollonorakel von Branchidai-Didyma war das Hauptheiligtum der kleinasiatischen Stadt Milet und schon eine Generation vor Xerxes in die Auseinandersetzung zwischen Griechen und Persern hineingezogen worden. Im ionischen Aufstand hatte sich Milet im Jahr 499 v. Chr. als Anführerin abtrünni-
ger Griechenstädte in Kleinasien gegen die Herrschaft von Xerxes' Vater,
des Großkönigs Dareios I. empört. Entsprechend hart war die Strafe der siegreichen Perser für die Aufständischen: die Einwohner Milets wurden getötet,
in die Sklaverei verkauft oder ins Hinterland des Perserreiches deportiert.
Vom Apollonorakel von Didyma berichtet Herodot, Tempel und Orakelstätte
seien ausgeplündert und niedergebrannt worden.[4] Aller Wahrscheinlichkeit
nach machten die Perser in Didyma reiche Beute: der legendäre Lyderkönig
Kroisos hatte prächtige Weihgeschenke dorthin gestiftet. Die Milesier hörten
nicht auf den Rat ihres klugen Landsmannes Hekataios. Hekataios hatte sie
vergeblich aufgefordert, die Weihgeschenke im Apollontempel rechtzeitig in
Sicherheit zu bringen.[5]

Die Perser frevelten also durchaus am Apollon von Didyma, verschleppten
seine Reichtümer wie offenbar auch sein Priestergeschlecht. Das verwüstete
Orakel blieb bis in die Alexanderzeit verstummt. Allerdings fiel das Heiligtum bereits 494 in Schutt und Asche, und verantwortlich hierfür war nicht
Xerxes, dessen Herrschaft erst acht Jahre später im Jahr 486 begann, sondern

---

[4] Herodot 6,19; anders Strabon 14,1.5 p. 634; 17,1.43 p. 814.
[5] Herodot 5,36. T. Scheer, Die Gottheit und ihr Bild. Untersuchungen zur Funktion griechischer Kultbilder in Religion und Politik, 2000, 164f.

die Generäle des Dareios, seines Vaters.[6] Daß also für den neuen Großkönig Xerxes in Didyma noch etwas zu holen gewesen wäre, daß man von dort noch ein kostbares Kultbild hätte entführen können, ist aus chronologischen Gründen eher unwahrscheinlich.

1.2 Mythologische Aspekte

Es drängt sich die Frage auf, weshalb Pausanias die zwei genannten Götterbilder als Beute des Perserkönigs nennt und suggeriert, Xerxes habe gezielt den Besitz eben dieser Bilder erstrebt.

Im Fall der Artemis von Brauron charakterisiert Pausanias das betroffene Götterbild nicht weiter, sondern stellt zunächst nur die ‚Tatsache' einer Entführung unter der Verantwortung des Xerxes fest. An anderer Stelle seines Werks wird jedoch klar, daß Pausanias den Griff des Perserkönigs nach der Artemis von Brauron in einen größeren Zusammenhang einordnet. Auf den ersten Blick erscheint der Wunsch des Perserkönigs, speziell diese Statue zu besitzen, recht merkwürdig. Das Artemisheiligtum von Brauron gehörte zwar durchaus zu den bekannteren Artemisheiligtümern in Attika. Doch war sein Prestige wohl nicht so überregional ausgeprägt, daß gezieltes Zugreifen eines persischen Großkönigs hier zu erwarten wäre.[7] Daß das fragliche Bild den Leuten des Perserkönigs durch herausragende Kostbarkeit des Materials ins Auge stechen mußte, ist ebenfalls nicht anzunehmen; die Quellen berichten uns jedenfalls nichts über eine Besonderheit der brauronischen Artemis in dieser Hinsicht. Archaische Kultbilder in griechischen Tempeln bestanden gern aus Holz, verziert mit ein wenig Blattgold, Schmuck und Stoffkleidung. Der Edelmetallanteil war vergleichsweise gering.[8]

Der spezifische Wert des Kultbilds der Artemis von Brauron, der den Großkönig nach Meinung des Pausanias zugreifen ließ, lag anderswo. Pausanias berichtet vom Anspruch der Athener, das Bild der Artemis von Brauron sei das berühmteste Kultbild der Göttin Artemis überhaupt. Es handle sich um das Götterbild, das Iphigenie und Orestes aus Tauris mitgebracht haben sollten, die Taurische Artemis.[9] Die Geschichte dieses Kultbilds ist nun in

---

[6] S. auch J. Wiesehöfer, Zur Frage der Echtheit des Dareios-Briefes an Gadatas, RMP 130 (1987), 396-398, hier 396.

[7] S. auch I. Bald Romano, Early Greek Cult Images, Diss. Univ. Philadelphia 1980, 89.

[8] Vgl. Scheer, Gottheit und ihr Bild (s. Anm. 5), 101f. u. 207f.

[9] Daß Pausanias diesen athenischen Traditionen nicht glaubt - mit dem Argument, die Athener hätten doch sicher nicht zugelassen, daß ihnen dieses Bild von den Persern hätte entführt werden können, und es rechtzeitig evakuiert, ist hierbei unmaßgeblich. Er selbst ist der Meinung, die Taurische Artemis befände sich in Sparta. Besonders prominente Kultbilder der Antike mit mythischer Provenienz wurden nicht selten von unterschiedlichen Orten beansprucht; man denke nur an die vielfältigen Traditionen um das Palladion. Wichtig ist hier vielmehr, daß die Bekanntheit eines derartigen athenischen Anspruchs von Pausanias bereits für die Zeit der Perserkriege vorausgesetzt wird. Vgl. auch F. Graf, Das Götterbild aus dem Tauerland, AW 10.4 (1979), 33-41, hier 35.

der Überlieferung mit allen Versatzstücken angereichert, die in Griechenland ein prominentes Götterbild auszeichnen. Es ist nicht von Menschenhand geschaffen, sondern vom Himmel gefallen.[10] An seinem früheren Standort in Tauris durfte niemand außer der schlüsselbewahrenden Priesterin dieses Bild berühren. Es galt als unverrückbar (und sollte dennoch aus der Fremde nach Griechenland entführt worden sein).[11] Trotz seiner Unverrückbarkeit, seiner besonderen Verbundenheit mit dem Standort war es nicht unbeweglich. Im Angesicht eines herausragenden Frevels war diesem Bild auch zuzutrauen, wovon Iphigenie den mißtrauischen Taurerkönig Thoas überzeugte, daß es sich nämlich aus eigener Kraft abwenden und die Augen schließen konnte.[12]

Hinzu kommt schließlich noch: die taurische Artemis ist ein Bild aus der Fremde. Dieses Bild hat eine besondere Beziehung zu Barbaren und ist auf ungriechische Art und Weise mit Menschenopfern und Menschenblut verehrt worden.[13] Was Wunder, daß der Perserkönig als Nichtgrieche sich zu diesem Bild hingezogen fühlt und es den Griechen entführt![14] Daß dies dem Pausanias einleuchtete, braucht demnach nicht mehr weiter zu überraschen.

Der These, daß Xerxes deshalb zum Entführer der Artemis von Brauron geworden sei, stehen allerdings schwerwiegende Argumente entgegen. Die berühmteste Version des Mythos, gestaltet von Euripides in seiner Tragödie ‚Iphigenie bei den Taurern', sagt nicht etwa, das Bild aus Tauris sei nach Brauron gebracht worden.[15] Orestes erhält vielmehr die Anweisung, das barbarische Bild der Artemis an einen anderen Ort in Attika zu bringen, der Halai Araphenides heißt.[16] Beim Götterfest soll der Nacken eines Mannes dort in Zukunft mit dem Schwert geritzt werden, bis sein Blut fließt.[17] Die Gottheit will ihr Bild aus der Fremde nach wie vor mit barbarischen Riten verehrt wissen.

Und ein weiteres, wohl noch schwerwiegenderes Problem ist zu erwähnen. Trotz gründlicher Gelehrtenbemühung haben sich keine Quellen ausmachen lassen, die die Überlieferung vom Bild der taurischen Artemis früher als

---

[10] Euripides, Iphigenie bei den Taurern 88, 978, 1378.

[11] Euripides, Iphigenie bei den Taurern 1157f., 1201.

[12] Euripides, Iphigenie bei den Taurern 1165-7, 1179.

[13] Graf, Götterbild aus dem Taurerland (s. Anm. 9), 38.

[14] Auf eine Verbundenheit des Perserkönigs mit Götterbildern bzw. -kulten besonders ‚barbarischer Prägung' weist auch P. Georges, Barbarian Asia and the Greek Experience, From the Archaic Period to the Age of Xenophon, 1994, 200f., im Fall des Zeus Laphystios hin. Dieser Zeus wird allerdings im griechischen Mutterland nicht etwa geraubt, sondern als Ausnahme verschont (Herodot 7,197).

[15] Daß es dort ein Artemisheiligtum gibt, ist Euripides natürlich bewußt: Iphigenie wird schließlich in Brauron Artemispriesterin – so befiehlt es Athena am Ende der Tragödie (Euripides, Iphigenie bei den Taurern 1462).

[16] Vgl. Graf, Götterbild aus dem Taurerland (s. Anm. 9), 34. H. Willemsen, Frühe griechische Kultbilder, 1939, 28 u. 38, ging fälschlich noch von der Identität der zwei Orte aus.

[17] Euripides, Iphigenie bei den Taurern 1450ff.

Euripides belegen würden.[18] Nach wie vor scheint Wilamowitz recht zu haben[19], der den Tragiker Euripides für den Schöpfer der Geschichte von der Entführung des barbarischen Götterbilds durch Orestes und Iphigenie hielt. Daß Euripides mit mythischen Stoffen besonders frei umgegangen ist, ist bekannt. Offenbar hat erst durch ihn ein lokales attisches Artemisbild mit merkwürdig blutigem Ritual einen Ehrenplatz in der mythischen Geschichte des Atridenhauses erhalten. Die Aufführung der ,Taurischen Iphigenie' des Euripides wird allerdings erst in das letzte Viertel des 5. Jh. v. Chr. datiert – zwei Generationen später als die Perserkriege.[20]

Xerxes konnte also nicht gezielt das Bild der ,Taurischen Artemis' aus Brauron rauben. Zu seiner Zeit, im Jahr 480 v. Chr., war dieses Bild noch nicht berühmt und somit kaum Objekt spezifischer räuberischer Begierde, ganz abgesehen davon, daß Euripides es in der frühesten Version der Erzählung nicht mit Brauron, sondern mit Halai Araphenides verbunden hat.[21]

Im Falle des Apollonbildes von Didyma stellt sich dieselbe Frage: Lassen sich Argumente finden, die den Wunsch des Xerxes, speziell dieses Bild zu besitzen, erklären würden?

Im Gegensatz zur Artemis aus Brauron besitzen wir in diesem Fall antike Quellen, die uns vom Aussehen der fraglichen Apollonstatue berichten. Plinius d. Ä. beschreibt sie als Werk des Bildhauers Kanachos, aus äginetischer Bronze gefertigt. Auf der Handfläche habe die Statue einen beweglichen Hirsch getragen.[22] Dies war wohl ein ungewöhnliches technisches Detail, aber auch wieder nicht aufsehenerregend genug, um das Götterbild überregional bekannt zu machen. Eine vergleichbare mythologische Provenienz wie die brauronische Artemis ,aus Tauris' hatte der didymeische Apollon in den Quellen nicht aufzuweisen – weder zur Zeit des Xerxes noch des Pausanias. Ganz abgesehen von den schon genannten chronologischen Schwierigkeiten, daß Xerxes vermutlich zu spät gekommen sein dürfte um in Didyma noch nennenswerte Beute vorzufinden, liefern uns die antiken Quellen keine Hin-

---

[18] Das vergleichsweise junge Alter des Mythos betont auch Graf, Götterbild aus dem Taurerland (s. Anm. 9), 34f.

[19] U. v. Wilamowitz-Moellendorff, Die beiden Elektren (Exkurs: Iphigeneia), Hermes 18 (1893), 249-263, hier 253f. Vgl. auch M. Brooks Hollinshead, Legend, Cult and Architecture at three Sanctuaries of Artemis, 1980, 87-93.

[20] Zur Datierung: A. P. Burnett, Catastrophe survived ..., 1971, 75, Anm. 26. Hier wird das Jahr 414 als terminus ante angenommen.

[21] Daß Pausanias ein halbes Jahrtausend nach Euripides offenbar athenische Traditionen vorfindet, die den Raub des Götterbilds aus dem Taurerland aus Brauron postulierten und die Tat dem Xerxes zuschreiben, braucht hingegen nicht verwundern. Möglicherweise verwechselt Pausanias die Ortsnamen Brauron und Halai – so Graf, Götterbild aus dem Taurerland (s. Anm. 9), 35. S. auch Romano, Cult Images (s. Anm. 7), 84; Hollinshead, Legend, Cult and Architecture (s. Anm. 19), 61ff. Oder aber das Heiligtum von Halai war wie so viele andere ländliche Tempel, von deren Verödung die Perieget berichtet, nicht mehr in Betrieb. Dann könnte sich Brauron quasi die Nachbartradition angeeignet haben.

[22] Plinius, n. h. 34,75.

weise auf eine herausragende Bedeutung oder Berühmtheit der von Pausanias als Perserbeute deklarierten Apollonstatue von Didyma.

Die Historizität von Pausanias' Nachricht, der Perserkönig Xerxes hätte quasi gezielt den Milesiern und den Brauroniern bestimmte Götterbilder entführt, scheint also aus chronologischen und mythologischen Gründen höchst zweifelhaft. Wenn Pausanias aber nicht recht hat, so wäre eine weiterführende Frage zu stellen: Wie kommt er zu seinen Behauptungen? Sind sie als völlig aus der Luft gegriffene Erfindungen zu werten, denen Pausanias leichtgläubig vertraute oder die er gar selbst erfunden hat, oder konnten ihm solche Nachrichten insgesamt und grundsätzlich plausibel erscheinen?

2. Dareios, Xerxes und die griechischen Götter

Was berichten uns antike Quellen zu den Perserkriegen über die Begegnung der Kontrahenten, wenn es um die Kultbilder der Götter geht, und welche Schlußfolgerungen hat die moderne Forschung aus den Nachrichten gezogen?

2.1 Der Bericht der griechischen Quellen

Jedesmal wenn im ionischen Aufstand die Generäle des Dareios und Vertreter der aufständischen Griechen aufeinander treffen, schildert Herodot den Umgang mit den einzelnen griechischen Städten. Die Perser scheinen zunächst mit dem Mittel der Überredung versucht zu haben, den Konflikt zu lösen; von persischer Seite kam das Angebot, man möge doch freiwillig, bei Zusicherung von Straflosigkeit, unter die persische Hegemonie zurückkommen. Straflosigkeit bedeutete in diesem Fall: keine Personenschäden, Erhaltung von Privatbesitz und die Unversehrtheit der Heiligtümer.[23] Dieses Angebot macht aber zugleich auch deutlich, daß die Götter und ihr Eigentum nicht automatisch sakrosankt waren für den Unterhändler des Dareios. Ihre Unversehrtheit mußte ausdrücklich garantiert werden. Und für den Kriegsfall galt das Gegenteil des Angebots, drohte folglich Zerstörung der Heiligtümer. Als die Städte sich trotzdem weigerten und 493 die Seeschlacht von Lade verloren, hatten sie die Folgen zu tragen, von der Zerstörung Milets und Didymas war schon die Rede. Hinzufügen könnte man noch, daß Herodot zwei Mal das schandbare Verhalten der Samier erwähnt, die durch den Wechsel der Fronten als einzige „Besitz und Heiligtümer" gerettet hätten.[24] Die anderen Städte verloren beides.

---

[23] Herodot 6,9.
[24] Herodot 6,13; 6,25.

Auch einige Zeit später, als im Jahr 490 die Flottenkommandeure des Dareios, Datis und Artaphernes, die Strafaktion des Perserheeres gegen Griechenland leiteten, war deren Verhalten gegenüber den griechischen Heiligtümern bezeichnend. Auf dem Weg nach Eretria und Athen durchquerte die
persische Flotte die Ägäis und brachte die Kykladen in ihre Gewalt. Die
Inseln erfuhren nun nach Herodot unterschiedliche Behandlung. Diejenigen
Bewohner von Naxos, die der Versklavung entgangen waren, konnten bei
Abfahrt der Perserflotte von ihren Zufluchtsorten aus den Rauch ihrer brennenden Tempel sehen.[25] Die Erwartungen der Einwohner von Delos waren
offenbar ähnlich. Hier berichtet Herodot aber nun Überraschendes – die De-
lier hätten ihre Insel vorsichtshalber verlassen, seien aber vom persischen
General Datis zurückgebeten worden, der anfragen ließ, weshalb sie denn
nur geflohen seien:[26] „Heilige Männer", so spricht der Herold des Datis bei
Herodot, „warum seid ihr fort, indem ihr eine falsche Meinung von mir
hegt? Das Land, in dem die beiden Götter geboren sind, bleibt unversehrt, es
selbst und seine Bewohner. Das ist nicht nur meine eigene Einstellung, es ist
auch der Auftrag des Königs!" Diesmal stieg nicht der Rauch brennender
Tempel zum Himmel, sondern der Duft von 300 Talenten Weihrauch, die
Datis dem delischen Apollon opferte.

Bereits die Behandlung von Eretria kurze Zeit später zeigt jedoch, daß der
Respekt des Datis und des Dareios sich nicht grundsätzlich auf Apollon bezog: auch das Heiligtum des Apollon Daphnephoros in Eretria war alt und
bekannt. Das bewahrte seinen Tempel nicht davor, das Schicksal der anderen
städtischen Heiligtümer zu teilen.[27] Bei der Eroberung von Eretria plünderten die Perser zuallererst die Heiligtümer und zündeten dann die Stadt an.
Die Einwohner wurden versklavt – „wie Dareios befohlen hatte".

Eine weitere Episode, die Herodot berichtet, wäre hier anzuführen. Sie soll
sich auf der Rückfahrt der Perserflotte nach der Niederlage bei Marathon
490 ereignet haben. Herodot will hier wohl eigentlich ein weiteres Mal den
Respekt von Datis und Dareios gegenüber dem delischen Apollon aufzeigen:
er beschreibt einen Traum des Datis, die Perser sollten ein goldenes Apollonbild aus der Beute zurückgeben.[28] Dies geschah dann auch – das Bild
wurde gefunden und den Deliern übergeben. Das Beispiel macht aber ganz
nebenbei deutlich, daß sich auf den persischen Schiffen griechische Götterbilder als Beutegut befanden. Datis hatte offenbar nicht allgemein im Auftrag des Dareios für die Unversehrtheit aller Heiligtümer des Apollon, ge-
schweige denn sämtlicher Heiligtümer der Griechen gesorgt.

---

[25] Herodot 6,96.
[26] Herodot 6,97.
[27] Herodot 6,101.
[28] Herodot 6,118.

Als schließlich Xerxes' Heer im Jahr 480 durch Griechenland marschierte, hinterließ es nach Auskunft Herodots eine Schneise der Verwüstung. Tempel und Götterbild des Poseidon von Poteideia fielen den Persern zum Opfer.[29] Schwer betroffen war die Landschaft Phokis: „Die Barbaren aber durchzogen das ganze Land Phokis ... Sie verbrannten und zerstörten alles, was sie fanden, und legten Feuer an Städte und Tempel."[30] Während das Apollonorakel von Abai geplündert und verbrannt wurde[31], blieb Delphi auffälligerweise unversehrt.[32] Herodot erzählt eine verdächtig lange Rechtfertigungsgeschichte, weshalb die Delpher die Schätze ihres Heiligtums nicht in Sicherheit gebracht haben, und wie sie durch ein Wunder gerettet worden sind.

Als Xerxes mit seinen Truppen Athen erreicht, nahm er eine verödete Stadt ein. Nur auf der Akropolis befand sich noch eine kleine Gruppe von Athenern, unter ihnen auch Kultpersonal. Der Burgberg mit den Heiligtümern wurde gestürmt, geplündert und angezündet. Die Priester sollen von den Persern sogar „im Megaron des Tempels" umgebracht worden sein.[33] Ebenfalls zerstört wurde das Mysterien-Heiligtum von Eleusis, 20 km von Athen entfernt.[34]

So bot sich den Griechen wohl ein trostloses Bild, als sie nach dem überraschenden Sieg über die persische Großmacht um sich schauten. Nur acht Jahre nach Salamis beschreibt Aischylos in seiner Tragödie ‚Die Perser', aufgeführt im Jahr 472, die Taten des Perserheeres und die Folgen für die griechischen Heiligtümer:[35] „sie scheuten sich nicht auf Hellas Boden Götterbilder zu rauben und Brand zu legen an ihr Haus: Altäre – spurlos fort, der Gottheit Bilder – ganz entwurzelt, völlig umgestürzt aus Sockels Grund!" Dem griechischen Wortlaut nach läßt sich allerdings nicht genau bestimmen ob Aischylos von „geraubten" oder von ihres Schmucks „beraubten" Götterbildern spricht.[36]

Insgesamt vermitteln uns die (auch dem Pausanias bekannten) griechischen Quellen jedoch folgenden Eindruck: Eine Reihe von Tempeln sind verbrannt, die Altäre zerstört, die Bilder der Götter vernichtet oder entführt, für die Griechen jedenfalls verloren. Zu den Verschwundenen zählten möglicherweise auch Statuen der Artemis von Brauron.

---

[29] Herodot 8,129.
[30] Herodot 8,32.
[31] Herodot 8,33.
[32] Herodot 8,35-38. Zum Versuch der Delpher, diese fragwürdige Geschichte auch inschriftlich zu befestigen, vgl. Ephoros bei Diodor 11,14.2-4.
[33] Herodot 8,53.
[34] Herodot 9,65.
[35] Aischylos, Perser 809ff.
[36] Vgl. Scheer, Gottheit und ihr Bild (vgl. Anm. 5), 201f.

2.2 Dareios der Götterfreund – Xerxes der Götterfeind?

Immer wieder ist in der Neuzeit versucht worden, einen Gegensatz aufzu-
bauen zwischen dem Verhalten Dareios' I., dem Großkönig des Ionischen
Aufstands und der Marathon-Unternehmung und seinem Sohn Xerxes. Dem
Dareios geht in der Sekundärliteratur der Ruf eines besonders in religiösen
Dingen toleranten Herrschers voraus – im Gegensatz zu Xerxes, der den
Krieg gegen die Griechen weiterführt und die großen Niederlagen von Sa-
lamis und Plataiai hinnehmen muß.[37] Als Basis einer derartigen Unterschei-
dung wurde gern eine gleichsam persönliche religiöse Beziehung der Perser-
könige zu den griechischen Göttern unterstellt, im positiven (Dareios) wie
im negativen Sinn (Xerxes). Die unterschiedliche Einschätzung der zwei
Großkönige kann so weit gehen, daß Dareios als Verehrer des griechischen
Gottes Apollon erscheint, Xerxes hingegen als fanatischer Ahura Mazda-
Anhänger charakterisiert wird, der die Tempel der anderen ‚Götzen' habe
bewußt vernichten wollen.

So wollte etwa E. Simon eine besondere Beziehung zwischen den achämenidischen Königen und Apollon, genauer dem Apollon von Didyma erkennen.[38] Die Perser hätten im Apollon von Didyma den persischen Schutz- und
Sonnengott Mithras gesehen.[39] A. T. Olmstead betonte die Freundschaft
zwischen Apollon von Didyma (und Delphi) und den persischen Königen.
Von perserfreundlichen Orakelsprüchen an die Großkönige war die Rede.[40]
Auch P. Calmeyer und J. M. Cook postulierten Apollonverehrung des Dareios.[41] Dareios, so P. Georges, habe gar alle Heiligtümer des Apollon unter
königlichen Schutz gestellt.[42] Und Georges geht noch weiter: nicht nur
Apollon, sondern auch speziell die Artemis von Ephesos sei von den Persern
spätestens seit Dareios' Zeiten hochverehrt worden.[43] Im Falle Delphis pos-

---

[37] Zu Dareios als tolerantem, Xerxes als intolerantem Herrscher vgl. etwa J. Duchesne-Guillemin, Art.
Dareios, KP 1, 1964, 1390-2, hier 1392 („tolerant gegen die unterworfenen Nationen und schonte besonders deren religiöses Empfinden. Sein Brief an Gadatas in Magnesia zeugt von seiner Verehrung Apollons"); W. Hinz, Art. Xerxes, RECA 9 A, 1967, 2100; J. Duchesne-Guillemin, Art. Xerxes, KP 5, 1975,
1431-33, hier 1432; Art. Xerxes, Meyers Enzyklopädisches Lexikon in 25 Bänden, 9. Auflage 25, 1979,
554. Zum Gadatasbrief als Zeichen persischer Religionstoleranz vgl. G. Walser, Hellas und Iran, 1984,
51; M. Schwartz, The Religion of Achaemenian Iran, The Cambridge History of Iran II, 1985, 664-697,
hier 688.
[38] E. Simon, Beobachtungen zum Apollon Philesios des Kanachos, in: K. Schauenburg (Hg.), Charites,
Studien zur Altertumswissenschaft (= FS E. Langlotz), 1957, 38-46, hier 44.
[39] Simon, Apollon Philesios (s. Anm. 38), 44.
[40] A. T. Olmstead, History of the Persian Empire, 1948 (Ndr. 1959), 42 u. 44; Simon, Apollon Philesios
(s. Anm. 38), 44; M. Boyce, A History of Zoroastrianism II (= HdO I, VIII), 1982, 48; Schwartz, Religion
(s. Anm. 37), 688.
[41] P. Calmeyer, Der ‚Apollon' des Dareios, AMI 22 (1989), 125-30, hier 127f. Ähnlich auch schon J. M.
Cook, The Persian Empire, 1983, 148.
[42] Georges, Barbarian Asia (s. Anm. 14), 56.
[43] Georges, Barbarian Asia (s. Anm. 14), 59: „In Ionia finally, under the reign of Dareios at the latest, the
Persians adopted Ephesian Artemis and Apollo, who were also worshipped by Lydians and other native
peoples in contact with Ionian culture, as deities of special veneration. Both before and after the Greek

tulierte selbst G. Walser spezifische Beziehungen der Achämeniden zum
Apollonorakel, sie hätten hier die einschlägige Tradition der lydischen
Mermnaden fortgesetzt.[44]
Alle Thesen dieser Art beruhen allerdings auf einer höchst dürftigen bzw.
nicht überzeugenden Quellenbasis. Die angebliche Apollonverehrung des
Dareios stützt sich letztlich auf vier Zeugnisse. Die früher bezeugten sind die
zwei schon erwähnten Stellen bei Herodot, die Feldherren des Dareios hätten
auf ausdrücklichen Befehl des Großkönigs das Apollonheiligtum von Delos
verschont und dem Gott sogar selbst geopfert, sowie die Episode vom
Apollonbild aus Delion, das Datis in Delos aufgrund eines Traumes zurück-
gibt.[45]
Hinzu kommen zwei Quellen aus römischer Zeit: eine Nachricht bei Tacitus
und der sogenannte Gadatasbrief des Dareios, eine Inschrift aus dem 1. oder
2. Jh. n.Chr. Im Wettstreit kleinasiatischer Heiligtümer vor dem römischen
Kaiser Tiberius um die Bestätigung ihres Asylierechts versuchten sich die
Gesandtschaften jeweils mit möglichst altertümlichen Belegen für die Be-
rechtigung ihres Anspruchs zu übertrumpfen. Die Milesier führten hierbei
merkwürdigerweise ein Privileg des Großkönigs Dareios ins Feld.[46] Etwas
später wurde in Magnesia am Mäander ein Brief des Dareios an seinen Un-
tergebenen in Ionien, Gadatas neu aufgeschrieben.[47] Der Großkönig Dareios
tadelt in diesem Text Gadatas, weil er den heiligen Gärtnern des Apollon
widerrechtlich Steuern auferlegte, obwohl doch dieser Gott „den Persern
immer die Wahrheit gesagt" habe. Wahrscheinlich besteht eine Verbindung
zwischen der Nachricht des Tacitus und der Inschrift aus Magnesia. Diese
liegt allerdings wohl weniger in einer persönlicher Hinwendung des Großkönigs an Apollon, sondern in den spezifischen Umständen der römischen
Kaiserzeit: die Römer waren bestrebt, dem überhandnehmenden Asylwesen
in griechischen Heiligtümern Einhalt zu gebieten.[48]
Wie nun die Gadatas-Inschrift im Zusammenhang mit der Zeit des Dareios
zu bewerten ist, ist erwartungsgemäß kontrovers diskutiert worden. Für einige war sie das deutlichste Zeichen persischer Religionstoleranz.[49] Für an-

---

war of Xerxes the Persians not only patronized these cults of the highest political importance, but worshipped avatars of their own deities in these Greek gods."
[44] Walser, Hellas und Iran (s. Anm. 37), 51.
[45] S. oben Anm. 26 und 28.
[46] Tacitus ann. 3,63. Ein Privileg des Dareios ist allerdings vor dem ionischen Aufstand problemlos
vorstellbar: s. auch J. Fontenrose, Didyma. Apollo's Oracle, Cult and Companions, 1988, 13 Anm. 20.
[47] W. Dittenberger, Sylloge I, ^{3}1915, nr. 22. Übersetzung des Textes in K. Brodersen, W. Günther und H.
H. Schmitt, Historische Griechische Inschriften in Übersetzung I, 1992, 12f. nr. 22. Hier wird als Entste-
hungsdatum der Schrift das 2. Jh. n. Chr. angegeben. S. auch R. Meiggs, D. Lewis, A Selection of Greek
Historical Inscriptions, I, 1989, 21f. nr. 12.
[48] Vgl. auch Georges, Barbarian Asia (s. Anm. 14), 272f. Anm. 40.
[49] Walser, Hellas und Iran (s. Anm. 37), 51.

dere diente sie offenbar als Beleg dafür, daß die Perserkönige eifrig beim griechischen Orakelgott Apollon nachgefragt und dort günstige Orakel erhalten hätten.[50] Wieder andere hielten sie für eine Fälschung.[51] Dem Fälschungsvorwurf ist nun verschiedentlich begegnet worden. L. Boffo und J. Wiesehöfer haben sich unter Verweis auf Ähnlichkeiten des Ausdrucks mit achämenidischen Königsinschriften (die einem griechischen Fälscher nicht hätten bekannt sein können) für die grundsätzliche Echtheit des Textes ausgesprochen.[52] Selbst wenn jedoch die Gadatas-Inschrift auf ein altes Privileg des Großkönigs Dareios zurückgeht, so bleibt doch zweierlei festzuhalten: Mit dem Apollon von Didyma hat dieser Text nichts zu tun,[53] er beweist weder eine besonders geartete Bindung des Dareios an ʼdas Heiligtum von Branchidai noch regelmäßige Anfragen der Perserkönige bei diesem Orakel. L. Robert hat die Inschrift vielmehr dem Apollon von Aulai zugewiesen.[54] Zweitens besteht nach wie vor die Möglichkeit, daß man eine alte Überlieferung, die ursprünglich auf den Großkönig zurückging, ergänzt oder den kaiserzeitlichen Bedürfnissen von Stadt und Heiligtum angepaßt hat. Dies könnte der Grund sein für die merkwürdige Formulierung vom Gott, der den Persern immer die Wahrheit gesagt habe.[55] Im Hintergrund stünden dann den kaiserzeitlichen Griechen wohlbekannte Dinge wie der Orakeltest des Lyderkönigs Kroisos, bei dem es ebenfalls um ‚Wahrhaftigkeit' von Orakeln ging,[56] und die hohe Wertschätzung von Wahrhaftigkeit als spezifisch persischer Tugend.[57]

Orakelsprüche des Apollon von Didyma an die Perserkönige sind uns jedenfalls genauso wenig überliefert, wie Anfragen der Herrscher an dieses Heiligtum. Daß die Branchiden einigen griechischen Städten in Kleinasien vergleichsweise perserfreundliche Orakel erteilten, betrifft lediglich den Kommunikationsraum unter Griechen.[58] Eine besondere religiöse Verbindung der Perserkönige zum Herrn des Heiligtums wird damit nicht belegt. Die In-

---

[50] S. oben Anm. 40.

[51] Fontenrose, Didyma (s. Anm. 46) 13 Anm. 20 („perhaps an invention, too"); O. Hansen, The Purported Letter of Darius to Gadates, RMP 129 (1986), 95f.

[52] L. Boffo, La lettera di Dario I a Gadata: I privilegi del tempio di Apollo a Magnesia sul Meandro, Bulletino dell'Istituto di Diritto Romano, 81 (1978), 267-303; A. R. Burn, Persia and the Greeks, in: I. Gershevitch, The Cambridge History of Iran, II, 1985, 292-391, hier 314 („convincingly reproducing the style of Dareios' Persian Inscriptions"); Wiesehöfer, Echtheit (s. Anm. 6), 396-8.

[53] So auch Wiesehöfer, Echtheit (s. Anm. 6), 397.

[54] L. Robert, Documents d'Asie Mineure 3: Monnaies, villes et cultes dans la vallé du Méandre, BCH 101 (1977), 64-88, hier 84ff.

[55] Im Text wird die merkwürdige Formulierung atrékeia verwendet. Zum Problem der Übersetzung dieses Begriffs vgl. Boyce, Zoroastrianism (s. Anm. 40), 48. Sie denkt an Kyros als Orakelempfänger.

[56] Herodot 1,46.

[57] Herodot 1,136.

[58] Herodot 1,158. S. auch Burn, Persia and the Greeks (s. Anm. 52), 294, der annimmt, die Branchiden hätten sich friedlich verhalten: „the Persians for their part consistently treated Apollo with respect; and certainly Apollo served them well."

schriften des Dareios favorisieren überdeutlich den persischen Ahura Mazda als diejenige Gottheit, der sich der König verbunden fühlt.[59] Eine Identifizierung des griechischen Apollon mit Mithras läßt sich für die Zeit des Dareios ebenfalls nicht nachweisen. Mithrasverehrung läßt sich allerdings für die Perser zur Zeit des Dareios kaum ausmachen.[60]

Daß Dareios gar alle Heiligtümer des Apollon unter königlichen Schutz gestellt habe, ist aus den Quellen genauso wenig belegbar wie die Behauptung, spätestens seit der Zeit des Dareios sei die Artemis von Ephesos von den Persern hochverehrt worden. So muß etwa P. Georges zugeben, der erste derartige Beleg lasse sich erst bei Thukydides finden.[61] Und dort heißt es nur, Tissaphernes habe in Ephesos der Artemis geopfert. Die angebliche alte Ehrfurcht der Perserkönige vor der Artemis von Ephesos wird offenbar lediglich aus der Tatsache der Verschonung des Heiligtums im Ionischen Aufstand und aus dem bei Xenophon erstmals für Ephesos erwähnten Priesternamen bzw. -titel ,Megabyzos' konstruiert.[62] Aktive Kontakte des Dareios zu Delphi schließlich sind nicht bekannt, ein Anschluß des Großkönigs an mermnadische Traditionen in dieser Hinsicht nicht belegbar.

Während dem Dareios die kaiserzeitliche Inschrift über die Privilegien der Gärtner des Apollon zur Erlangung eines guten Rufes in Sachen religiöser Toleranz gereichte, so war es im Fall seines Sohnes Xerxes ebenfalls ein inschriftliches Zeugnis, das den religiösen Eifer dieses Großkönigs zu belegen schien, die sogenannte Daivas-Inschrift. Hier rühmt sich der Großkönig, Aufständischen ihre Heiligtümer zerstört zu haben.[63] Auf welche Ereignisse in der Regierungszeit des Xerxes sich dieser Text bezieht, ist kontrovers

---

[59] Zur Möglichkeit, Dareios sei Henotheist gewesen, s. Schwartz, Religion (s. Anm. 37), 685.

[60] Calmeyer, ,Apollon' des Dareios (s. Anm. 41).

[61] Thukydides 8,106. Georges, Barbarian Asia (Anm. 14), 59.

[62] Zur Verschonung der Stadt Ephesos im ionischen Aufstand vgl. Strabon 14,1.5 p. 634. L. Büchner, Art. Ephesos, RECA 5, 1905, 2773-2822, hier 2789, mit Hinweis auf die Perserfreundlichkeit der Stadt. Megabyzos: Xenophon, Anab. 5,3.4; Plinius, n.h. 35,93. O. Jessen, Art. Ephesia, RECA 5, 1905, 2753-2771, hier 2758. Das von Georges als Belegstelle angeführte Werk Picards (C. Picard, Ephèse et Claros: Recherches sur les sanctuaires et les cultes de l'Ionie du nord, 1922, 439-40) spricht nicht von persischer Artemisverehrung, sondern lediglich davon, daß der Name Megabyzos auf die „hethitische Amazonenzeit" (was immer damit nun gemeint sein mag) zurückweise. Auch die Aussage von Burn, Persia and the Greeks (s. Anm. 52), 340, „the name Megabyzas actually passed into Greek, as a title for a priest of Artemis of the Ephesians, no doubt identified in that orientalizing city with the Iranian Anahita," ist rein hypothetisch und keinesfalls bereits für die Zeit des Dareios oder Xerxes belegbar.

[63] Zur Daiva-Inschrift (XPh) s. R. G. Kent, Old Persian, ²1953, 150f.; J. Wiesehöfer, Das antike Persien. Von 550 v. Chr. bis 650 n. Chr., 1994, 78. Übersetzung nach E. Herzfeld, AMI 8 (1937), 61f.: „2. Ich, Xerxes ... der König der Länder mit den vielen Völkern, der König auf dieser großen Erde, der weiten ... 4. Spricht Xerxes, der König: Als ich König wurde, gab es unter den oben erwähnten Ländern solche, die aufrührerisch wurden. Da brachte mir Ahura Mazda Hilfe. Nach Ahura Mazdas Willen besiegte ich jene Länder und stellte die Ordnung wieder her. Und unter diesen Ländern waren solche, wo zuvor die daiva (Götzen) verehrt wurden. Da machte ich nach Ahura Mazdas Willen jene Götzenstätten dem Erdboden gleich und verkündete das Verbot: Die daiva sollen nicht verehrt werden! Wo vordem Götzen verehrt wurden, da verehrte ich Ahura Mazda nach rechter Ordnung und heiliger Sitte. Und auch anderes war, was mißbräuchlich gemacht wurde; das machte ich richtig ...".

diskutiert worden. Man glaubte, hier einen Widerhall der Ereignisse um die griechischen Heiligtümer feststellen zu können.[64] Meist aber brachte man den Text in Verbindung mit der Niederschlagung eines Aufstandes in Babylon, wo Xerxes das Heiligtum des Marduk zerstört haben soll.[65] Es ist Herodot, der dem Xerxes in Babylon die Verschleppung einer goldenen Statue unterstellt, an der sich sein Vater Dareios noch nicht zu vergreifen gewagt habe. Wie S. Sherwin-White gezeigt hat, ist diese Statue aber nicht mit dem Kultbild Bel-Marduks gleichzusetzen.[66] Die Daivas-Inschrift scheint nach neuerer Interpretation überhaupt nicht auf eine spezifische kriegerische Auseinandersetzung zu rekurrieren. H. Sancisi-Weerdenburg hat überzeugend postuliert, den Text vielmehr allgemein programmatisch aufzufassen und als Zeugnis königlichen Herrschaftsverständnisses zu interpretieren.[67]

Genausowenig wie sich im Falle des Dareios eine allgemeine Apollonverehrung ausmachen läßt, erlaubt die Quellenlage für seinen Sohn Xerxes auf persönliche religiöse Intoleranz zu schließen. Dareios mochte den Gärtnern des Apollon finanzielle Privilegien gewährt und die Insel Delos verschont haben. Das Schicksal von Didyma, des Apollon Daphnephoros von Eretria und die Entführung des goldenen Apollonbildes aus Delion machen aber deutlich, daß nicht eine von persönlichen religiösen Vorlieben geprägte Haltung des Königs das Handeln seiner Generäle bestimmte.

Auch sein Sohn Xerxes war auf dem Zug gegen Griechenland nicht von religiöser Intoleranz getrieben. Der Vorstellung vom „zoroastrischen Reformeifer", der Xerxes zu Übergriffen gegen die griechische Religion ermuntert habe,[68] widersprechen nicht nur die Quellen, sondern inzwischen auch die moderne Forschung.[69]

---

[64] Vgl. hierzu auch Walser, Hellas und Iran (s. Anm. 37), 51.

[65] Herodot 1,183. Zur angeblichen Zerstörung des ‚Grabes des Belus' durch Xerxes in Babylon s. Strabon 16,1.5 p.738. Zu Xerxes als Frevler gegen den Marduk in Babylon vgl. W. Hinz, Darius und die Perser II, 1979, 17.

[66] A. Kuhrt, S. Sherwin-White, Xerxes' Destruction of Babylonian Temples, Achaemenid History II, 1987, 69-78; Wiesehöfer, Das antike Persien (s. Anm. 63), 77 u. 87; J. Wiesehöfer, Das frühe Persien, 1999, 32: in den letzten Jahren sei Xerxes „nicht nur von der Anklage freigesprochen worden, babylonische Heiligtümer zerstört und die Mardukstatue weggeführt zu haben ...".

[67] H. W. A. M. Sancisi-Weerdenburg, Yauna en Persai, Grieken en Perzen in een ander perspectief, 1980, 3ff., und ihr folgend Walser, Hellas und Iran (s. Anm. 37), 50.

[68] S. auch Hinz, Xerxes (s. Anm. 37), 2100; überraschenderweise neuerdings wieder Georges, Barbarian Asia (s. Anm. 14), 57, der einmal mehr unterstellt „surely in his own mind Xerxes was destroying a place where daivas had been worshipped. He was establishing true worship pleasing to Ahura Mazda and Arta (‚Justice') through the Peisistratids."

[69] Vgl. etwa W. W. How, J. Wells, A Commentary on Herodotus, I-II, 1928, 106 u. 271 (das Anzünden von Heiligtümern sei nicht selten, aber „the motive of the war was not religious"); H. Funke, Art. Götterbild, RAC 11, 1981, 659-828, hier 733; Walser, Hellas und Iran (s. Anm. 37), 51; Schwartz, Religion (s. Anm. 37), 690ff.; Wiesehöfer, Das antike Persien (s. Anm. 63), 88.

Daß Xerxes nur zoroastrische Rituale geduldet hätte, behauptet z. B. keine
griechische Quelle. So berichtet Herodot vom großen (selbstverständlich
blutigen) Stieropfer des Xerxes an Athena von Ilion,[70] wie auch von der
Aufforderung an seine griechischen Begleiter, nach der Einnahme der Akropolis von Athen dort den griechischen Göttern zu opfern.[71] Wenn Xerxes
also in Griechenland nicht aus zerstörerischem religiösem Eifer handelte, so
war es aber auch nicht spezifischer Respekt vor bestimmten griechischen
Göttern, die ihm besonders wichtig gewesen wären: hier wäre etwa die Verschonung Delphis zu nennen. Vermutlich ist die Unversehrtheit der berühmten Orakelstätte weder auf das unmittelbare Eingreifen des Gottes
Apollon zurückzuführen noch auf alte Verbindungen zwischen den Großkö-
nigen und der delphischen Priesterschaft. Einleuchtend erscheint vielmehr
die Argumentation von Parke und Wormell,[72] die nicht etwa davon ausgehen, die Achämeniden hätten besondere Beziehungen zum delphischen
Apollon unterhalten wie seinerzeit die Mermnaden, sondern das Fehlen per-
serfeindlicher Orakelsprüche aus Delphi mit der Zusammensetzung der
Amphiktyonie erklären. Diese sei mehrheitlich von den Nord- und Mittel-
griechen kontrolliert worden, denen klar war, daß sie von den Peloponne-
siern keine volle Unterstützung bei der Verteidigung ihres Gebiets gegen die
Perser zu erwarten haben würden. Xerxes wiederum habe kein Interesse
daran haben können, seine Verbündeten gegen sich aufzubringen, indem er
‚ihr' Heiligtum zerstörte.

In der Behandlung der griechischen Heiligtümer läßt sich kein eigentlicher
Unterschied feststellen zwischen dem angeblich so toleranten Dareios und
seinem Sohn Xerxes.

Interessanterweise nennt Pausanias ausschließlich Xerxes im Zusammenhang mit Freveln gegen die Götter.

Möglicherweise gereichte die positive Charakterisierung des Dareios durch
Aischylos (der den älteren Perserkönig als weisen Mahner im Gegensatz zu
seinem von Hybris getriebenen Sohn darstellt[73]) verbunden mit der Nachricht Herodots, Dareios habe die Schonung von Delos angeordnet, dem älteren Großkönig zu einer vergleichsweise vorteilhafteren Einschätzung in den
griechischen Quellen. Zumindest konnte ihm, der sich weitab von den Ge-

---

[70] Herodot 7,43.
[71] Herodot 8,54.
[72] H. W. Parke und D. E. W. Wormell, The Delphic Oracle I, 1956, 172f. Anders Walser, Hellas und Iran (s. Anm. 37), 51.
[73] Vgl. Aischylos, Perser 164 und 760ff. S. hierzu N. R. E. Fisher, Hybris. A Study in the values of honour and shame in Ancient Greece, 1992, 258: Dareios habe die Götter auf seiner Seite gehalten. Zur Hybris des Xerxes bei Herodot s. Fisher, Hybris 379ff. u. 384, wo die Meinung vertreten wird, Herodot habe wohl das Anwachsen des Hybris-Elements als Teil persischer Herrschaft von Dareios zu Xerxes aufzeigen wollen.

schehnissen in Griechenland aufgehalten hatte – im Gegensatz zu seinem
Sohn Xerxes – von griechischer Seite nicht vorgeworfen werden, in seiner
Anwesenheit seien die Tempel der Götter beraubt und zerstört worden.[74]

3. Der Gottesfrevel der Perser: drei griechisch-römische Erklärungsversuche

Welche Beweggründe für die Übergriffe auf griechische Heiligtümer werden
den Persern nun von den antiken Quellen ausdrücklich zugeschrieben? Hier
ist noch einmal grundsätzlich zu betonen: persische Quellen zu den Vorgän-
gen in Griechenland, die hierauf eingehen würden, sind uns nicht erhalten.[75]
Die griechisch-römischen Quellen geben uns drei hauptsächliche Antworten:
Die griechischen Tempel sind geschändet worden, weil die Perser – und vor
allem ihr König Xerxes – gottlose Barbaren sind. Auch zwei andere Argumente lassen sich jedoch finden, die in eine ganz andere Richtung als Gottlosigkeit weisen: die Perser hätten ihre eigenen Götter rächen müssen oder gar
die griechischen Götter in einer Art Religionskrieg befreien wollen.
Ist es wirklich vorstellbar, daß die Perser die griechischen Heiligtümer aus
quasi positiven religiösen Motiven angezündet haben? Eine solche überra-
schende Äußerung findet sich bei Cicero. In seiner Schrift „über das Wesen
der Götter" schreibt Cicero die Tat wieder einmal allein dem König Xerxes
zu – der Vorgänger Dareios wird nicht erwähnt – und weist auf die ganz
persönliche Verantwortung des Xerxes hin. Mit seiner Hände Gewalt habe
Xerxes die Heiligtümer der Götter umgestürzt.[76] An anderer Stelle spricht
Cicero über die Beweggründe des Xerxes:[77] „In Griechenland sind wie bei
uns prächtige Heiligtümer Götterbildern in Menschengestalt geweiht, welche
die Perser für gottlos hielten, und aus diesem einzigen Grund soll Xerxes die
athenischen Heiligtümer haben anzünden lassen, weil er glaubte, es sei
gottlos die Götter, deren Haus diese ganze Welt sei, in Mauern eingeschlos-
sen zu halten." Angestiftet hierzu hätten ihn persische Magier.[78]

---

[74] Zur Gefahr, das hellenozentrische Bild vom Gottesfrevler Xerxes zu übernehmen, vgl. Kuhrt, Sherwin-
White, Xerxes' Destruction of Babylonian Temples (s. Anm. 66), 69ff. Ebenfalls zum Problem einer zu
negativen Zeichnung des Xerxes s. Wiesehöfer, Das antike Persien (s. Anm. 63), 72.
[75] Zur sog. Daivas-Inschrift des Xerxes vgl. oben S. 70.
[76] Cicero, nat. deor. 1,115.
[77] Cicero, rep. 3,9.14: ... quod deos, quorum domus esset omnis hic mundus, inclusos parietibus contineri
nefas esse duceret.
[78] Cicero, leg. 2,10.26: Delubra esse in urbibus censeo, nec sequor magos Persarum, quibus auctoribus
Xerxes inflammasse templa Graeciae dicitur, quod parietibus includerent deos, quibus omnia deberent
esse patentia ac libera, quorumque hic mundus omnis templum esset et domus.

Xerxes habe also die Götter der Griechen, die in Tempelmauern eingesperrt waren, befreien wollen und deshalb die griechischen Heiligtümer zerstört und die Statuen verschleppt.

Die religiösen Vorstellungen und Rituale von Griechen und Persern waren zwar recht unterschiedlich. Den Griechen war diese grundsätzliche Tatsache bekannt – auch wenn Herodot bei seiner umstrittenen Beschreibung der Einzelheiten Fehler unterlaufen sein mögen:[79] „Von den Sitten der Perser weiß ich folgendes. Es ist bei ihnen nicht üblich, Götterbilder, Tempel und Altäre zu errichten. Sie behaupten sogar, wer das tue sei ein Tor. Sie glauben nämlich nicht, wie mir scheint, daß die Götter wie bei den Griechen menschenähnliche Wesen sind."

Die Spezifika persischer religiöser Vorstellungen haben aber offenbar nicht dazu geführt, daß die Perserkönige bei der Angliederung eines neuen Gebiets an ihr Reich von Zwangsmissionierung, oder überhaupt von missionarischen Gedanken beflügelt gewesen wären – im Gegenteil. Man denke nur an die Rücksendung der Juden aus Babylon durch Kyros, die das Alte Testament schildert.[80] Die ‚Kyroszylinder‘ genannte Inschrift aus Babylon beschreibt gar den tatkräftigen Beistand, den fremde Götter vom Großkönig erfahren:[81] „Von Ninive, Assur und Susa, Akkad, Echunnak, Zamban, Meturnu und Der bis zum Gebiet von Gutium, die Städte jenseits des Tigris, deren Wohnsitz von alters her verfallen war – die dort wohnenden Götter brachte ich an ihren Ort zurück und ließ sie eine ewige Wohnung beziehen. Alle ihre Leute versammelte ich und brachte sie zurück zu ihren Wohnorten."

Daß das Argument, Xerxes habe die griechischen Götter aus ihren steinernen Tempeln befreien wollen, ein halbes Jahrtausend nach den Perserkriegen bei Cicero verwendet wird, ist wohl in einem völlig anderen griechisch-römischen Zusammenhang zu verstehen: innerhalb des jahrhundertealten Diskurses über die Götter und ihr Verhältnis zu Tempeln und Kultbildern. Seit dem 6. Jh. v.Chr. unterstellten ‚aufgeklärte‘ Philosophen den Verehrern von Göt-

---

[79] Herodot 1,131.1. Kritik an Herodots Aussagen etwa bei G. Widengren, Die Religionen Irans, 1965, 131f.; Boyce, Zoroastrianism (s. Anm. 40), 89. S. hierzu auch W. Burkert, Herodot als Historiker fremder Religionen, in: G. Nenci (Hg.), Hérodote et les peuples non grecs, Entretiens sur classique, 1990, 1-32, hier 17f., und in der Diskussion M. Briant, ebd. 38f.; Georges, Barbarian Asia (s. Anm. 14), 54f. Jüngst hat B. Jacobs die Ausführungen Herodots in Zweifel gezogen und ihren großen Einfluß auf die Sekundärliteratur zur persischen Religionsgeschichte nachgezeichnet: B. Jacobs, Kultbilder und Gottesvorstellung bei den Persern. Zu Herodot, Historiae 1,131 und Clemens Alexandrinus, Protrepticus 5,65.3, in: T. Bakir, Achaemenid Anatolia, Proceedings of the First International Symposium on Anatolia in the Achaemenid Period, Bandırma 15.-18. August 1997, 2001, 83-90.

[80] Jes 44,24-28; 45,1. Schwartz, Religion (s. Anm. 37), 684; Wiesehöfer, Das antike Persien (s. Anm. 63), 74 u. 81.

[81] W. Eilers, Der Keilschrifttext des Kyroszylinders, Festgabe deutscher Iranisten zur 2500 Jahr-Feier Irans, 1971, 156-66; Boyce, Zoroastrianism (s. Anm. 40), 63 (mit engl. Übs.); M. Boyce, The Religion of Cyrus the Great, Achaemenid History III, 1988, 15-31, hier 24; P. Högemann, Das alte Vorderasien und die Achämeniden, 1992; Wiesehöfer, Das antike Persien (s. Anm. 63), 75f. (mit deutscher Übs.); Widengren, Religionen Irans (s. Anm. 79), 135.

terbildern, sie hielten fälschlicherweise die Bilder für die Götter selbst und
versuchten diese Götter in verschlossene Tempel einzusperren.[82] Entsprechend ist es nicht völlig überraschend, daß schließlich dem Xerxes, als Herrscher über ein Volk, von dem man zu wissen glaubt, daß es selber keine
Götterbilder hat, die eigene tempel- und bilderkritische Argumentation unterstellt wird. Als Großkönig hat er die Mittel, eine solche Haltung auch gewaltsam durchzusetzen.

Früher bezeugt ist die andere ‚religiöse Antwort' der Griechen auf die Frage,
weshalb die Perser griechische Heiligtümer zerstört haben. Die Perser seien
von einer ‚Racheverpflichtung' gegenüber ihren eigenen Göttern getrieben
worden. Dieses Argument findet sich erstmals bereits bei Herodot. Nach
Meinung der Perser hätten nämlich die Griechen mit der frevelhaften Zerstörung von Tempeln begonnen. Das fragliche Ereignis fand zu Beginn des
ionischen Aufstandes statt: die aufständischen Griechen waren erfolgreich
bis nach Sardes vorgedrungen, dem Sitz des persischen Satrapen. Die Stadt
wurde von den Griechen eingenommen und brannte ab – bei dieser Gelegen-
heit fing auch der Tempel der Kybebe, das einheimische Haupttheiligtum
Feuer.[83] Herodot kommentiert das mit der Aussage: „Darauf beriefen sich
die Perser später immer wieder, wenn sie die Tempel in Griechenland an-
zündeten." Er nimmt dieses Argument sowohl für Dareios als auch für Xerxes ausdrücklich in Anspruch. Als das Heer des Dareios Eretria zerstört,
heißt es:[84] „die Perser drangen ein, plünderten zunächst die Heiligtümer und
zündeten sie zur Vergeltung für die in Sardes niedergebrannten Tempel an,
dann machten sie die Einwohner zu Sklaven wie Dareios befohlen hatte."
Dem Dareiosnachfolger Xerxes legt Herodot diese Begründung sogar un-
mittelbar in den Mund.[85] Er läßt Xerxes eine Rede an seine Getreuen halten,
in der der Großkönig zum Griechenlandfeldzug aufruft: „Erstens kamen sie
(sc. die Griechen) mit unserem Sklaven Aristagoras aus Milet nach Sardes
und brannten die heiligen Haine und Tempel nieder." Erst als zweiten Punkt
führt Xerxes die Notwendigkeit an, die Griechen für den Sieg über Dareios
bei Marathon zu strafen.

Daß Vergeltung eine Rolle spielt, wenn die Perser gegen Griechenland ziehen, kann man wohl als sicher annehmen, aber ob sich die Großkönige Dareios oder Xerxes aufgerufen sehen, zuallererst die Göttin Kybebe von Sardes zu rächen, steht wohl auf einem anderen Blatt. Kybebe, von Herodot als
die epichorische Göttin von Sardes bezeichnet, war zunächst die Göttin der
lydischen Einwohner dieser Stadt, deren religiöse Vorstellungen keineswegs

---

[82] Vgl. hierzu Scheer, Gottheit und ihr Bild (vgl. Anm. 5), 35f.
[83] Herodot 5,101f.
[84] Herodot 6,101.
[85] Herodot 7,8.

automatisch mit denen der bei ihnen stationierten persischen Garnison inklusive des Satrapen konform gingen. Weder für Dareios noch für Xerxes ist Kybebe-Verehrung bezeugt – gezielte Rache für eine Beleidigung dieser Gottheit entsprechend unwahrscheinlich.[86] Ganz abgesehen davon, daß sich Herodots Aussagen hier selbst widersprechen: Wenn die Perser Tempel, Altäre und Götterbilder lachhaft finden – weshalb sollten sie dann plötzlich den Religionskrieg für einen einzelnen zerstörten Tempel in einer persischen Randprovinz auf ihre Fahnen schreiben?[87]

Wenn im Zusammenhang mit den Expeditionen des Dareios und des Xerxes von Vergeltung die Rede sein soll, so ist das Rachemotiv der Perser wohl eher im ‚politischen' Bereich zu suchen. Der Abfall der kleinasiatischen Griechenstädte vom Perserreich – verbunden mit einem aktiven Angriff auf dessen Gebiete, der in der Zerstörung eines Satrapenpalastes und der ihn umgebenden Stadt gipfelte – wog für die Großkönige wesentlich stärker, als die ‚Nebensächlichkeit', daß die Funken der brennenden Strohdächer des eroberten Sardes auch auf ein einheimisches Heiligtum übergesprungen waren.

So illustriert auch die zweite, von griechischer Seite verwendete ‚religiöse' Erklärung für die persischen Gottesfrevel gegenüber den Griechen, die ‚Rache für die Göttin von Sardes', nicht das Handeln der Perser. Diese Erklärung spiegelt vielmehr den typisch griechischen Blickwinkel Herodots, der für den Feind ähnliche, den eigenen verwandte Wertvorstellungen in Anspruch nimmt.

Die häufigste und eigentliche Antwort der griechischen Quellen auf die Frage, warum sich sich die Perser an den griechischen Heiligtümern vergriffen haben, lautete jedoch: weil sie gottlose, von Hybris getriebene Barbaren sind.[88] Der Perserkönig Xerxes als ein Herrscher, dem nichts heilig ist, wurde geradezu zum Standardvorwurf. Aischylos ist hier das früheste Zeugnis. Das Heer des Xerxes habe aus Hochmut gehandelt, aus gottverruchtem Sinn – angetrieben natürlich von einer entsprechenden Einstellung seines

[86] S. zum eher griechischen als persischen Charakter der Göttin von Sardes auch Burkert, Herodot als Historiker (s. Anm. 79), 37 u. 39. Die Verbindung zwischen Kybebe und der persischen Anahita wird erst später hergestellt: Georges, Barbarian Asia (s. Anm. 14), 272 Anm. 36.
[87] Die vergleichsweise geringe Bedeutung und Bezeugung von Kultbildern in der persischen Religion spricht auch gegen die These von Simon, Apollon Philesios (s. Anm. 38), 44, die Perser hätten doch wohl im Kultbild des „von barbarischen Herrschern seit Generationen hochverehrten Herrn des Orakels von Branchidai" mehr als nur ein Museumsstück gesehen. Vgl. auch Schwartz, Religion (s. Anm. 37), 691.
[88] Hybris als in griechischen Quellen häufig gebrauchter Begriff im Zusammenhang mit dem Angriff der Perser auf Griechenland: Theognis 775; Herodot 7,16; 8,77; Isokrates, Panathenaikos 12,47; 61, 83; Lysias 2,20. Vgl. Fisher, Hybris (s. Anm. 73), 226f., 257ff. u. 367ff.; E. Hall, Inventing the Barbarian, 1989, 80-82; A. N. Michelini, Tradition and dramatic Form in the Persians of Aischylos, 1982, 149f.; W. Kierdorf, Erlebnis und Darstellung der Perserkriege, 1966, 75ff.

Anführers.[89] Die Einschätzung durch die griechischen Protagonisten bei Herodot ist ähnlich. Der Perserkönig Xerxes, so läßt Herodot Themistokles sagen,[90] sei „ein Herrscher, der ein gottloser Frevler ist, der Heiligtümer ebenso behandelte wie Menschenbesitz, der Götterbilder verbrannte und umstürzte, der sogar das Meer geißeln ließ und in Ketten legte."[91] An anderer Stelle zeigt Herodot erneut, daß das von den Persern angeblich vorgebrachte Argument, sie nähmen berechtigterweise Rache für die Göttin von Sardes, in griechischen Augen nicht zählt:[92] der Großkönig Xerxes sei ein Herrscher, der auf „Götter und Heroen keinerlei Rücksicht nahm, als er ihre Häuser und Bilder gottlos verbrannte."

Die Charakterisierung der Perser als Gottesfrevler ist aber auch feste Größe in späteren Quellen. Sie findet sich etwa im 4. Jh. v.Chr. im Panegyrikos des Isokrates und wird verwendet, um die Perser von grund auf als Verhandlungspartner zu disqualifizieren:[93] „Was überhaupt in der Welt ist solchen Leuten nicht verhaßt, die im vergangenen Krieg nicht davor zurückschreckten, sogar die Bilder und Tempel der Götter zu berauben und bis auf den Grund niederzubrennen." Die Jungmannschaft der Griechen, so wird seit dem 4. Jh. behauptet, soll mit dem Motiv der Heiligtumszerstörung geradezu auf ewige Feindschaft gegen die gottlosen Perser eingeschworen worden sein. Als offensichtlichen Beweis einer so unglaublichen Gottlosigkeit, wie sie die Perser in Griechenland gezeigt hätten, hätten die Griechen gar die zerstörten Heiligtümer ihrer Götter ganz bewußt nicht wieder aufgebaut, sondern die Ruinen als Mahnmal und Erinnerung für spätere Generationen präsentiert. Dies ist wohl historisch nicht haltbar.[94] Noch Pausanias hat sich aber offenbar von Traditionen dieser Art beeindrucken lassen. Mehrfach schreibt er die Schuld für den ruinösen Zustand mancher Heiligtümer im kaiserzeitlichen Griechenland der Zerstörung durch das Heer des Xerxes zu.[95]

Vom Blickwinkel des Historikers gesehen erweist sich auch die Erklärung der griechischen Quellen, die Perser hätten aus Gottlosigkeit gehandelt, als

---

[89]Aischylos Perser 807f.: „Dort harrt auf sie der Leiden höchstes, das sie trifft. Als Hochmuts Buße, gottverruchten Sinnes Lohn ...". Fisher, Hybris (s. Anm. 73), 260.

[90] Herodot 8,109.

[91] Vgl. noch in der römischen Kaiserzeit die Charakterisierung des Xerxes durch Iuvenal, sat. 10,179ff.: „Doch wie kehrte jener zurück nach der Aufgabe von Salamis, der mit Peitschen gegen den Nordwest und den Südost zu wüten pflegte, die solches nie im Kerker des Aeolus erlitten hatten, der Barbar, der den Erderschütterer selbst in Beinfesseln geschlagen hatte ...".

[92] Herodot 8,143f .

[93] Isokrates, Panegyrikos 155.

[94] Vgl. Scheer, Gottheit und ihr Bild (vgl. Anm. 5), 209f.; G. A. Lehmann, Bemerkungen zur Themistokles-Inschrift aus Troizen, Hist. 17 (1968), 276-290, hier 281, gegen Burn, Persia and the Greeks (s. Anm. 52), 515.

[95] Vgl. Pausanias 10,35.2 zum Schicksal der Heiligtümer in Abai, Haliartos und Phaleron. Ebenso Livius 42,63; Strabon 9,30 p.411; Pausanias 1,1.5 u. 9,32.5.

nicht tragfähig. Die Perser sind nicht in dem Sinne gottlos, daß sie keine Religion haben und Götter grundsätzlich nicht respektieren würden. Dies ist auch den Griechen klar, der Vorwurf des Atheismus wird im Fall der Perser nicht erhoben. Die Gottlosigkeit der Perser zeigt sich nicht in allgemeiner Gottesleugnung, sondern in fehlender Respektierung der griechischen Götter.

Die nicht überzeugenden Erklärungsversuche griechischer Quellen machen jedoch die Ratlosigkeit deutlich, mit der die Griechen dem Verhalten der Perser gegenüberstehen. Sie können ganz offensichtlich nicht recht begreifen, warum die Perser so gehandelt haben.

4. Der persische Gottesfrevel: der Blickwinkel des Großkönigs und die Reaktion der Griechen

So sei an dieser Stelle noch einmal nach den in unserem Sinne historischen Gründen für das persische Verhalten gefragt: Warum haben die Perser die Heiligtümer der Griechen verbrannt, und wie ist die Reaktion der Griechen darauf zu erklären? Wie verträgt sich der Eindruck persischer Toleranz gegenüber Kultur und Religion von ‚Fremdvölkern' im Perserreich mit dem gewaltsamen persischen Vorgehen gegenüber den Heiligtümern der Griechen?

Hier ist zu unterscheiden zwischen zwei Arten der Begegnung von Persern und ‚fremden Kulturen', die jeweils das Selbstverständnis des Perserkönigs betreffen. Auch wenn das Zusammenleben von toleranter Duldung geprägt sein konnte, so waren die Umstände im Fall einer Konfrontation wohl andere. Schon Herodot läßt durchblicken, die Perser seien der Meinung, ihnen gehöre ganz Asien.[96] Die inschriftlichen Zeugnisse der Großkönige erweitern diesen Anspruch sogar noch: Ahura Mazda – so kann man es nicht nur in den Inschriften des Dareios in Behistun lesen – hat nämlich dem persischen Großkönig alle Länder von vornherein übereignet,[97] was eine Begrenzung auf Asien aufhebt. Dareios' Sohn Xerxes erhält ebenfalls diesen universalen Anspruch aufrecht, wenn er sich als „Großkönig, König der Könige, König der Länder vieler Zungen, König auf dieser großen Erde gar weithin..." bezeichnet.[98]

---

[96] Herodot 9,116.
[97] Zur Inschrift von Behistun vgl. Corpus Inscriptionum Iranicarum (E. Voigtländer, 1978; J. C. Greenfield, B. Porten, 1982; R. Schmitt, 1991). Deutsche Übs. bei R. Borger, W. Hinz, in: O. Kaiser (Hg.), Texte aus der Umwelt des Alten Testaments, I, 1982-85; 419-450. Vgl. auch die bei Schwartz, Religion (s. Anm. 37), 684, zitierte Inschrift aus Susa: „he (Ahura Mazda) made me king over all the earth."
[98] Hinz, Xerxes (s. Anm. 37), 2099.

Trifft nun dieser universale Herrschaftsanspruch auf Nachbarvölker des Perserreichs, so bleiben diesen zwei Reaktionsmöglichkeiten. Entweder sie unterwerfen sich sofort und widerstandslos oder aber sie leisten Widerstand. Dann aber sind sie im selben Maße Rebellen und Aufrührer wie Untertanen, die aktiv den politischen Abfall versuchen. Die kulturelle und religiöse Toleranz des Perserkönigs gilt entsprechend nur für jene, die sich widerstandslos unter persische Herrschaft begeben.

So ist wohl die Verschonung von Delos und Delphi zu erklären. Die Behandlung von Delos durch die Generäle des Dareios, wenn diese wirklich ausdrücklich und im Auftrag des Großkönigs die heilige Insel verschonten, hätte entsprechend Signalwirkung für das restliche Griechenland haben und eben die Botschaft vermitteln können: wer sich freiwillig unterwirft, dessen Heiligtümer sind nicht gefährdet, diese werden vielmehr sogar von der neuen Besatzungsmacht respektiert.

Es ist nicht notwendig, dem Großkönig Dareios deshalb einen besonderen Bezug zur griechischen Gottheit Apollon zu unterstellen, ihn gar zu einem persönlichen Apollonverehrer zu machen. Der Gott gilt dem König als weder freundlich noch feindlich, die politische Haltung seiner einheimischen Verehrer ist ausschlaggebend.[99] Allgemein ist hier wohl der Ansicht Wiesehöfers zu folgen, daß die religionspolitischen Aktivitäten der Perserkönige soweit gehen konnten, daß sie „die Kulte ihrer Untertanen durch Stiftungen und Opfer bewußt förderten, wenn die dort verehrten Gottheiten sich als Garanten von Ruhe und Ordnung erwiesen hatten."[100] Interessant ist in diesem Zusammenhang die These von M. Boyce, die im Zusammenhang mit der Daivas-Inschrift die Meinung vertreten hat, die religiöse Toleranz der Achämeniden habe sich nur auf ihre nicht-iranischen Untertanen erstreckt: „lesser mortals in their eyes who might worship as they pleased, provided they created no civil unrest."[101]

Im Gegensatz hierzu haben jene Griechen, die den Aufstand gegen das Perserreich versucht, die Unterwerfung verweigert oder Aufständische unterstützt haben, jeglichen Anspruch auf Toleranz verwirkt: die ionischen Städte, das Heiligtum von Didyma, Eretria und Athen.[102] Dasselbe gilt für diejenigen, die dem universalen persischen Anspruch aktiv Widerstand leisteten.

---

[99] Dareios ist genauso wenig ein allgemeiner Apollonverehrer wie hinterher ein allgemeiner Apollonverächter. S. auch Wiesehöfer, Echtheit (s. Anm. 6), 398: „Dareios nahm ja nicht nach dieser Rebellion quasi alle Apollon-Heiligtümer in eine Art gemeinsame Haftung."
[100] Wiesehöfer, Das antike Persien (s. Anm. 63), 91. Unter diesem Aspekt sind wohl auch die in der sog. rhodischen Tempelchronik bezeugten Weihungen von Datis und evtl. Artaphernes an die Athena von Lindos einzuordnen (Timachidas, FGrHist 532 C, 32.3) – falls dieses Heiligtum nicht nur mit einer derartigen Behauptung sein Prestige aufbessern wollte.
[101] Boyce, Religion of Cyrus the Great (s. Anm. 81), 24.
[102] Burn, Persia and the Greeks (s. Anm. 52), 314.

Die religiöse Toleranz des Großkönigs speist sich nicht aus ethischen Richt-
linien, die als allgemein verbindlich angesehen würden, etwa aus Respekt
und Ehrfurcht vor dem Göttlichen.[103] Sie ist vielmehr ein freiwillig erwiese-
ner Gnadenakt, auf den niemand Anspruch hat und der jederzeit widerrufen
werden kann. Den Perserkönigen war bewußt, daß sich ein Vielvölkerstaat
wie der ihre am besten aufrechterhalten ließ, wenn man lokal vorhandene
Autoritäten nutzte und religiöse Privilegien bestätigte, um unnötige Destabi-
lisierung durch religiöse Streitigkeiten zu vermeiden. Gleichzeitig scheuten
sie jedoch nicht davor zurück, Aufständische gezielt und effektiv durch
Verlust ihrer religiösen Mittel zu bestrafen.[104] Dann spielte es keine Rolle,
ob solche Heiligtümer Apollon, Artemis oder einer beliebigen anderen Gottheit gehörten.

Die Schwächung und Demütigung des Gegners durch Verminderung seiner
religiösen Potenz – das sei hier nur nebenbei hinzugefügt – war im Vorderen
Orient beileibe keine neue Strategie.[105] Die Statue des Marduk von Babylon
scheint nacheinander von den Hethitern, Elamitern und Assyrern verschleppt
worden zu sein.[106]

Neu jedoch war dieses Verhalten für die Griechen – und hieraus erklären
sich ihre Überraschung und ihre vergeblichen Bemühungen, das unbegreifli-
che Verhalten des persischen Feindes zu verstehen.

Auch unter Griechen waren zwar interne kriegerische Konflikte an der Tagesordnung. Diese konnten auch bis zur Eroberung einer feindlichen Stadt
führen. Die Tempel der Götter und ihre Kultbilder wurden allerdings im
Normalfall nicht angetastet. Das Paradebeispiel für die Folgen, die eine
Verletzung dieser Regel nach sich ziehen konnte, war letztlich bereits im
Homerischen Kyklos vorgegeben. In der Iliupersis, dem Epos von der Eroberung Trojas, war erzählt worden, wie das siegreiche Griechenheer sich an
den Göttern der Trojaner vergriffen hatte und wie schwer es dafür büßen
musste. Die zürnenden Götter ließen die griechische Flotte auf der Heimfahrt
Schiffbruch erleiden. Die Schuldigen kamen entweder auf der Heimfahrt um
oder wurden in die Fremde verschlagen. Wem die Heimkehr vergönnt war,
den erwartete dort ein böses Ende wie Agamemnon, oder aber er irrte wie
Odysseus viele Jahre umher, bevor er schließlich die Heimat erreichte.[107]

---

[103] S. Wiesehöfer, Das antike Persien (s. Anm. 63), 89: „Religiöser Eifer war ihnen (sc. den Perserkönigen) fremd, ebenso aber auch die – moderne – Verstellung von religiöser Toleranz als humanistischem
Prinzip."
[104] Wiesehöfer, Das frühe Persien (s. Anm. 66), 72.
[105] Zur Verschleppung von Götterbildern im Alten Orient s. U. Seidl, Art. Kultbild, in: RLA 6 (1980-83),
314-19, bes. 316; Simon, Apollon Philesios (s. Anm. 38), 44.
[106] J. Renger, Art. Kultbild, in: RLA 6 (1980-83), 307-314, hier 313.
[107] Iliupersis p.108, 2-6 Allen. Scheer, Gottheit und ihr Bild (vgl. Anm. 5), 182 u. 184.

Der bei Herodot erwähnte Fall der Einnahme von Sardes scheint hierzu im Widerspruch zu stehen.[108] Betrachtet man Herodots Wortwahl, so handelte es sich hier jedoch kaum um einen gezielten griechischen Angriff auf die Götter der Stadt und ihr Eigentum. Herodot berichtet lediglich, daß sich wegen der Strohdächer der Stadt das Feuer bei der Eroberung rasend schnell ausbreitete – noch bevor man an eine Plünderung der Stadt denken konnte. Daß die Griechen unter anderen Umständen die Heiligtümer der Götter (und nicht nur die Häuser der Wohlhabenden oder den Satrapenpalast) geplündert hätten, läßt sich aus dem Text nicht ablesen.

Während also paralleles griechisches Verhalten in den Perserkriegen nicht bezeugt ist, spricht aus den griechischen Quellen vielmehr die Fassungslosigkeit der Griechen über die Vorgehensweise der Perser. Heiligtümer zu zerstören bedeutet ihrer Meinung nach, Krieg gegen Götter und nicht gegen Menschen zu führen.[109] Wer dies wagt, bei dem müssen Wahnsinn und frevlerische Gesinnung zusammenkommen, denn er riskiert offenen Auges die Bestrafung durch die verletzten höheren Mächte. Entsprechend verwundert es nicht, daß die Griechen im Rückblick den Sieg gegen die Großmacht Persien vor allem auf die Mithilfe der erzürnten und in ihrem Eigentum verletzten Götter Griechenlands zurückführten.

Diese Vorstellung wirkt weiter in spätere Zeit. Für Philipp II. von Makedonien und Alexander den Großen heißt es, sie hätten den neuen Perserkrieg, der diesmal mit der Eroberung des Perserreichs durch die makedonischen Griechen endete, mit dem Argument gerechtfertigt: man müsse die alten Frevel der Perser rächen.[110]

5. Pausanias, Xerxes und die geraubte Artemis

Wie ist nun vor diesem Hintergrund die Nachricht des Pausanias zu werten, der Perserkönig Xerxes habe den Athenern die Artemis von Brauron, und den Milesiern den Apollon von Didyma entführt?

---

[108] S. oben S. 75.

[109] Herodot 8,143.

[110] Polybios 5,10.8: „Und als er nach Asien hinüberging, um die an den Griechen begangenen Frevel der Perser zu rächen ..."; Diodor 17,4.9; Iustin 11,2.5; Cicero, rep. 3,9.15: „Später aber gaben Philipp, der beabsichtigte mit den Persern Krieg zu führen, und Alexander, der ihn durchführte, dies als Vorwand für den Krieg an, er wolle Rache nehmen für die griechischen Tempel; diese aber meinten die Griechen nicht einmal wieder aufbauen zu sollen, damit die Nachwelt vor ihrem Angesicht einen ewigen Beweis persischen Verbrechens besitze." Vgl. hierzu H. Bengtson, Philipp und Alexander der Große, 1985, 133, und vor allem H. Bellen, Der Rachegedanke in der griechisch-persischen Auseinandersetzung, Chiron 4 (1974), 43-67, hier 50ff. Die Idee eines ‚Rachekrieges' als propagandistischen Vorwand betont J. Seibert, ‚Panhellenischer' Kreuzzug, Nationalkrieg, Rachefeldzug oder makedonischer Eroberungskrieg? Überlegungen zu den Ursachen des Krieges gegen Persien, in: W. Will (Hg.), Alexander der Große. Eine Welteroberung und ihr Hintergrund, 1998, 5-58, hier 25 u. 47f.

Pausanias war nicht nur mit der Tendenz der literarischen Quellen vertraut, sondern ebenfalls häufig mit lokalen Traditionen, wie sie offenbar z. B. im kaiserzeitlichen Milet gepflegt wurden. Von den Milesiern, die nach Tacitus dem römischen Senat in Anwesenheit des Kaisers Tiberius eine Urkunde gezeigt hatten, in der angeblich der König Dareios die Asylie des Heiligtums von Didyma bestätigte, war schon die Rede.[111] Ob eine solche Garantie – oder ein Privileg, das die Griechen später als Asyliebestätigung verstehen konnten – aus der Zeit vor dem ionischen Aufstand stammte oder eine Erfindung späterer Jahrhunderte war, in denen man die Bedeutung des eigenen Tempels in möglichst früher Zeit von einem bedeutenden Herrscher respektiert sehen wollte, läßt sich wohl nicht endgültig entscheiden. Eine derartige Lokaltradition mag jedoch dazu beigetragen haben, die Rolle des gottlosen Königs einmal mehr Xerxes zuzuweisen und nicht seinem Vater Dareios.

Pausanias sagt nicht ausdrücklich, er habe diese beschriebene milesische Lokaltradition gekannt. Daß er – chronologisch falsch – den Raub des Apollons von Didyma dem Xerxes zuschreibt, würde allerdings dafür sprechen. Die kaiserzeitliche Überlieferung von einem Übergriff des Xerxes auf Artemis unterstützte Interpretationen des überraschenden griechischen Sieges als einer Götterstrafe für die Perser. Mehr als andere Götter war Artemis für den Sieg mitverantwortlich. Beim Kap Artemision hatte die griechische Flotte standhalten können,[112] und als spezielle Schutzgottheit des Themistokles hatte Artemis Aristoboule ebenfalls eine wichtige Rolle gespielt. So beschrieben es zumindest Herodot[113] und Plutarch.[114] Die verschleppte Göttin Artemis brachte dem Xerxes kein Glück, sondern er zog durch die Entführung ihren ganz besonderen Zorn auf sich.

In Kenntnis der schriftlichen Quellen müssen dem Pausanias lokale Traditionen, die vom Kultbildräuber Xerxes berichteten, plausibel erschienen sein. Außerdem glaubte Pausanias wohl, Zeugnisse des Perserfrevels, wie auch des Kultbildraubs mit eigenen Augen gesehen zu haben. Dies waren zum

---

[111] Tacitus Ann. 3,63.4. S. oben S. 68.

[112] Herodot 7,176: „Hinter dieser Enge folgt auf Euboia gleich an der Küste Artemision, wo ein Heiligtum der Artemis liegt." Vgl. Plutarch, Them. 8: „Artemision ist der Name des Küstenstrichs ... . An der Küste erhebt sich inmitten von Bäumen ein nicht gar großer Tempel der Artemis Proseoa. ... Auf einer der Säulen waren die Verse zu lesen: Über die zahllos bunten Scharen aus Asiens Landen / Siegten in diesem Meer tapfere Söhne Athens / Und zerschmetterten Persiens Flotte. Freudigen Herzens / Weihten sie, Artemis, dir dann diesen Tempel zum Dank."

[113] Ein Heiligtum der Artemis auf Salamis nennt auch Pausanias 1.36.1.

[114] Plutarch, Them. 22: „Er kränkte das Volk auch mit dem Tempel, den er für Artemis erbaute, denn er gab ihr den Beinamen Aristobule, als wollte er damit sagen, er habe Athen und Griechenland den besten Rat gegeben. Dieses Heiligtum stand in der Nähe seines Hauses. ... Noch zu meiner Zeit befand sich im Tempel der Artemis Aristobule ein kleines Standbild des Themistokles, welches erkennen läßt, daß er nicht nur den Geist, sondern auch die Züge eines Helden besaß." Zu diesem Heiligtum des Themistokles vgl. auch Plutarch, mor. 869cd. Lehmann, Themistokles-Inschrift (s. Anm. 94), 284 Anm. 27; A. J. Podlecki, The Life of Themistokles, 1975, 174f., und L. Piccirilli, Artemide e la metis di Temistocle, QSUP 13 (1981), 143-166, hier 143ff.

einen verfallene Heiligtümer in Griechenland, deren erbarmungswürdigen
Zustand er der Perserzerstörung von damals zuschreibt.[115] Darüber hinaus
war aber auch seit vielen Generationen die Autopsie einstmals angeblich von
den Persern geraubter griechischer Kultbilder möglich. Nach der Eroberung
des Perserreiches durch Alexander sind nämlich die entführten Götterbilder
auf Befehl des Königs Seleukos I. Nikator zurückgekehrt. Wieder ist es Pausanias, der uns mitteilt, wie sehr sich Frömmigkeit in richtigem Verhalten
gegenüber den Götterbildern äußert: „Diesen Seleukos halte ich unter den
Königen für besonders gerecht und fromm gegen die Gottheit. Denn es war
Seleukos, der den Branchiden in Milet die Bronzestatue des Apollon zurück-
schickte, die von Xerxes nach dem medischen Ekbatana entführt worden
war."[116] Die geraubte Artemis, so sagt Pausanias „erhielten die ... Einwohner
von Laodikeia in Syrien von Seleukos als Geschenk und haben sie jetzt
noch."
Ob die Statuen, die als Geschenk des Königs Seleukos in die griechischen
Siedlungsgebiete zurückkamen, wirklich in den Perserkriegen geraubte Ori-
ginale gewesen sind, läßt sich für uns heute genauso wenig nachweisen wie
für die Empfänger damals. Es konnte aber in niemandes Interesse liegen –
weder des Senders, noch der Empfänger – ihre ‚Echtheit' und spezifische
Wichtigkeit zu bezweifeln.[117] Die Identität dieser Bilder wird weniger durch
ihren ‚Raub' vor vielen Generationen konstituiert als vielmehr durch ihre
Rücksendung in hellenistischer Zeit. Deutlich aber wird: Die Zerstörung der
griechischen Heiligtümer hat Xerxes in griechischen Augen für alle Zukunft
zum Prototypen des gottlosen Barbaren werden lassen, zum Negativbild
eines König, den man für jeglichen Religionsfrevel verantwortlich machen
kann. Wer sich selbst hingegen als frommer König gerieren möchte, der
kann das tun, indem er die vor Zeiten geraubten Götterbilder nach Griechenland zurückschickt bzw. in griechisch geprägtem Ambiente neu insze-
niert. Seleukos, dem die Kerngebiete des alten Perserreichs als Erbe Alexanders zugefallen waren, durfte hierbei sogar doppelt positives Echo erwarten:
seine persisch-babylonischen Untertanen konnten sich an den guten Großkönig Kyros und dessen Rückführung von Götterbildern erinnert fühlen. Für
die Griechen erschien eine Tat wie diese als Ausprägung einer Frömmigkeit,
die die Frevel der Vergangenheit sühnte.

---

[115] S. oben S. 59.
[116] Pausanias 1,16.3. Vgl. auch M. Moggi, I furti di statue attribuiti a Serse e la relative restituzioni,
ASNSP 3 (1973), 1-42.
[117] Scheer, Gottheit und ihr Bild (vgl. Anm. 5), 252-60.

6. Zusammenfassung

Zusammenfassend läßt sich sagen: Zwei griechische Götterstatuen der Artemis von Brauron und des Apollon von Didyma können durchaus in den Perserkriegen verloren gegangen sein. Daß allerdings der Apollon unter Xerxes verschleppt oder zerstört wurde, wie Pausanias behauptet, ist aus chronologischen Gründen fragwürdig. Daß Xerxes gar bewußt nach diesen beiden Statuen gegriffen hätte, ist unwahrscheinlich. Der mythologische Ruhm der Artemis von Brauron, ihr Pedigree als ,Taurische Artemis' stammt erst aus der Zeit nach den Perserkriegen, das Bild des Apollon von Branchidai besaß – soweit wir wissen – keinen überregionalen Bekanntheitsgrad, der es über andere Apollonstatuen hinausgehoben hätte.

Die Perser und ihr König Xerxes haben kaum nach bestimmten Bildern griechischer Götter gegriffen, weil sie diese aus ihren Tempelmauern befreien, weil sie die einheimische Kybebe von Sardes rächen wollten oder weil sie von Grund auf gottlose Gesellen waren, denen nichts heilig war. Dies sind eher ratlose Erklärungsversuche von Seiten der Griechen. Wenn die Perserheere griechische Tempel in Flammen aufgehen ließen und deren Statuen verbrannten oder verschleppt wurden, dann ging es zunächst wohl darum, den Feind auf Befehl des Königs zu demütigen und zu demoralisieren – und hierbei ist es gleichgültig, ob der König Dareios oder Xerxes heißt. Die Heiligtümer von Aufständischen und von Feinden zu zerstören, ist eine bekannte Strafmaßnahme orientalischer Tradition. Diese fällt den Persern umso leichter, als die Götter der Griechen nicht die ihren sind und die persische Religion Tempeln und Götterbildern weit geringeren Stellenwert zumißt, als die Griechen das tun.

Dies widerspricht nicht der ansonsten vielfach geübten persischen Toleranz gegenüber den unterschiedlichen religiösen Traditionen im Achämenidenreich. Diese Toleranz galt nur im Frieden und gegenüber gehorsamen Untertanen. Mit persönlicher Hinwendung der Perserkönige an bestimmte griechische Götter und Heiligtümer hat sie nichts zu tun.

Ein unter persischem Blickwinkel wohl eher nebensächliches Ereignis, die Zerstörung griechischer Heiligtümer und der Verlust ihrer Götterstatuen in den Perserkriegen, wird aber für die Griechen zu einem zentralen Element ihres Geschichtsbildes, das erklärend für die Gegenwart und legitimierend für die Zukunft wirkt. Der Gottesfrevel der Perser wird zur Ursache der überraschenden Niederlage der östlichen Großmacht; die beleidigten Götter Griechenlands, so glaubt man dort, haben den Feind zurückgeschlagen. Xerxes avanciert zum Inbegriff barbarischer Hybris und ihrer Bestrafung.

Nach errungenem Sieg jedoch ist es Aufgabe der Griechen für die Zukunft, die Interessen dieser Götter, die so tatkräftig beigestanden haben, wahrzu-

nehmen, ihre verletzten Rechte zu rächen und das göttliche Eigentum zu-
rückzugewinnen. Dies gipfelt dann in der Rechtfertigung des neuen Perser-
kriegs Alexanders und in der Attitüde seiner Nachfolger: wer die geraubte
Artemis zurückbringt, der hat den Perserfrevel endgültig gesühnt.

Athen und Jerusalem
Die Begegnung des spätbiblischen Judentums mit dem griechischen Geist, ihre Voraussetzungen und ihre Folgen

Otto Kaiser

1. Athen und Jerusalem: Gegensätze oder nötige Ergänzung?

Die Namen der beiden Städte Athen und Jerusalem repräsentieren auf den ersten Blick zwei scheinbar unvereinbare Welten: Der Vorort der griechischen Freiheit und des griechischen Dichtens und Denkens ist zum Symbol für die denkende und beobachtende Erschließung von Gott und Welt geworden. Umgekehrt steht der Name Jerusalem als der heiligen Stadt des Judentums und des Christentums und in nicht zu übersehender Weise auch des Islam für den lebendigen Glauben an den einen Gott, wie ihn den Juden die Hebräische Bibel oder der Tenak, den Christen das Alte und das Neue Testament und den Muslimen der Quran bezeugen.

Die Vorstellung, daß das Judentum sich gegenüber dem Hellenismus lediglich abgegrenzt, sich aber nicht seiner Anstöße bedient hat, den väterlichen Glauben denkend zu begreifen und zu verteidigen, verdankt sich einem einseitigen, unter den Nachwirkungen orthodoxer Konzepte stehenden Geschichtsbild, dessen Unhaltbarkeit spätestens seit *Martin Hengels* grundlegender Studie über *„Judentum und Hellenismus"* aus dem Jahre 1969[1] und der vermehrten Erforschung des jüdischen Schrifttums aus der hellenistischen und römischen Epoche beiderseits des Atlantiks zutage liegt. Das jüdische Schrifttum aus hellenistisch-römischer Zeit bezeugt als Ganzes, daß sich das Judentum in den guten viereinhalb Jahrhunderten zwischen der 332 v.Chr. erfolgten Einbeziehung Judas in das Reich Alexanders des Großen

---

[1] Martin Hengel, Judentum und Hellenismus. Studien zu ihrer Begegnung unter besonderer Berücksichtigung Palästinas bis zur Mitte des 2. Jh. v.Chr., WUNT 10, 1969 (3. Aufl. 1988) und ders., Juden, Griechen und Barbaren. Aspekte der Hellenisierung des Judentums in vorchristlicher Zeit; ders. in Zusammenarbeit mit Christoph Markschies, The „Hellenization" of Judaea in the First Century after Christ, 1989, aber auch schon Victor Tcherikover, trl. S. Applebaum, Hellenistic Civilisation and the Jews, New York 1958 (ND Temple Book, 1970 [1979]) und weiterhin z.B. Elias J. Bickerman, The Jews in the Greek Age, 1988, John J. Collins, Jewish Wisdom in the Hellenistic Age, 1998, Michael E. Stone, ed., Jewish Writings of the Second Temple Period, Compendia Rerum Iudaicarum ad Novum Testamentum Section 2, (zitiert als Stone, Jewish Writings), 1984 und die Sammelwerke von Werner G. Kümmel bzw. Hermann Lichtenberger u.a., Hg., Jüdisches Schrifttum aus Hellenistisch-Römischer Zeit (zitiert als JSHRZ) I-V, 1973-2001; dazu die Supplementa VI/ 1ff., 1999ff. und James H. Charlesworth, ed., The Old Testament Pseudepigrapha I-II, 1983 und 1985.

und der Zerstörung Jerusalems im Jahre 135 n.Chr. durch die Legionäre Kaiser Hadrians keineswegs einseitig vom Hellenismus abgesetzt, sondern sich in durchaus dialektischer und durch seine theologische Konstitution als das Bundesvolk Jahwes bedingter Weise mit der hellenistischen Kultur auseinandergesetzt hat. Selbst die Kreise der sich aufgrund ihres radikalen Gehorsams gegen die göttliche Weisung als die *Gerechten* (ṣaddîqîm) und dann als die *Getreuen* oder *Frommen* (ḥᵃsîdîm) bezeichnenden, die als 'Ασιδαῖοι in der Zeit der Makkabäeraufstände in das volle Licht der Geschichte traten,[2] sich von den Lauen als den Frevlern oder Gottlosen (rᵉšā'îm) absetzten und mit Argusaugen jeden politischen Versuch einer konstitutionellen Veränderung des *status quo* im Sinne einer Angleichung an die hellenistische Polis und ihre Kultur beobachteten und sich ihr widersetzten, blieben in ihrem theologischen Denken nicht von hellenistischen Einflüssen verschont. Die von ihnen angemahnte Abgrenzung bezog sich vor allem auf die Bewahrung der Tora als der die jüdische Identität begründenden Offenbarungsurkunde und des sich aus ihr ergebenden absoluten Abstandes zwischen Gott und Welt. Über beidem wachten die sich um die Mitte des 2. Jhs. v.Chr. aus dem Kreis der Asidäer zu selbständigen religiösen Eliten formierenden Religionsparteien der Essener und der Pharisäer. Beide übten einen wechselnden Einfluß auf die Politik der hasmonäischen Hohenpriester und Könige aus, wobei sich zumal die Pharisäer dank ihrer engeren Verbundenheit mit dem einfachen Volk zu einer geistigen und mithin auch politischen Macht entwickelten, die nach dem Untergang des Zweiten Tempels maßgeblich für die rabbinische Neukonstitution des Judentums als dem Volk der Tora verantwortlich war. Da das Denken des Apostels Paulus und das der hellenistischen Gemeinden des Urchristentums vor und neben ihm wesentlich durch das Denken der jüdisch-hellenistischen Synagoge beeinflußt worden sind und Muhammad von Juden wie von Christen gelernt hat, sind die drei Weltreligionen des Judentums, des Christentums und des Islams ihrerseits Enkel der geistigen Begegnung zwischen Judentum und Hellenismus. Daß die Alte Kirche diesen Adaptions- und Selektionsprozeß fortgesetzt hat, sollte in ihrem trinitarischen Bekenntnis den deutlichsten Niederschlag finden. Die darüber geführte Diskussion ist ohne die Kenntnis des von den Mittelplatonikern thematisierten und von den Neuplatonikern zu Ende gedachten Problems der Vermittlung zwischen Transzendenz und Immanenz, zwischen dem ἐπέκεινα τῆς οὐσίας, dem jenseits des Seins befindlichen Gott und der diesseitigen Welt kaum verständlich.[3] Und so wie das Denken des Mittelalters

---

[2] Vgl. 1. Makk 2,42; 7,13 und 2. Makk 14,6.
[3] Vgl. dazu L.P. Gerson, God and Greek Philosophy. Studies in the early history of natural theology, 1990, 201-212 und Christopher Stead, Philosophie und Theologie I: Die Zeit der Alten Kirche, übers. Christian Wildberg, Mitarb. Adolf Martin Ritter, ThW 14/4, 1990, 129-150.

tiefgreifend durch die Rezeption der platonischen und mehr noch der aristotelischen Philosophie bestimmt war, hat der Humanismus mit seinem Aufruf, zu den Quellen der Alten zurückzukehren, nicht nur die Glaubensspaltung des christlichen Abendlandes, sondern auch die erneute Rezeption und kritische Auseinandersetzung mit der antiken Philosophie vorbereitet, deren Erbe bei Hegel ihren letzten systematischen Ausdruck gefunden hat, und mit dem im zurückliegenden Jahrhundert kein anderer wie Martin Heidegger gerungen hat.[4] Durch die immer neue Begegnung mit der Bibel und den antiken Dichtern und Denkern hat die westliche Welt bis heute die wesentlichsten Impulse ihrer geistigen Lebendigkeit erhalten. Nur wer um seine Herkunft weiß, hat eine Zukunft, auch wenn diese dank der durch die Technik ermöglichten Globalisierung vor der Herausforderung steht, ein universaleres geistiges Erbe zu bedenken. Die alttestamentliche Zunft hat sich der Aufgabe, auch die griechische Welt als Teil der Umwelt der Hebräischen Bibel zu verstehen, eher zögernd geöffnet. Es geht bei dieser Vergrößerung des zumal für das Verständnis der spätbiblischen und parabiblischen Schriften unentbehrlichen Horizontes nicht nur um die Lösung dieser speziellen historischen Aufgabe, sondern auch um die Gewinnung des geistigen Horizontes, in den Jesus und die Apostel eintraten. Doch damit ist die Bedeutung dieser Untersuchung keineswegs erschöpft; denn sie liefert uns darüber hinaus ein Paradigma für die vor uns stehende Aufgabe eines interkulturellen und interreligiösen Dialoges und einer entsprechenden christlichen Theologie.[5] Nicht zuletzt aber konfrontiert sie uns mit dem Problem der natürlichen Theologie, weil es sich erweist, daß der Bezug zur Transzendenz zur *condition humaine* gehört.

2. Parallele Vorstellungen und Abläufe auf dem Gebiet der Religion und des Rechts

Auch wenn es keinem Zweifel unterliegt, daß es zu einer eigentlichen Begegnung zwischen Judentum und Hellenismus erst in der Folge der Belagerung und Eroberung der Inselfeste Tyros durch Alexander den Großen im Jahre 332 v.Chr. gekommen ist, bleiben zweierlei Sachverhalte bedenkens-

---

[4] Erst die Veröffentlichung seiner Freiburger Vorlesung aus dem Sommersemester 1924 „Grundbegriffe der aristotelischen Philosophie", GA II/ 18, 2002 macht deutlich, in welchem Maße das auch für seine Deutung des Daseins als In-der-Welt-sein und Mitsein gilt.
[5] Vgl. dazu James Barr, Biblical Faith and Natural Theology, 1993 (ND), 219-221 und das programmatische Sonderheft der Salzburger Theologischen Zeitschrift 6, 2002, 89-174 und bes. Marlis Gielen und Friedrich V. Reiterer, Die Bibel – ein Modell interkultureller Theologie und Begegnung der Religionen, 125-140.

wert:[6] Einerseits gibt es parallele Strukturen und andererseits parallele Entwicklungen innerhalb der griechischen und der israelitisch-jüdischen Religionsgeschichte. So besitzt die olympische griechische Religion mit ihrem von Zeus als dem Wahrer der Gerechtigkeit regierenden Vater der Götter und Menschen, ihrem Pantheon und ihren Brandopfern so auffällige Analogien in der kanaanäischen und weiterhin auch israelitischen Religion, daß man entweder eine vorgeschichtliche, den ganzen Raum des östlichen Mittelmeeres und seiner Anliegerstaaten umfassende Koine oder aber einen spätestens um die Mitte des 2. Jt. v.Chr. einsetzenden und sich ausweislich der griechischen Dichtung bis zur Mitte des 1. Jt. erstreckenden Kulturkontakt zwischen Hellas und der westasiatischen Welt annehmen muß, wie ihn *Michael C. Astour* in seinen 1967 erschienenen „*Hellenosemitica*"[7] für das Mykenische Zeitalter und *Martin L. West* in seinem 1997 einschlägigen *opus magnum* „*The East Face of Helicon*"[8] vornehmlich für die Zeit von 750-450 in einer im Ganzen überzeugenden Weise nachgewiesen haben.

Daß dem seine Blitze schleudernden Zeus als dem Herrn der lichten Welt und der olympischen Götter, dem Beschützer der Eide und Wahrer des Rechts der biblische Jahwe entspricht, läßt sich kaum übersehen.[9] Allerdings haben die Götter unter seiner Herrschaft ihre Selbständigkeit verloren und sind erst zu Mitgliedern seines Hofstaates als ausführenden Organen seines Willens und dann zu seinen Boten oder Engeln geworden.[10] Der eine Gott Israels duldete am Ende keine anderen Götter neben sich. Das biblische

---

[6] Vgl. dazu auch O. Kaiser, Die Bedeutung der griechischen Welt für die alttestamentliche Theologie, NAWG.PH 2000/7, 301-344, bes 309-313 = ders., Zwischen Athen und Jerusalem, BZAW 320, 2003, 1-38, bes. 3-5.

[7] Michael C. Astour, Hellenosemitica. An Ethnic and Cultural Study in West Semitic Impact on Mycenaenen Greece, with a foreword by Cyrus H. Gordon, 1967.

[8] M.L. West, The East Face of Helicon. West-Asiatic Elements in Greek Poetry and Myth, 1997 (vgl. dazu auch meine Rezension in ZAR 5, 1999, 357-360); ders., Early Greek Philosophy and the Orient, 1971 (ND 2000) und weiterhin Walter Burkert, The Orientalizing Revolution. Near Eastern Influence on Greek Culture in the Early Archaic Age, Revaeling Antiquity 5, 1992 (ND 1995) und die Fülle linguistischer, religionsphänomenologischer und religionsgeschichtlicher Beobachtungen, die John Pairman Brown, Israel and Hellas I-III, BZAW 231, 276 und 299, 1995, 2000 und 2001 zusammengetragen hat, die auf ihre kritische Überprüfung und Auswertung harren.

[9] Vgl. dazu O. Kaiser, Dike und Sedaqa. Zur Frage nach der sittlichen Weltordnung, NZSTh 7, 1965, 251-273 = ders., Der Mensch unter dem Schicksal, BZAW 161, 1985, 1-23; ders., Gerechtigkeit und Heil bei den israelitischen Propheten des 8.-6. Jahrhunderts, NZSTh 11, 1969, 312-328 = ders., BZAW 161, 24-40, auch wenn die in beiden Aufsätzen vorausgesetzten Datierungen der biblischen Texte inzwischen zu modifizieren sind (vgl. dazu O.Kaiser, Grundriß der Einleitung in die kanonischen und deuterokanischen Schriften des Alten Testaments I-III, 1992-1994), sind die dort vorgenommenen Vergleiche noch immer relevant. Zur Sache vgl. weiterhin ders., Von der Gerechtigkeit Gottes nach dem Alten Testament, in: ders., BZAW 161, 154-181; Klaus Seybold und Jürgen von Ungern-Sternberg, Amos und Hesiod. Aspekte eines Vergleichs, Schriften des Historischen Kollegs. Kolloquien 24, 1993, 215-239 und Hugh Lloyd-Jones, The Justice of Zeus, SCL 41, 1971; West, East Face, 319-324.

[10] Vgl. dazu Oswald Loretz, Ugarit und die Bibel. Kanaanäische Götter und Religion im Alten Testament, 1990, 56-65, und Heinz-Dieter Neef, Gottes himmlischer Thronrat. Hintergrund und Bedeutung von *sôd JHWH* im Alten Testament, ATh 79, 1994.

Hauptgebot Ex 20,2-5 par Dtn 5,6-10 und das Schema Jisrael, das „Höre Israel" Dtn 6,4-5[11] zogen gleichsam den Vorhang zu, so daß wir nur dann und wann durch eine biblische Notiz oder einen epigraphischen Fund wie durch einen Schlitz einen isolierten Blick auf eine Götterwelt und eine Religionspraxis werfen können, die von den Deuteronomikern und Deuteronomisten absichtlich ausgeblendet und für häretisch erklärt worden sind (Dtn 18,9-14).[12]

Parallele Entwicklungen gibt es auch im Bereich der Rechtsgeschichte. Selbst das deuteronomische Rechtsbuch, das sich als Auslegung des am Sinai/Horeb offenbarten Gotteswillens ausgibt und damit auf den Dekalog Ex 20,2-17 und im jetzigen Kontext auf das sog. Bundesbuch Ex 20,22-23,19(33) zurückweist, besitzt mit seiner Vorstellung der göttlichen Offenbarung des Rechts nicht nur seine altorientalischen, sondern auch seine griechischen Parallelen: In Hellas wie in Juda setzte die Verschriftung und Modifikation des Gewohnheitsrechts angesichts einer sozialen Krise ein. In Juda war es die durch die Durchorganisation als Beamtenstaat ausgelöste Auflösung der Sippensolidarität und die damit verbundene Verschärfung des Gegensatzes zwischen den Armen und den Reichen die etwa um die Mitte des 8. Jhs. v.Chr. zur Kodifikation des überlieferten Rechtsgutes und gleichzeitig einer einsetzenden Theologisierung des Rechts führte. Die Deuteronomiker und Deuteronomisten, denen wir das nach ihnen benannte Rechtsbuch verdanken, sahen sich vor der viel grundsätzlicheren Aufgabe, ihrem seiner Staatlichkeit verlustig gegangenen Volk im 6. Jh. v.Chr. eine göttlich sanktionierte Rechts- und Lebensform zu geben, die seiner Eigenschaft als Eigentumsvolk Jahwes entsprach.[13] Und schließlich haben im späten 5. oder frühen 4. Jh. v.Chr. jüdische Schreiber und d.h. Schriftgelehrte im Heiligkeitsgesetz Lev 17-26* die Forderung nach kultischer mit der nach sittlicher Reinheit verbunden und damit das weitere Leben des Judentums entscheidend geformt.[14] Waren es im Alten Orient die Könige, die in Vertretung und im Auftrag des Gottes ihren Reichen Gesetze gaben, so ist es im Alten Testament Mose, dem Jahwe seinen Willen als dem Mittler zwischen ihm und seinem Volk die verbindliche Rechts- und Lebensordnung offenbart.

---

[11] Vgl. zur Sache O. Loretz, Des Gottes Einzigkeit. Ein altorientalisches Argumentationsmodell zum „Schema Jisrael", 1997, und künftig O. Kaiser, Der Gott des Alten Testaments III (weiterhin als GAT III zitiert), UTB, 2003, § 14.

[12] Vgl. dazu Ann Jeffers, Magic and Divination in Ancient Palestine and Syria, StHCANE 8, 1996.

[13] Vgl. dazu Reinhard G. Kratz, Die Komposition der erzählenden Bücher des Alten Testaments. Grundwissen der Bibelkritik, UTB 2157, 2000, 118-153, mit Eckart Otto, Die Tora des Moses. Die Geschichte der literarischen Vermittlung von Recht, Religion und Politik durch die Mosegestalt, Berichte der Sitzungen der J. Jungius-Gesellschaft 19, 2001/2, 2001.

[14] Vgl. dazu z.B. Kratz, 114-115, bzw. E. Otto, Theologische Ethik des Alten Testaments, ThW 3/ 2, 1994, 240-256, und zum Aufgabengebiet der Schreiber in der Perserzeit: Christine Schams, Jewish Scribes in the Second Temple Period, JSOT.S 291, 1998, 309-312.

In Hellas waren es die im Laufe des 7. und 6. Jhs. v.Chr. erfolgende Auflösung der Adelswelt und der damit verbundene Übergang zur demokratischen
Staatsform der Polis, welche den Beginn der Aufzeichnung von Gesetzen
einleiteten. Das um 650 aufgezeichnete Gesetz auf dem Stein des kretischen
Dreros gilt derzeit als das älteste Beispiel der Rechtsverschriftung in der
griechischen Welt. Um die Mitte des 5. Jhs. folgt ihm die berühmte Inschrift
von Gortyn, die Rechtsbestimmungen enthält, welche vermutlich während
der vorausgehenden hundert Jahre beschlossen worden waren.[15]
Während sich der Athener Drakon in den zwanziger Jahren des 7. Jhs. noch
mit der Aufzeichnung von Einzelgesetzen begnügte,[16] wie es entgegen der
Darstellung der Späteren grundsätzlich für die Aisymneten und Nomotheten,
die höchsten Richter und Gesetzgeber der archaischen Zeit typisch war,[17]
sollte Solon im ersten Drittel des 6. Jhs. v.Chr. die bestehende Verfassung
und Rechtsüberlieferung Athens reformieren und kodifizieren.[18] Erst im 4.
Jh. wurden dann die archaischen Nomotheten zu Idealgestalten umgedeutet,
die ihren Poleis aufgrund weitreichender Beziehungen und der Kenntnis der
Sitten und Gebräuche anderer Völker unter dem Einfluß göttlicher Inspira-
tion durch Zeus oder durch Apoll Verfassung und Gesetze gegeben hätten.[19]
Die irdische, das Gewohnheitsrecht aufzeichnende und modifizierende Gesetzgebung wurde so auch hier nicht anders als in Israel nachträglich theolo-
gisiert[20] und damit dem ungeschriebenen göttlichen Recht an die Seite gestellt.[21]
Wo immer die Vorstellung von dem höchsten Gott als dem gerechten Herrscher und Vater der Menschen Wurzeln geschlagen hat, da stellt sich alsbald
angesichts der Undurchschaubarkeiten des menschlichen Schicksals die
Theodizeefrage ein. Das war im Alten Orient nicht anders[22] als bei den Griechen und den Juden. So läßt sich bei beiden eine Parallelentwicklung beobachten, die von einem gewissen Glauben an die Gerechtigkeit Gottes zu
dem Ringen mit dem durch die Beobachtung ausgelösten Zweifel an ihr und
seiner schließlichen Überwindung führte. Allerdings führte eine Zeitver-

---

[15] Vgl. dazu den einschlägigen Artikel von Gerhard Thür, DNP IV, 1998, Sp.1161-1162 und zum biblischen Rechtsvergleich Anselm C. Hagedorn, Gortyn – Utilising an Archaic Greek Law Code for Biblical
Research, ZAR 7, 2001, 217-242.

[16] Vgl. dazu Karl-Wilhelm Welwei, Die griechische Polis, 2. erw. Aufl., Stuttgart 1998, 70-72.

[17] Vgl. dazu Karl-Joachim Hölkeskamp, Schiedsrichter, Gesetzgeber und Gesetzgebung im archaischen
Griechenland, Hist.ES 131, 1999, 262-286, vgl. dazu meine Rezension ZAR 6, 2000, 358-361.

[18] Zu den Reformen Solons vgl. Welwei, 143-152.

[19] Hölkeskamp, Schiedsrichter, 28-59.

[20] Vgl. dazu O. Kaiser, Der Gott des Alten Testaments I, UTB 1747, 1993, 300-318.

[21] Vgl. dazu Victor Ehrenberg, Die Anfänge des griechischen Naturrechts, AGPH 35, 1923, 119-143 =
ders., Polis und Imperium, Beiträge zur Alten Geschichte, hg. v. Karl Friedrich Strohecker und Alexander
John Graham, 1965, 359-379.

[22] Vgl. dazu Thorkild Jacobsen, The Treasures of Darkness. A History of Mesopotamian Religion, 1976,
161-163.

schiebung, mit der sich das nachexilische Judentum des Problems bewußt wurde, dazu, daß es sich im Hellenistischen Zeitalter griechischer Lösungskonzepte bedienen konnte. Davon wird alsbald genauer zu handeln sein.[23]

3. Die Vorgeschichte der Begegnung des jüdischen Tempelstaates mit den Griechen

Die Voraussetzung dafür bildete ein intensiverer Kulturkontakt zwischen dem Juden- und dem Griechentum. Mithin müssen wir uns einen Überblick über beider geschichtliche Begegnung verschaffen.[24] Von der Anwesenheit von Griechen auf dem Boden des Reiches Juda erfahren wir erstmals zu Beginn des 6. Jhs. Damals gab es nach Auskunft der Arad-Ostraka griechische Söldner im Dienst König Jojakims.[25] Wenige Jahre später haben nach dem Zeugnis des jonischen Dichters Alkaios griechische Söldner vermutlich auch an dem Feldzug des babylonischen Königs Nebukadnezar gegen Jerusalem teilgenommen.[26] Doch erst in nachexilischer Zeit ist es zu einer dauerhaften Anwesenheit von im persischen Dienst stehenden griechischen Söldnern gekommen, deren Spuren griechische Händler folgten. Doch auch die Griechen stationierten für einige Jahre eigene Söldner in dem südlich vom Vorgebirge des Karmel liegenden Dor, als es 454 v.Chr. im Zuge des Ausgreifens des Ersten Attischen Seebundes auf die levantinische Küste für wenige Jahre in diesen aufgenommen wurde.[27] Die Einwirkung der Söldner auf die einheimische Bevölkerung dürfte Kontakte nicht überschritten haben, wie sie die Anwesenheit fremder Soldaten normalerweise mit der benachbarten ein-

---

[23] Vgl. dazu unten, 109-117.

[24] Vgl. zum Folgenden auch Kaiser, Bedeutung, NAWG 2000/7, 313-314 = ders., Athen, BZAW 320, 6-10.

[25] Vgl. die Arad-Ostraka bei Y. Aharoni, Arad Inscriptions. Engl. Edition, ed. and rev. A.F. Rainey, 1981, Arad (6) 1; 2; 4; 5; 7; 8; 11; 14 und 17 bei J. Renz und W. Röllig, Handbuch der althebräischen Epigraphik I: J. Renz, Die althebräischen Inschriften 1: Text und Kommentar, 1995, 353-383 und bes. 353-354, zu ihrer vermutlich ins Jahr 598/7 fallenden Datierung 348-349; Arad (6)1 und 18 auch bei D. Conrad, TUAT I/3, 1984, 251-252.

[26] Vgl. das Weinlied des Alkaios an seinen Bruder Antimeneidas, Alkaios 50 (D), in: Alkaios. Griechisch und deutsch hg. v. Max Treu, TuscB, 2. Aufl., 1963, 62-63: „Von den Grenzen der Welt kamst du: aus Elfenbein/ war der Griff deines Schwerts, zierlich in Gold gefaßt./s'war ein tüchtiger Strauß! Den Babyloniern/ warst du Helfer im Kampf, du hast die Not gewandt./ Von des Königs Gefolg` schlugst du im Kampf tot/ einen Kämpen, der maß fast fünf Ellen, es fehlt '/ eine Handbreite nur ....“

[27] Vgl. dazu B.D. Merit, H.T. Wade-Gary und M.F. McGregor, The Athenian Tribute Lists I, 1939, Tribut-List A I, Frg.1, 154, vgl. 483, und III, 1950, 9ff., wonach Dor 454 zum Seebund gehörte. Zur politischen Situation vgl. Friedrich Karl Kienitz, Die politische Geschichte Ägyptens vom 7. bis zum 4. Jahrhundert vor der Zeitwende, 1953, 69-77 sowie O. Kaiser, Der geknickte Rohrstab. Zum geschichtlichen Hintergrund der Überlieferung und Weiterbildung der prophetischen Ägyptensprüche im 5. Jahrhundert, in: Hartmut Gese und Hans Peter Rüger, Hg., Wort und Geschichte. FS Karl Elliger, AOAT 18, 1973, 99-106, bes. 102-104 = ders., Von der Gegenwartsbedeutung des Alten Testaments. Ges. Studien zur Hermeneutik und Redaktionsgeschichte, hg. Volkmar Fritz, Karl-Friedrich Pohlmann und Hans-Christoph Schmitt, 1984, 181-188, bes. 184-186.

heimischen Bevölkerung mit sich bringt. Die Kaufleute könnten dagegen immerhin einen modischen Einfluß auf Kleidung, Schmuck[28] und Geschirr ausgeübt haben, wofür vor allem der nicht abreißende Import griechischer und zunehmend speziell attischer Keramik und ihrer Nachahmungen spricht.[29] Auf die negative Seite gehört dagegen der Verkauf von jüdischen Sklaven an griechische Händler, in dem die phönizischen und philistäische Städte eine unrühmliche Rolle gespielt zu haben scheinen.[30] Die Einbeziehung Judäas in den größeren Wirtschaftsbereich des Ostmittelmeerraumes in der vorgerückten Perserzeit macht sich darüber hinaus vor allem im Fund attischer Münzen und ihrer Nachahmungen in den Emissionen der Statthalter der Provinz Juda bemerkbar.[31]

Bekanntlich hat *Walther Judeich* in seinen *Kleinasiatischen Studien* bereits 1892 die These vertreten, daß die Hellenisierung Kleinasiens nicht erst mit seiner Eroberung durch Alexander den Großen begonnen hat, sondern eine längere Vorgeschichte besitzt.[32] Das läßt sich inzwischen dahingehend präzisieren, daß sich Kunstwerke im griechischen Stil in Gestalt von Skulptur, Malerei, Architektur, Münzprägung, Siegeln und anderer Gegenstände in den letzten fünfzig Jahren vor der Ankunft Alexanders in Kleinasien in einem kontinuierlichen Vormarsch befunden haben.[33] Nicht viel anders

---

[28] Vgl. dazu unten, 94-96.

[29] E. Stern, Material Culture in the Land of the Bibel in the Persian Period 538-332 B.C., 1973, 137-141 mit der Karte über die Fundorte Abb. 233 auf S. 141, bzw. knapp ders., The Archaeology of Perisan Palestine, in: W.D. Davies und Louis Finkelstein, eds., The Cambridge History of Judaism I: Introduction. The Persian Period, 1984, 88-114, bes. 98-99.

[30] So wird in Joel 4,6 der Vorwurf erhoben, Tyros, Sidon und die Philister hätten Judäer und Jerusalemer an die Griechen verkauft. Man datiert diese Einfügung in den Grundtext von Joel 4 in der Regel in die Zeit vor der Zerstörung von Sidon durch Artaxerxes III. im Jahre 343 v.Chr., vgl. Diod. XVI. 45.1-6, vgl. z.B. Hans Walter Wolf, BK.AT XIV/ 2, 1969, 93, und Alfons Deissler, Zwölf Propheten I, NEB, 1981 (ND), 66. Es ist jedoch nicht ausgeschlossen, daß der Eintrag erst in die Zeit zwischen 323 und 301 und damit in die Zeit des Kampfes um das Erbe Alexanders fällt. So könnte ebenso der Dritte Diadochenkrieg, in dem Antigonos Monophthalmos bzw. sein Sohn Demetrios (Polyorketes) mit Ptolemaios bzw. Seleukos zwischen 313-311 mit wechselndem Erfolg um den Besitz von Syrien und Phönikien gekämpft haben (Plut.Dem.IV.5.1-7.3), wie die Besetzung Jerusalems durch Ptolemaios I. 301 im Hintergrund stehen (Jos.Ant.XII. 4—8), wenn man in Rechnung stellt, daß den Herren üblicherweise Sklavenhändler folgten, vgl. 1. Makk 3,41; 2. Makk 8,10. Es könnte sich aber auch um gezielten Sklavenraub von Freien durch phönizische Händler handeln, wie ihn Ptolemaios II. Philadelphos im Edikt von Raphia im Interesse der Erhaltung der Produktivität des Landes grundsätzlich untersagt hat; vgl. dazu Michael Rostovtzeff, The Social and Economic History of the Hellenistic World, 1941, 344 = ders., Gesellschafts- und Wirtschaftsgeschichte der Hellenistischen Welt I-III, unter Mitarb. v. Mrs. Margret Wodrich übers. v. Gertrud und Erich Bayer, 1955 (ND 1984), 270-271. Letztlich handelt es sich bei der Datierung um ein redaktionsgeschichtliches Problem, vgl. dazu auch Odil Hannes Steck, Der Abschluß der Prophetie im Alten Testament, BThSt 17, 1991, 197 und passim, der den Grundtext von Joel 4 zwischen 311 und 301 datiert.

[31] Vgl. U. Rappaport, Numismatics, in: W.D. Davies und Louis Finkelstein, CHJ I, 25-59, bes. 27-29 mit Pl.1.3-4.

[32] Walther Judeich, Kleinasiatische Studien. Untersuchungen zur griechisch-persischen Geschichte des IV. Jahrhunderts v.Chr., 1892, 3-6.

[33] Vgl. dazu die Nachweise bei Mary Joan Winn Leith, Wadi Daliyeh I: The Wadi Daliyeh Seal Impressions, DJD XXIV, 1997, 33-34.

scheint es sich im zeitgenössischen Phönizien und seinem Hinterland ver-
halten zu haben, wofür nicht zuletzt die Siegelabdrücke zeugen, die zusammen mit einer ganzen Reihe von Wirtschaftsurkunden in einer Höhle im
Wadi Daliyeh unweit von Jericho gefunden worden sind. Sie stammen von
Angehörigen der samarischen Oberschicht, die in ihr vergeblich vor ihren
Verfolgern Zuflucht suchten. Denn während Alexander in Ägypten weilte,
hatten die Samaritaner den von ihm eingesetzten Satrapen von Koele-Syrien
Andromachos in einen Hinterhalt gelockt und lebendig verbrannt. Als er von
dort zurückkehrte, befahl er die Schuldigen hinzurichten.[34] So ereilte auch
die, welche sich vor seinem Zorn in Sicherheit zu bringen suchten, ihr
Schicksal. Von den in der Höhle im Wadi Daliyeh gefundenen Bullae trägt
über die Hälfte griechische Motive. Sie reichen von nackten Jünglingen und
Heroen wie Herakles und Perseus und mit einem Himation bekleideten
Männern zu dionysischen Motiven wie Satyrn, einer tanzenden Mänade,
dem jugendlichen Eros und den olympischen Göttern Hermes, Aphrodite
und Zeus. Die erhaltenen Datierungen der 13 bisher von insgesamt 38 bear-
beiteten, aus demselben Fund stammenden Urkunden über Sklaven- und
Grundstücksverkäufe[35] reichen von den 30er Jahren Artaxerxes II. Memnon
(404-359) und mithin aus der Zeit zwischen 375-365[36] über das 4. Jahr Artaxerxes III. Ochos[37] (359-338) und mithin dem Jahr 354 bis in das 2. Jahr des
Königs Arses (338-336) und damit das Thronbesteigungsjahr Dareios III.
(336-330) 336 v.Chr.[38] Die Vermittlung der Motive und möglicherweise
auch die Herstellung der Siegel dürfte auf phönizischen Einfluß zurückgehen. Sie bezeugen, daß die griechische Kultur bereits in den letzten fünfzig
Jahren vor dem Kommen Alexanders auf die samarische Oberschicht ihre
Anziehungskraft ausübte. Ob es sich bei den gräzisierenden Siegeln um
mehr als einen „Modeschmuck" handelte, oder sich ihre Besitzer mit den
Darstellungen identifizierten, läßt sich leider nicht entscheiden.[39] Immerhin
wäre es im Fall des Hermessiegels verständlich, wenn sich ein samarischer
Händler ein primär für einen phönizischen Kollegen gefertigtes Stück in dem
Wissen zugelegt hätte, daß es sich bei diesem Gott um den Beschützer der

---

[34] Curt.IV.8.9-11. Zu den Nachrichten über die Zerstörung der Stadt und ihre Neugründung als makedo-
nische Militärkolonie vgl. M. Hengel, The Political and Social History of Palestine from Alexander to
Antiochus III. (333-187 B.C.E.), in: W.D. Davies und L. Finkelstein, eds., The Hellenistic Age, CHJ II,
1989, 41.
[35] Douglas M. Gropp, Wadi Daliyeh II: The Samaria Papyri from Wadi Daliyeh, DJD XXVIII, 2001, 1-
115.
[36] Gropp, 3. Jahreszahlen nach der Tabelle der Achaemeniden Richard N. Frye, The History of Ancient
Iran, HAW III/ 7, 1984, 359.
[37] WDSP 7,19: 5. Adar, 4. Jahr des Artaxe[rxes, dem König].
[38] WDSP 1,1: Am 20. Adar, 2. Jahr [des Arses], Thronbesteigungsjahr des [D]areios, des Königs.
[39] Vgl. dazu ausführlich M.J. Winn Leith, Seal Impressions, DJD XXIV, 24-28 und 33-35.

Reisenden und Kaufleute handelte, so daß er sich eine Amulettwirkung von einem seine Darstellung tragenden Siegel versprechen konnte.[40]

Überdies scheint ein Hauch griechischer Aufklärung im frühen 4. Jh. die Levante erreicht und damit die sich in der Hiobdichtung spiegelnde Kontroverse zwischen der traditionellen Lehre und der realen Erfahrung ausgelöst zu haben.[41] Diese ließ weiterhin die Gerechtigkeit Gottes zum zentralen Problem des hellenistischen Judentums werden. Darin spiegelt sich zugleich eine Wahrnehmung des Menschen als des für sich selbst vor Gott verantwortlichen Einzelnen, wie sie durch die Torafrömmigkeit und die Diasporasituation begünstigt wurde.

4. Juda im Schatten der hellenistischen Großreiche und des Imperium Romanum

Erst die Besetzung Palästinas während und nach der Eroberung der phönizischen Inselfeste Tyros im Jahre 332 v.Chr. durch Alexander den Großen schuf die Voraussetzung für die eigentliche Begegnung zwischen Judentum und Hellenismus; denn jetzt wurden die beiden bis dahin persischen Provinzen Samaria und Juda in die neu gegründete syrische Satrapie eingeordnet.[42] Die von den Erben Alexanders um die Aufteilung des Riesenreiches geführten Diadochenkriege endeten damit, daß die Sieger über Antigonos Monophthalmos nach der Schlacht bei Ipsos 301 ganz Syrien vom Eufrat bis zum Mittelmeer Seleukos zuteilten. Doch inzwischen hatte Ptolemaios, der als früherer Leibwächter Alexanders Ägypten und bald darauf Kyrene in seinen Besitz gebracht hatte, die auch als Koile-Syrien bezeichnete Provinz Syrien und Phönizien zum Eleutheros, dem heutigen Litani, besetzt. Damals wurden auch Jerusalem und Juda von Ptolemaios unter seine Herrschaft gebracht (Jos.Ant. XII.4-7). Seleukos akzeptierte den status quo, ohne jedoch seine Rechtsansprüche auf Koile-Syrien aufzugeben. Daraus sollten in der Folge zwischen 274 und 168 v.Chr. sechs Syrische Kriege entstehen, in derem fünften (202-195) der Seleukide Antiochos III. zwischen 201 und 198 sämtliche ptolemäischen Besitzungen in Syrien und Phönizien (außer den

---

[40] Vgl. WD 14 und dazu Winn Leith, 45.

[41] Vgl. dazu unten, S. 112-113.

[42] Zum Kampf um das Erbe Alexanders in den Diadochenkriegen und der Etablierung der hellenistischen Großreiche vgl. knapp und übersichtlich Hans-Joachim Gehrke, Geschichte des Hellenismus, OGG 1A, 1990, 30-45, bzw. zur Entstehung des Reiches Ptolemaios I. und seiner Besitzname von Palästina Günther Hölbl, Geschichte des Ptolemäerreiches. Politik, Ideologie und religiöse Kultur von Alexander dem Großen bis zur römischen Eroberung, 1994, 9-31, bes. 18-20 und 22-25, zu den Syrischen Kriegen passim und zu den archäologischen Funden aus dem hellenistischen Zeitalter Hans-Peter Kuhnen, Palästina in griechisch-römischer Zeit. Mit einem Beitrag von Leo Mildenberg und Robert Wenning, Handbuch der Archäologie, Vorderasien II/2, 1990, 21-87.

phönikischen Küstenstädten) in seine Gewalt brachte.[43] Damit wechselte auch der jüdische Tempelstaat seinen Oberherren (Jos.Ant. XII.129-146). Die vernichtende Niederlage, die Antiochos III. gegen die Römer Ende 190 in der Schlacht bei Magnesia am Sipylos erlitt, endete mit dem 188 abgeschlossenen Frieden von Apameia, in dem Antiochos die Zahlung einer Kriegsentschädigung in Höhe von 15000 Talenten auferlegt wurde, von denen er einen Teil sofort und den Rest in zwölf Jahresraten von 1000 Talenten zu zahlen hatte.[44] Diese Kriegsschuld vererbte sich nach seinem Tode auf seine beiden Söhne und sukzessiven Nachfolger Seleukos IV. und Antiochos IV., von denen der erste vergeblich versuchte, sich des Jerusalemer Tempelschatzes zu bemächtigen (vgl. 2. Makk 3,4-40),[45] während der zweite das Amt des jüdischen Hohenpriesters gegen entsprechende Zahlungszusagen erst an den Bruder des amtierenden Hohenpriesters Onias III. Jason[46] und dann an den Tempelvorsteher Menelaos übertrug,[47] woraus sich im ersten Fall die Gründung der Polis Antiocheia in Hierosolyma (2. Makk 4,9-10) und im zweiten Fall die Religionsverfolgung in Juda ergab (Dan 11,31), die zum Freiheitskampf der Makkabäer unter der Anführung des Judas Makkabaios[48] und in der Folge zum sukzessiven Aufstieg seiner Brüder Jonathan zum Hohenpriester (152 v.Chr)[49] und Simon zusätzlich zum Ethnarchen und damit zum Fürsten von Juda führte.[50] Damit endete 142 die fast 450 Jahre während Fremdherrschaft über Juda (1. Makk 13,41-42). Sein Enkel Aristobulos I. (104/3) verwandelte das hasmonäische Fürsten- in ein Königtum (Jos.Ant.XIII.301), das bis zur Eroberung Jerusalems durch Pompe-

---

[43] Vgl. dazu Gehrke, OOG 1A, passim und Höbl, Geschichte, passim.

[44] Vgl. Polyb. XXI,16.1-17.12 und zu den Zusammenhängen und Friedensbestimmungen Klaus Bringmann, Geschichte der römischen Republik, 2002, 127-133.

[45] Zu Seleukos IV. und der vergeblichen Entsendung Heliodors vgl. die teilweise legendäre Darstellung in 2. Makk 3 und dazu F.-M. Abel, Histoire de la Palestine depuis la conquète d'Alexandre jusqu'à l'invasion arabe I: De la conquète d'Alexandre jusqu'à la guerre juive, EtB, 1952, 105-108, Victor Tcherikover, Hellenistic Civilisation and the Jews, 1959 (ND 1979), 157-158 und 389-390 bzw. Hengel, Judentum, 17-18 und 495.

[46] Vgl. 2. Makk 4,7-10.

[47] Vgl. 2. Makk 4,23-26.

[48] Zur Geschichte der Religionsverfolgung und makkabäischen Erhebung vgl. Elias Bickerman(n), Der Gott der Makkabäer. Untersuchungen zu Sinn und Ursprung der makkabäischen Erhebung, 1937, bes. 50-89 und 117-142 = ders., The God of the Maccabees. Studies on the Meaning and Origin of the Maccabean Revolt, trl. H. R. Moehring, StJLA 31, 1979, 32-60 und 76-92; M. Hengel, Judentum und Hellenismus, 503-564 sowie zu Chronologie und Verlauf Klaus Bringmann, Hellenistische Reform und Religionsverfolgung in Judäa. Eine Untersuchung zur jüdisch-hellenistischen Geschichte (175-165 v.Chr.), AAWG.PH III/ 132, 1983, 15-28 und 97-140.

[49] Vgl. 1. Makk 10,21.

[50] Zum Ehrendekret der Juden für Simon im Jahr 139 vgl. 1. Makk 14,27-45; zur Geschichte des Aufstiegs der Makkabäer und der Zeit des unabhängigen hasmonäischen Königtums bis zur Eroberung Jerusalems durch Pompejus vgl. Erich Schürer, The History of the Jewish People in the Age of Jesus Christ (175 B.C.-135 A.D.). A new English version rev. and ed. Geza Vermes and Fergus Millar, lit.-ed. Pamela Vermes, org. ed. Matthew Black (künftig als Schürer-Vermes zitiert) I, 1973 (ND 1987), 64-242.

jus den Großen im Jahre 63 v.Chr. fortbestand (Jos.Ant.XIV.64-76).[51] Damals wurde König Aristoboulos II. mit seinem Hofstaat nach Rom deportiert (Jos.Ant.XIV.79), wodurch dort eine jüdische und in ihrem Schoß eine urchristliche Gemeinde entstand, an die der Apostel Paulus vermutlich im Jahr 56 n.Chr. seinen Römerbrief datierte[52]. Nach fehlgeschlagenen Revolten der Söhne Aristoboulos II. wurde der Idumäer Herodes 40 v.Chr. durch den römischen Senat zum König von Juda ernannt (Jos.Ant.XIV.386-389)[53]. So verhalf die römerfreundliche Politik, die bereits sein Vater Antipatros als Statthalter von Idumaea und Freund des nach der Deportation seines Bruders Aristoboulos II. wieder in sein Amt als Hoherpriester eingesetzten Hyrkanos II. verfolgt hatte, dem Sohn zur Krone. Er konnte jedoch seine Herrschaft erst im Jahr 37 v.Chr. antreten, nachdem er Antigonos, den jüngsten Sohn Aristoboulos II., besiegt, gefangen genommen und Antonius zu seiner Hinrichtung überredet hatte (Jos.Ant. XIV.487-491). Denn Antigonos hatte sich inzwischen mit parthischer Hilfe zum König von Juda erhoben.[54] Geschickt wechselte Herodes im rechten Augenblick nach der Schlacht von Actium (31 v.Chr.) die Seite und ging von Antonius zu Octavianus über, der seine Herrschaft zweimal derart vergrößerte, daß es schließlich fast das ganze Land westlich[55] und östlich des Jordans[56] umfaßte (Jos.Ant.XV.215-217 und 317-322). Seine Leidenschaft gehörte der Verschönerung des Landes durch stolze Burgen und Paläste und nicht zuletzt den 20/19 v.Chr. begonnenen Neubau des Tempels, der seine beiden Vorgänger an Pracht und Größe in den Schatten stellte (Jos.Ant.XV.380-425).[57] Dienten diese Bauten vor allem seinem Ruhm und seiner persönlichen Sicherheit, so konnte er seinen Einfluß bei den Römern erfolgreich zugunsten der Sicherheit des Diasporajudentums geltend machen (Jos.Ant.XVI.27-65.). Sein hellenistisches Verständnis des Königtums zeigte sich darin, daß er sich mit griechischen Gelehrten umgab und regelmäßige Spiele zu Ehren des Augustus in Caesarea und Jerusalem veranstaltete, die athletische und musi-

---

[51] Zu den Burg- und Palastbauten der Hasmonäer vgl. H.-P. Kuhnen, Palästina in griechisch-römischer Zeit, 1990, 52-53 und Ehud Netzer, Die Paläste der Hasmonäer und Herodes' des Großen, Zaberns Bildbände zur Archäologie, 1999, 5-31.

[52] Vgl. dazu Eduard Lohse, Die Entstehung des Neuen Testaments, 6. Aufl, ThW 4, 2001, 48.

[53] Vgl. dazu Abraham Schalit. König Herodes. Der Mann und sein Werk, SJ 4, 1969 und zu den Herodianern insgesamt Nikos Kokkinos, The Herodian Dynasty. Origins, Role in Society, and Eclipse, JP.S 30, 1998, bzw. Abel I, 347-380; Schürer-Vermes I, 267-335 oder knapp Martin Goodman, Judaea, in: Alan K. Bowman u.a., eds., The Augustian Empire, 43 B.C.-A.D. 69, CAH 2nd ed., X, 1996, 736-781, bes. 736-749.

[54] Vgl. zu ihm Abel I, 329-336, bzw. Schürer-Vermes I, 281-286.

[55] Mit Ausnahme der freien Stadt Askalon und ihres Territoriums, zeitweise auch der Städte Gaza und Joppa und dauernd des zur syrischen Provinz gehörenden Küstenstreifens nördlich von Caesarea (Stratons Turm).

[56] Hier herrschte er außer über die Gaulanitis auch über die Trachonitis, Batanäa, die Auranitis und Peräa, aber nicht über die Dekapolis.

[57] Vgl. dazu Schürer-Vermes I, 304-308.

sche Wettkämpfe, Pferderennen, Gladiatoren- und Tierkämpfe umspannten (Jos.Ant.XVI.137-138). Dafür errichtete er in Jerusalem ein Theater und ein Amphitheater (Ant.Jud.XV.267-276), womit er bei den Juden verständlicher Weise schwere Bedenken erregte (XV.277). Er verurteilte das Synhedrion zur Bedeutungslosigkeit, wechselte die Hohenpriester nach Belieben aus und gewann dadurch schwerlich die Zuneigung der Pharisäer und der Frommen, die in der strikten Befolgung der Tora die Voraussetzung für des Volkes Erlösung und künftige Größe sahen. Trotz mancher Glanzpunkte war seine lange Regierung aufs Ganze gesehen nicht glücklich. Von Mißtrauen geplagt, rottete er das Geschlecht der Hasmonäer von dem Hohenpriester Hyrkanos II., dem Großvater seiner (zweiten) Frau Mariamne, über ihren Bruder, den jugendlichen Hohenpriester Aristoboulos III., und sie selbst bis zu ihrer beider Söhne Alexander und Aristoboulos (IV.) aus. Nur eine Tochter des Königs Antigonos überlebte. Sie wurde die Gemahlin seines Sohnes Antipater (III.), dessen Hinrichtung Herodes in seinen letzten Lebenstagen anordnete.

Die Bauwerke, die seinen Namen verewigen sollten, sind weitgehend zerfallen und ihre Ruinen erst durch den Spaten der Archäologen wieder ans Licht gebracht.[58] Aus dem Mörder seiner Söhne ist im Matthäusevangelium der Tyrann geworden, der alle bethlehemitischen Knäblein bis zu zwei Jahren töten ließ, um sich so des ihm durch die Magier aus dem Osten angekündigten Messias zu entledigen (vgl. Mt 2,1-12 mit 2,13-24).[59]

Nach seinem Tode im Jahre 4 v.Chr. wurde sein Reich von Augustus unter seine drei Söhne aufgeteilt:[60] *Archaelaos* erhielt als Ethnarch Judäa und Samaria, *Herodes Antipas* als Tetrarch Galiläa und Peräa, einen relativ schmalen Streifen des mittleren und südlichen Ostjordanlandes, und *Philippos* als Tetrarch das nordöstliche Transjordanien von den Jordanquellen bei Paneas (Caesarea Philippi) bis zur Gaulanitis. Nachdem Archelaos 6 n.Chr. verbannt worden war, wurden Judäa und Samaria bis 41 n.Chr. zu einer Prokuratur. Von 41-44 vereinigte Herodes Agrippa noch einmal das ganze Reich in seiner Hand. Nach seinem Tod wurden Judäa, Samaria und Galiläa erneut zu einer Prokuratur und d.h. einer ritterlichen Provinz, die dem Legaten von Syrien unterstand. Unter Kaiser Vespasian wurde sie wegen der Notwendig-

---

[58] Vgl. dazu H.-P. Kuhnen, Palästina in griechisch-römischer Zeit, 1990, 141-152; E. Netzer, Die Paläste der Hasmonäer und Herodes' des Großen, 1999, 32-127 und grundsätzlich Achim Lichtenberger, Die Baupolitik Herodes des Großen, ADPV 26, 1999.

[59] Zu der in beiden Erzählungen enthaltenen Mose-Typologie und zum Zug der parthischen Magier unter Anführung des Königs Tiridates nach Neapel zur Huldigung vor Nero als dem Weltenkönig des Westens als möglichem geschichtlichen Anlaß für Mt 2,1-12 vgl. E. Schweizer, Das Evangelium nach Matthäus, NTD 2, 4.(16.) Aufl., 1986, 16-17 und 19-21.

[60] Zur weiteren Geschichte der Herodianer und der Judas unter römischer Verwaltung vgl. Schürer-Vermes I, 336-483 bzw. knapp Goodman, in: CAH IX, 2nd ed., 1996, 749-761.

keit, in ihr eine ständige Garnison zu halten, zu einer senatorischen Provinz.[61]

Der durch „Patriotismus, Zelotismus, Griechenhaß und Räuberwirtschaft"[62] in Gestalt einer schamlosen Ausbeutung der Provinz durch die römischen Procuratoren angesichts der Bedrohung durch die Parther ausgelöste *erste Jüdische Aufstand*, der von 66-70 n.Chr. dauerte, endete mit der Zerstörung Jerusalems durch Titus, der im gleichen Jahr seinem kaiserlichen Vater Vespasian auf dem Thron der Caesaren folgte.[63] Lediglich das kleine Herrschaftsgebiet Agrippas II., des Sohnes des Herodes Agrippa, überdauerte für anderthalb Jahrzehnte den Untergang Judas. Er hatte im jüdischen Aufstand auf römischer Seite gestanden und behielt daher die Herrschaft über sein nordöstlich des Jordans und des Sees Genezareth gelegenes Territorium bis 85 n.Chr. Er ist wohl erst zur Zeit Domitians als Privatmann gestorben.[64]

Der *zweite Jüdische Aufstand* unter der Führung Bar Kochbas (132-135) wurde vermutlich durch die Umwandlung des zerstörten Jerusalem in die römische Kolonialstadt Aelia Capitolina durch Kaiser Hadrian und zumal seinen Plan, auf den Trümmern des Tempels des Herrn einen solchen für Jupiter Capitolinus zu errichten, ausgelöst.[65] Er scheiterte ebenso wie der vorausgehende und hatte die Verwüstung Judas, den Tod und die Versklavung von Hunderttausenden von Juden zur Folge.[66] Jerusalem wurde in die römische Kolonie Aelia Capitolina umgewandelt, die noch in der Stadt wohnenden Juden vertrieben und allen Juden bei Todesstrafe verboten, die Stadt zu betreten.[67] Doch der Glaube an den einen Gott, der Israel erwählt und ihm

---

[61] Vgl. dazu Abel, I, 407-458 bzw. Schürer-Vermes I, 336-398 und zur Verwaltung und Organisation der römischen Provinzen grundsätzlich François Jacques und John Scheid, Rom und das Reich in der Hohen Kaiserzeit. 44 v.Chr.–260 n.Chr. I: Die Struktur des Reiches (Rome et l'intégration de l'Empire. I: Les structures de l'Empire romain, ³1996) übers. v. Peter Riedlberger, 1998, 180-189 und speziell zur Provinz Judaea 184-185.
[62] Bo Reicke, Neutestamentliche Zeitgeschichte, STöH 2, 1965, 182; zu den unterschiedlichen und auf Seiten der Radikalen religiösen Voraussetzungen des Aufstandes vgl. Johann Maier, Zwischen den Testamenten. Geschichte und Religion in der Zeit des zweiten Tempels, NEB. AT.E. 3, 1990, 184-187.
[63] Zum Verlauf des jüdischen Aufstandes vgl. Abel, Histoire de la Palestine II: De la guerre juive à l'invasion arabe, EtB, 1952, 1-43, bzw. Schürer-Vermes I, 484-513, und knapp Maier, a.a.O. bzw. Goodman, in: CAH X, 2nd ed. 1996, 753-761, zu den archäologischen Spuren Kleinert, 152-157.
[64] Vgl. zu ihm Schürer-Vermes I, 442-454. Auf die vorübergehende Romanze seiner Schwester Berenike mit Titus sei hier nur am Rande hingewiesen.
[65] Zum Verlauf vgl. Abel II, 83-104, bzw. Schürer-Vermes I, 534-558, zu seinen archäologischen Spuren Kleinert, 157-162.
[66] Dio Cassius LXIX.14.3; Hieronymus. In Zachariam 11.5 (CCL 76 A, 851).
[67] Dio Cassius LXIX.12.2; Euseb, Hist.Ecc. IV.6.3. Zu dem Kompromiss mit der griechischen Kultur, zu dem sich die in Palästina lebenden Juden weiterhin genötigt sahen, vgl. M. Avi-Yonah, The Jews under Roman and Byzantine Rule. A Political History of Palestine from the Bar Kokhba War to the Arab Conquest, 1984, 71-76 bes. 73: „Ultimately, the problem of assimilation in the Greek world bore the same stamp of compromise as so many other aspects of the period. The Jewish authorities opposed assimilation in theory and asked people to remain spiritually independent. In practice, however, they had to give way in many matters, in order to enable the individual Jew to keep good relations with their neighbours and the authorities and to maintain themselves in a hostile world."

sein Gesetz des Lebens gegeben hatte, blieb im Judentum trotz aller Verfolgungen über die Jahrhunderte hinweg lebendig. Das ließ es den Wechsel seiner Herren und fremden Kulturen überleben, von denen sich vollständig abzuschließen den Auszug aus dieser Welt bedeutet hätte.

Blicken wir zurück, so gliedert sich die hellenistische Epoche der Geschichte des palästinischen Judentums in die beiden großen Abschnitte der griechisch-hellenistischen und der römisch-hellenistischen Zeit. Die erste währte von 301-63 und umfaßte die Oberherrschaft der Ptolemäer (301-201), die der Seleukiden (201-142/1 bzw. 139/8)[68] und die Epoche der Jüdischen Freiheit unter der Herrschaft der Hasmonäer (142-63 v.Chr.). Die römisch-hellenistische Epoche aber währte von 63 v. bis 135 n.Chr. In sie hinein fallen das Vasallenverhältnis des Hohenpriesters Hyrkanos II., das Vasallenkönigtum Herodes des Großen (40 bzw. 37 bis 4. v.Chr.) und die Teilherrschaften seiner Söhne, während Juda von 6-40 und ab 44 n.Chr. als prätorianische Provinz von Prokuratoren verwaltet wurde. Auf die Zerstörung Jerusalems und seines Tempels am Ende des ersten Jüdischen Aufstands 70 folgten die Umwandlung der Stadt in die Kolonie Aelia Capitolina unter Kaiser Hadrian und der zweite Jüdische Aufstand (132-135), dessen Zusammenbruch die Juden mit gewaltigen Menschenverlusten bezahlten.

5. Der jüdische Tempelstaat, die ptolemäische Verwaltung und hellenistische Kultur als Herausforderungen für die Juden des Mutterlandes und der Diaspora

Da wir uns um vorliegenden Zusammenhang vor allem mit der griechisch-hellenistischen Epoche und dem Einfluß der siegreichen Kultur auf das Judentum im Spiegel der spätbiblischen Schriften beschäftigen, müssen wir nach den realen Voraussetzungen für diese kulturelle Begegnung fragen und entsprechend das Verhältnis zwischen königlicher Oberhoheit und jüdischer Selbstbestimmung eingehen. Da wir darüber am besten für die ptolemäische Epoche unterrichtet sind, wählen wir die ptolemäische Verwaltung des jüdischen Tempelstaates als Ausgangspunkt, zumal sich die Verhältnisse auch unter den Seleukiden nicht tiefgreifend geändert haben.

Der Tempelstaat Juda besaß als ein sog. ἔθνος, als „Volk", im Verbund der Provinz Syrien und Phönikien insofern einen Sonderstatus, als er nicht in eine direkt dem Strategen als Vertreter der königlichen Gewalt und einem Ökonomen zur Wahrnehmung der königlichen Wirtschaftsinteressen unterstellte Hyparchie umgewandelt worden war, sondern innenpolitisch von dem

---

[68] Zur Zeitrechnung der Makkabäerbücher vgl. Klaus Bringmann, Hellenistische Reform und Religionsverfolgung in Judäa, AAWG.PH III/ 132, 1983, 15-28, bes. 27 und speziell 18.

Hohenpriester und der Gerousia als dem Rat der führenden jüdischen Ge-
schlechter regiert wurde (vgl. Jos.Ant.XII.142).[69] Der Hohepriester erhielt
den Titel eines ἀρχιερεύς, eines leitenden Priesters, die Stadt Jerusalem
wurde offiziell in ῾Ιεροσόλυμα umbenannt und damit ihr hellenistischer
Charakter betont.
Die innere Selbstverwaltung war freilich dadurch eingeschränkt, daß die
alten königlichen Krongüter und die Produktionsstätten der staatlichen Mo-
nopolgüter Balsam, Bitumen und Papyrus direkt der ptolemäischen Verwaltung unterstanden.[70] Überdies wurde dem Hohenpriester ein προστάτης ἱε-
ροῦ, ein Vorsteher des Tempels, an die Seite gestellt, der seine Finanzen
überwachte. In den Städten und größeren Ortschaften sorgte ein königlicher
Dioiketes (διοικητής) oder Finanzverwalter für den geordneten Eingang der
Abgaben. In den kleineren fungierten Komarchen (κωμάρχεις) als eine Mi-
schung von Pächtern und Königsbeamten, die für eine Vielzahl von Aufgaben und unter anderem zusammen mit den örtlichen Steuerpächtern für die
Einschätzung des Vieh- und Sklavenbesitzes zuständig waren. Sie dürften
sich wie die Ortsvorsteher der Perserzeit aus den Kreisen der „Edlen" oder
„Freien" (ḥôrîm) und d.h. der größeren Landbesitzer rekrutiert haben. Die
militärische Sicherheit des strategisch wichtigen Grenzlandes sicherten königliche Grenzfestungen im Norden und im Süden Jerusalems und in der
Hauptstadt selbst eine in der Zitadelle an der Nordseite des Tempels unter-
gebrachte Garnison (Jos.Ant.XII.131-133; 2. Makk 4,17). Das gesamte hellenistische Verwaltungssystem setzte jedenfalls eine entsprechende Zahl von
Schreibern voraus, die außer als Tempelschreiber in der oberen und unteren
Verwaltung des Landes Verwendung fanden.[71]
Das Interesse der Ptolemäer galt einer möglichst effektiven Bewirtschaftung
des Landes. Daher waren sie (wie der Wiener Papyrus Rainer zeigt)[72] daran
interessiert, daß die halbfreien Kleinbauern, die σώματα λαϊκὰ ἐλεύθερα,
nicht in die Sklaverei verkauft und dadurch die landwirtschaftliche Produktion beeinträchtigt wurde. Irgendwelche politischen Rechte kamen dieser

[69] Vgl. zum Folgenden Martin Hengel, Judentum und Hellenismus, 32-105; ders., Juden, Griechen und
Barbaren, 35-72 und ders., The political and social history of Palestine from Alexander to Antiochus III.
(333-187. B.C.E.), in: W. D. Davies und L. Finkelstein, ass. ed. J. Sturdy, The Cambridge History of
Judaism II: The Hellenistic Age, 1989, 35-78, bes. 52-78 und zur Geschichte der Gerousia, des späteren
Synhedrions bis zu seinem Ende Schürer-Vermes II, 1979 (ND 1986), 199-226.
[70] Vgl. dazu Michail Rostovtzeff, The Social and Economic History of the Hellenistic World, 1941, 302-
313 = ders., Gesellschafts- und Wirtschaftsgeschichte der hellenistischen Welt I-III, 1955 (ND 1984),
236-245. Als weitere dokumentarische Quelle für die Rekonstruktion der Verwaltung und wirtschaftlichen Nutzung der syrischen Provinz durch die Ptolemäer ist das Archiv des Zenon, des Agenten des
Reichsdioiketen Apollonios, aus der Mitte des 3. Jhs. v.Chr. von besonderer Bedeutung, da er u.a. 259
v.Chr. kreuz und quer durch Palästina gereist ist; vgl. dazu Hengel, Judentum, 76-83.
[71] Vgl. dazu Christine Schams, Jewish Scribes, JSOT.S 291, 1998, 312-321.
[72] Vgl. zu ihm und seiner Bedeutung für die Rekonstruktion der ptolemäischen Verwaltung der syrischen
Provinz Rostovtzeff, 1941, 341-346 = 1955, 268-273.

Schicht nicht zu. Der König sicherte sich seinen Gewinn auf doppelte Weise, einerseits mittels festgelegter Tribute und Abgaben und andererseits mittels Ertragssteuern. So wurden dem jüdischen Tempelstaat ein Jahrestribut in Höhe von 300 Talenten und zusätzlich drei königliche Personalsteuern in Gestalt einer Salzsteuer (weil Salz zu den staatlichen Monopolgütern gehörte), einer Kranzsteuer (vermutlich einer Art von Zwangsgeschenken für die königlichen Feiertage) und einer Kopfsteuer auferlegt. Wir verdanken die Kenntnis dieser drei Steuern dem Erlaß des Seleukiden Antiochos III., in dem er sie dem Tempelpersonal und den Mitgliedern der Gerousie als Dank für seine freundliche Aufnahme bei der Besetzung Jerusalems 201 v.Chr. auf drei Jahre erlassen hat (Jos.Ant.XII.138-144). Dazu kamen die Besitz- und Ertragssteuern. Sie wurden wie die übrigen Abgaben an einen Generalsteuerpächter verpachtet, der sie seinerseits an örtliche Steuerpächter weiterverkaufte, wobei jeder der Beteiligten vom König bis zu den örtlichen Steuerpächtern auf seinen Vorteil bedacht war.

Dieses dichte Netz der Verwaltung bot zumal den Angehörigen der jüdischen Oberschicht die Möglichkeit, von dem wirtschaftlichen Aufschwung zu profitieren, den die ptolemäische Verwaltung zweifellos für die ganze Provinz Koile-Syrien und Phönizien in Gang gesetzt und aufrecht erhalten hat. Aus dem historischen Kern des Romans, den Josephus über den aus der Ammonitis stammenden Tobiaden Joseph und seinen Sohn Hyrkan erzählt (Ant.XII.157-222.238.-224), geht hervor, wie weit es ein sich der Kultur und den Gepflogenheiten des alexandrinischen Hofes adaptierender junger Jude bringen konnte: Joseph hat es zur Zeit Ptolemaios III. Euergetes (246-221) zum Generalsteuerpächter der syrischen Provinz und zugleich zum Vorstehers des Tempels des Jerusalemer Tempels gebracht und diese Ämter 22 Jahre zur Zufriedenheit aller Beteiligten innegehabt (Ant.XII.224).[73] Daß die in irgendeiner Weise in die königliche Verwaltung des Landes eingebundenen Juden im Interesse ihres Kontaktes mit den fremden Beamten sich um die Kenntnis des Griechischen bemühen mußten und sie, soweit sie der Oberschicht angehörten, auch eine entsprechende Bildung erstrebten, war in der politischen Lage begründet. Grundsätzlich ergab sich die Aufgeschlossenheit für die fremde Kultur durch die Zusammenarbeit mit den ptolemäischen Beamten, aber auch durch das Vorbild der den jüdischen Tempelstaat wie ein Kranz umgebenden hellenistischen Poleis. Es löste verständlicher Weise (wie das oben bereits erwähnte Beispiel des Hohenpriesters Jason lehrt) selbst in höchsten priesterlichen und vermutlich auch besitzenden Kreisen den Wunsch aus, durch die Gewinnung des rechtlichen Standes eines Politen mit den Nachbarn gleichberechtigt zu werden. Denn wer als An-

---

[73] Vgl. dazu Victor Tcherikover, Civilisation, 127-142 bzw. Hengel, Judentum, 489-494.

gehöriger der Oberschicht Bürger einer hellenistischen Polis war, der war von dem Ruch, ein Barbar zu sein, befreit und konnte damit rechnen, dank seiner Erziehung als Ephebe und im Gymnasium[74] als vollgültiges Glied der hellenistischen Welt akzeptiert zu werden, was ihm Wandel und Handel erleichterte.[75] Diese Zugehörigkeit fand ihren symbolischen Ausdruck in der an die Poleis ergehenden Einladung, an den religiösen Spielen der Nachbarstadt teilzunehmen. So soll die kurzlebige Jerusalemer Polis nach 2. Makk 4,18-22 an den in Tyros zu Ehren des Herakles durchgeführten athletischen Spielen teilgenommen haben.[76]

Die σώματα λαϊκὰ ἐλεύθερα ("die freien, gewöhnlichen Leiber"), die Schicht der halbfreien Kleinbauern, Beisassen und Tagelöhner blieb selbst von der den Politen gewährten Beteiligung an der Selbstverwaltung ausgeschlossen. Diese Geringen oder Armen bildeten, wie Sirach trefflich beobachtet hat, den „Weidegrund der Reichen" (Sir 13,19) und d.h.: der fremden Beamten, ihrer erfolgreichen jüdischen Kollaborateure, Großgrundbesitzer und zu Vermögen gelangten Händlern. Daher ist es verständlich, daß aufgeweckte Söhne aus Aufsteigerkreisen[77] versuchten, sich die nötige Bildung zu verschaffen und als „Schreiber" und d.h.: Sekretäre im Dienste der alten Familien, der lokalen Beamten, der Reichen und Neureichen einen bescheidenen Anteil an dem wachsenden Wohlstand der Oberschicht zu gewinnen. Auch bei Jesus Sirach scheint es sich ausweislich seiner ungeschminkten Beschreibung des Verhaltens der Reichen gegenüber den Armen um einen erfolgreichen Aufsteiger gehandelt zu haben.[78] Seine Lehren spiegeln einerseits sein Bemühen, seinen Schülern entsprechende Tischsitten beizubringen,[79] ihnen das Leben eines weitgereisten und kenntnisreichen Schreibers als Ideal vorzustellen[80] und ihnen die fundamentalistische Scheu vor den Ärzten zu nehmen.[81] Andererseits ging es ihm darum, ihnen die Tora als den Inbegriff der göttlichen, dem stoischen Logos gleichen univer-

---

[74] Vgl. dazu A.H.M. Jones, The Greek City. From Alexander to Justinian, 1940 (ND 1998), 220-226.
[75] Vgl. dazu auch Jones, Greek City, 264-266.
[76] Vgl. dazu auch Jones, Greek City, 230-233.
[77] Man wird bei diesen vor allem an Händler zu denken haben, die auf eigene Kosten oder als Agenten griechischer Firmen tätig waren.
[78] Vgl. dazu John J. Collins, Jewish Wisdom in the Hellenistic Age, 1998, 29-32, und künftig O. Kaiser, „Reichtum ist gut, wenn er ohne Schuld erworben ist"; vgl. aber auch Oda Wischmeyer, Die Kultur bei Jesus Sirach, BZNW 77, 1995, 298, die Sirachs Schüler in der Oberschicht sucht.
[79] Vgl. dazu Johannes Marböck, Weisheit im Wandel, BBB 37, 1971 = BZAW 272, 1999, 162-164, und Collins, 32-33.
[80] Vgl. Sir 38,24-39,11 und dazu Wischmeyer, Kultur, 178-179, und Schamsch, Scribes, JSOT.S 291, 1998, 100-104, die darauf hinweist, daß man bei Ben Sira den Weisen nicht ohne weiteres mit dem Schreiber identifizieren dürfe.
[81] Vgl. dazu Johannes Marböck, Wege, 154-160, und O. Kaiser, Krankheit und Heilung nach dem Alten Testament, MedGG 20, 2001, 9-43, bes. 33-35.

salen Weisheit zu erklären[82] und sie in der eigenen jüdischen Identität zu bestärken.

Eine besonders enge Symbiose zwischen jüdischer Tradition und hellenistischer Umwelt kennzeichnete das *alexandrinische Judentum*.[83] Seine Wurzeln dürften im 6. Jh. v.Chr. liegen, doch hat es erst in hellenistischer Zeit seine Blüte erreicht. Ptolemaios I. sollen bereits 312 viele Einwohner Syriens einschließlich eines Hohenpriesters Ezekias nach Ägypten gefolgt sein (Jos.c.Ap.I.186-189). Nach der Besetzung Jerusalems soll er weitere Juden nach Ägypten verschleppt und als Militärkolonisten angesiedelt haben (Arist.14). Während der Regierung Ptolemaios II. Philadelphos (281-246) waren die Juden entweder so geschätzt oder soweit assimiliert und vermutlich beides, daß der Pentateuch auf Geheiß des Königs (wie es der legendäre Aristeasbrief behauptet) und aufgrund realen Bedürfnisses bei den Juden ins Griechische übersetzt worden ist.[84]

Die Tatsache, daß die ersten, aus der Zeit Ptolemaios III. Euergetes (246-222) stammenden Inschriften aus jüdischen Synagogen Griechisch abgefaßt sind und eine Fürbitte für den König enthalten, spricht für seine freundliche Behandlung der Juden.[85] Sie haben weiterhin Caesar bei seinem Eingreifen in den ägyptischen Bürgerkrieg unterstützt und gute Beziehungen zu den römischen Kaisern gepflegt.[86] Sie bewohnten in Alexandrien eigene Stadtviertel, ohne jedoch Politen der Stadt zu sein. Statt dessen waren sie vermutlich als ein eigenes *Politeuma* (πολίτευμα), ein eigenes Gemeinwesen organisiert,[87] das von einem Ethnarchen und später einer Gerousia, einem Ältes-

---

[82] Vgl. dazu Collins, 53-61, und Ursel Wicke-Reuter, Göttliche Providenz und menschliche Verantwortung bei Ben Sira und in der Frühen Stoa, BZAW 298, 2000, 188-223.

[83] Einen umfassenden Überblick über die jüdische Diaspora bieten Schürer-Vermes III/1, 1986, 1-176, dort zur ägyptischen 38-60 und zur unterägyptischen 46-50, bzw. Harald Hegermann, The Diaspora in the Hellenistic Age, in: W.D. Davies und L. Finkelstein, eds., The Cambridge History of Judaism II: The Hellenistic Age, 1989, 115-166, bes. 131-151, und Collins, 138-153.

[84] Zur Vorherrschaft des Griechischen bei den Juden im ptolemäischen Ägypten vgl. Martin Hengel, Juden, Griechen und Barbaren. Aspekte der Hellenisierung des Judentums in vorchristlicher Zeit, SBS 76, 1976, 126-129.

[85] Vgl. dazu Hengel, Juden, 130, Schürer-Vermes III/ 1, 49, und Hegermann, 137.

[86] Vgl. Hegermann, 145.

[87] Vgl. Jos.Ant.Jud.XIV.117 und dazu Hölbl, Geschichte der Ptolemäer, 166-168, der die Verleihung des Sonderstatus an die alexandrinischen Juden als halbautonome Gemeinde Ptolemaios VI. Philometor (180-145 v.Chr.) zuschreibt. In seine Regierung fällt jedenfalls die Errichtung des Jahwetempels durch Onias IV. (dem Ende der 60er Jahre aus Jerusalem geflohenen Sohn Onias III.) in Leontopolis auf dem heutigen Tell el-Jehudija, Jos.Ant.Jud.XII.387-388; XIII.62-73, vgl. dazu V. Tcherikover, Civilization, 275-281. Vermutlich sollte dieser Tempel den Bedürfnissen der dortigen jüdischen Militärkolonie dienen, Hegermann, CHJ II, 1989, 141-142. Erwähnt sei schließlich, daß der König in Onias und Dositheos zwei jüdische Strategen besessen hat, denen er nach Jos.c.Ap.49-53 den Oberbefehl über seine Armee anvertraut haben soll. Vermutlich ist der General Onias mit dem Sohn des Hohenpriesters Onias III. identisch. Nach Jos.Ant.XIII.284-287 soll die Königin Kleopatra II. im Krieg gegen ihren Sohn Ptolemaios VIII. Soter den beiden Söhnen Onias IV. und Strategen Chelkias und Ananias den Oberbefehl anvertraut haben, vgl. dazu Tcherikover, 281-282; Hegermann, 142-143 und Hölbl, 172.

tenrat geleitet wurde (Philo, Flacc.74).[88] Erst in frühaugusteischer Zeit wurden sie steuerlich den Griechen gegenüber benachteiligt und erst durch Kaiser Claudius scheint ihnen die Ausbildung als Epheben und damit zugleich der Besuch des Gymnasiums untersagt worden zu sein. De facto wurden ihnen damit die Rechte eines vollwertigen Bürgers aberkannt, die sie seit der Gründung Alexandriens besessen hatten.[89]

6. Zur jüdischen Literatur des hellenistisch-römischen Zeitalters[90]

Die enge Symbiose mit ihrer Umwelt hat jedoch die alexandrinischen Juden nicht daran gehindert, bei aller Aufgeschlossenheit für die hellenistische Bildung als dem Gesetz gehorsame Juden zu bleiben.[91] Ihre uns abgesehen vom *Aristeasbrief*[92] und den Werken *Philos* nur fragmentarisch erhaltenen *opera* wie z.B. die der Historiker *Eupolemos*[93] und *Artapanos*,[94] der Poeten wie z.B. die des *Tragikers Ezechiel*,[95] der Exegeten wie z.B. die des *Aristobul* und *Demetrios*[96] und die jüdischen Partien der *Sibyllinischen Bücher*[97] vertreten das jüdische Erbe in einem griechisch-hellenistischen Gewand. Wir werden das bestätigt finden, wenn wir uns am Ende des nächsten Abschnitts der *Weisheit Salomos* zuwenden.

Aber auch die zumindest ihre letzte Gestalt einer judäischen Bearbeitung verdankenden didaktischen Erzählungen des *Tobit-* und des *Judithbuches*,

---

[88] Vgl. dazu Collins, 140-142.

[89] Vgl. dazu Schürer-Vermes III/ 1, 128-129 und Collins, 148-153.

[90] Vgl. dazu die Übersicht bei Nikolaus Walter, Jewish-Greek Literature of the Greek Period, in: CHJ II, 1989, 385-408, und als Schlüssel Andreas Lenhardt, Bibliographie zu den Jüdischen Schriften aus hellenistisch-römischer Zeit, JSHRZ VI/ 2, 1999. Die nicht in der Septuaginta enthaltenen griechischen Texte sind sämtlich im Anhang der „Concordance greque des pseudépigraphes d'Ancien Testament. Concordance. Corpus des textes. Indices" von Albert-Marie Denis collab. Yvonne Janssens, 1987, zugänglich.

[91] Eine signifikante Ausnahme bildete Tiberius Alexander, der Neffe Philos, der seinem jüdischen Glauben absagte und zum römischen Prokurator von Ägypten (46-48 n.Chr.) aufstieg, Jos.Ant. XX. 100-103.

[92] Vgl. Norbert Meissner, Aristeasbrief, JSHRZ II/2, 1975, und dazu Schürer-Vermes III/2, 677-687.

[93] Vgl. zu ihm auch Hengel, Judentum und Hellenismus, 169-175.

[94] Vgl. dazu Nikolaus Walter, Fragmente jüdisch-hellenistischer Historiker, JSHRZ I/2, 1980 und dazu Schürer-Vermes III/1, 1986, 509-526, bzw. Ulrike Mittmann-Richert, Einführung zu den Jüdischen Schriften aus hellenistisch-römischer Zeit: Einführung zu den historischen und legendarischen Erzählungen, JSHRZ VI/1,1, 2000, 172-209.

[95] Vgl. Ernst Vogt, Der Tragiker Ezechiel; Nikolaus Walter, Fragmente jüdisch-hellenistischer Epik: Philon, Theodotos. Pseudepigraphische Dichtung: Pseudo-Phokylides, Pseudo-Orpheus, Gefälschte Verse auf Namen griechischer Dichter, JSHRZ IV/3, 1983, dazu Schürer-Vermes III/1, 617-700, zu Pseudo-Phokylides und Pseudo-Menander ausführlich Max Küchler, Frühjüdische Weisheitstraditionen. Zum Fortgang des weisheitlichen Denkens im Bereich des jüdischen Jahweglaubens, OBO 26, 1979, 236-318 und zu den Dichtungen insgesamt Gerbern S. Oegema, Einführung zu den Jüdischen Schriften aus hellenistisch-römischer Zeit: Poetische Schriften, JSHRZ VI/4, 2002, 34-94.

[96] Vgl. Nikolaus Walter, Fragmente jüdisch-hellenistischer Exegeten: Aristoboulus, Demetrios, Aristeas, JSHRZ III/2, 1980, 257-299 und dazu Schürer-Vermes III/1, 579-587 bzw. 509-526.

[97] Vgl. Helmut Merkel, Sibyllinen, JSHRZ V/8, 1998.

deren griechischer Text im ersten Fall sicher auf ein aramäisches[98] und im zweiten jedenfalls auf ein semitisches Original[99] zurückgehen, verweisen in ihren romanhaften Zügen nicht anders als das biblische *Estherbuch*[100] auf hellenistische Einflüsse.

Vor allem aber ist hier des 1. und 2. *Makkabäerbuch* zu gedenken. Von ihnen behandelt das 1. Makkabäerbuch den Zeitraum von 333 bzw. 175 bis 134 v.Chr. Es stellt eine Rechtfertigung der Entstehung der hasmonäischen Dynastie dar und zeichnet Judas und seinen Bruder Simon als religiöse und politische Retter Israels, die ihre Kämpfe im Geiste der frommen Vorväter geführt haben. Das Buch dürfte zwischen dem letzten Drittel des 2. und dem ersten Drittel des 1. Jhs. v.Chr. in Jerusalem entstanden sein. Griechisch überliefert war es nach dem Zeugnis des Kirchenvaters Hieronymus auf Hebräisch verfaßt.[101] Das 2. Makkabäerbuch stellt eine Epitome der fünfbändigen Darstellung des von Judas Makkabaios geleiteten jüdischen Aufstandes durch den griechisch schreibenden Juden Jason von Kyrene dar.[102] Es behandelt entsprechend den Zeitraum von 175 v.Chr. bis zu seinem Sieg über den seleukidischen Feldherrn Nikanor im Frühjahr 161 v.Chr. Die Kurzfassung ist vor dem aus dem Jahr 124 v.Chr. stammenden Einleitungsbrief 1,1-10a entstanden, die Endgestalt gemäß 15,37 vermutlich vor dem Jüdischen Aufstand 63-70 n.Chr. Mit seinen Gottes- und Engelerscheinungen und seiner Rhetorik ist das Werk von der griechisch-hellenistischen Geschichtsschreibung beeinflußt. Theologisch deutet es den Geschichtsverlauf als eine Folge menschlicher Schuld, göttlicher Strafe und göttlichen Beistandes.[103] Eine historische Quelle ersten Ranges stellen die in 11,16-38 enthal-

---

[98] Vgl. zu ihm Paul Deselaers, Das Buch Tobit. Studien zu seiner Entstehung, Komposition und Theologie, OBO 43, 1982; G.W.E. Nickelsburg, Tobit, in: M.E. Stone, Jewish Writings, 1984, 40-46; Schürer-Vermes III/1, 1986, 222-232; Merten Rabenau, Studien zum Buch Tobit, BZAW 220, 1994; Helmut Engel, in: Erich Zenger, Hg., Einleitung in das Alte Testament, 3. erweit. u. bearb. Aufl., 1998, 246-256; O. Kaiser, Die alttestamentlichen Apokryphen. Eine Einleitung in Grundzügen (weiterhin zitiert als: Apokryphen), 2000, 32-40, und jetzt bes. Beate Ego, Buch Tobit, JSHRZ III/7, 1999, 875-914.

[99] Vgl. zu ihm Erich Zenger, Das Buch Judit, JSHRZ I/6, 1981, 429-448; G.W.E. Nickelsburg, Judith, in: M.E. Stone, Jewish Writings, 1984, 46-52; Schürer-Vermes III/1, 216-222; Helmut Engel, Das Buch Judit, in: Zenger, Einleitung, ³1998, 256-266 und O. Kaiser, Apokryphen, 2000, 41-45.

[100] Vgl. zu ihm Kaiser, Grundriß I, 157-160; Erich Zenger, in: ders., Einleitung, 1998, 266-275 und zu den griechischen Ergänzungen Hans Bardtke, Zusätze zu Esther, JSHRZ I/1, 1973, 15-62, bes. 17-29; Schürer-Vermes III/1, 718-722; Ingo Kottsieper, Zusätze zu Esther, ATD.Apok. 5, 1998, 111-210, bes. 111-136 und Kaiser, Apokryphen, 2000, 46-47.

[101] Vgl. zu ihm Klaus-Dietrich Schunck, 1. Makkabäerbuch, JSHRZ I/4, 1980, bes. 289-297; Schürer-Vermes III/1, 180-185; H.W. Attridge, 1 Maccabees, in: Stein, Writings, 1984, 171-176; H. Engel, in: Zenger, Einleitung, 1998, 275-283; Kaiser, Apokryphen, 2000, 17-20 und zuletzt Mittmann-Richert, JSHRZ VI/1, 20-39.

[102] Vgl. dazu auch Hengel, Judentum und Hellenismus, 186-190.

[103] Vgl. zu ihm Christian Habicht, 2. Makkabäerbuch, JSHRZ I/3, 2. Aufl., 1979, bes. 167-198; Attridge, 2 Maccabees, in: Stein, Writings, 176-183; Engel, in: Zenger, Einleitung, 1998, 283-290; Kaiser, Apokryphen, 2000, 20-26 und zuletzt Mittmann-Richert, 40-62 und 68.

tenen Urkunden dar[104]. Das 3. Makkabäerbuch behandelt dagegen ein Stück
fiktiver Diasporageschichte aus der Zeit Ptolemaios IV. Philopator (222-204
v.Chr.): Damals sollen göttliche Rettungswunder die Judenverfolgungen des
Königs beendet und ihnen seine Erlaubnis verschafft haben, ihre abtrünnigen
Glaubensgenossen zu töten. Es ist wahrscheinlich im 1. Jh. v.Chr. in Alexandrien entstanden.[105]
In den Umkreis der hasmonäischen Geschichtsschreibung gehört wohl auch
das sogenannte 3. *Esrabuch*, welches die Geschichte des Wiederaufbaus des
Jerusalemer Tempels und die Mission Esras bis zur Verlesung der Tora behandelt und vermutlich aus dem letzten Drittel des 2. Jhs. v.Chr. stammt. Ob
es sich bei ihm um eine durch zusätzliche Texte wie die Erzählung vom Pa-
genwettstreit in 3,1-4,63 erweiterte Epitome des Esra-Nehemiabuches oder
um einen Text handelt, der den Umfang der Tempelbau- und Esraerzählung
vor ihrer Vereinigung mit dem Nehemiabuch spiegelt, ist umstritten.[106]
Seine theologiegeschichtliche Bedeutung besteht jedenfalls darin, daß es mit
seinem Eintreten für die Zadokiden eine unausgesprochene Kritik an der
hasmonäischen Dynastie übt.[107] Da die Briefe des Esrabuches durch das
hellenistische Briefformular beeinflußt sind,[108] kann jedenfalls auch das
biblische Esrabuch nicht vor dem 3. Jh. v.Chr. entstanden sein. Schließlich
sei angemerkt, daß neuerdings die Ansicht vertreten worden ist, daß selbst
die *Bücher der Chronik* erst für den Abschluß des biblischen Kanons im
Zuge der frühmakkabäischen Restauration verfaßt worden seien.[109]
Den Überblick beendend müssen wir an die Werke des großen jüdischen
Historikers *Flavius Josephus* erinnern. Seine für römische Leser bestimmten
opera in Gestalt seiner *Lebensbeschreibung* (Jos.Vit.), seiner Apologie mit
dem Titel *Gegen Apion* oder *Über das Altertum der Juden* (Jos.Ap.), seiner
Darstellung des *Jüdischen Kriegs* (Jos.Bell.) und seiner monumentalen, die
Zeit von der Erschaffung der Welt bis zum Untergang des Zweiten Tempels

---

[104] Vgl. zu ihnen K. Bringmann, Reform, AAWG.PH III/1 32, 1983, 40-51.
[105] Vgl. zu ihm H. Anderson, The Third Book of Maccabees, in: James H. Charlesworth, The Old Testament Pseudepigrapha II, 1985, 509-529, bes. 509-516 und zuletzt Mittmann-Richert, JSHRZ VI/1, 63-68.
[106] Vgl. dazu z.B. Karl-Friedrich Pohlmann, Studien zum dritten Esra. Ein Beitrag zur Frage nach dem
ursprünglichen Schluß des chronistischen Geschichtswerkes, FRLANT 104, 1970; ders., 3. Esra-Buch,
JSHRZ I/ 5, 1980, bes. 377-389; Dieter Böhler, Die heilige Stadt in Esdras a und Esra-Nehemia, OBO
158, 1997, passim und Mittmann-Richert, JSHRZ VI/1, 4-19.
[107] Mittmann-Richert, 13-15.
[108] Vgl. dazu Dirk Schwiderski, Handbuch des nordwestsemitischen Briefformulars. Ein Beitrag zur
Echtheitsfrage der aramäischen Briefe des Esrabuches, BZAW 295, 2000, 343-380 und die Zusammen-
fassung 381-382.
[109] Georg Steins, Die Chronik als kanonisches Abschlußphänomen. Studien zur Entstehung und Theologie von 1 / 2 Chronik, BBB 93, 1995, vgl. ders., in: Zenger, Einleitung, 1998, 223-234, bes. 231-233.

behandelnden *Jüdischen Altertümer* (Jos.Ant.) stellen für den Historiker der jüdisch-hellenistischen Geschichte eine unersetzliche Quelle dar.[110]
Dieser knappe und in jeder Beziehung ergänzungsbedürftige Überblick[111] mag dem Leser einen ersten Eindruck davon geben, in welcher Breite sich das Judentum geistig in seiner hellenistisch-römischen Umwelt behauptet hat und welche Schätze hier auf ihre weitere Bearbeitung unter dem Leitgedanken der Begegnung zwischen Judentum und Hellenismus warten. Schließlich sei wenigstens abschließend daran erinnert, daß die Begegnung zwischen Juden und Heiden in diesem Zeitalter auch ein zweites, griechisch-römisches Gesicht in Gestalt der Beurteilung des Judentums in der griechisch-römischen Literatur besitzt. Wer sich darüber ins Bild setzen will, findet in der von *Louis H. Feldman* und *Meyer Reinhold* veranstalteten Sammlung der einschlägigen Zitate die nötigen Hinweise.[112]

7. Zur Theologie der spätbiblischen Weisheitschriften

Die entscheidende theologische Auseinandersetzung mit und schließlich auch Bereicherung durch die hellenistische Umwelt spiegelt sich in den spätbiblischen Weisheitschriften, in denen die für den jüdischen Glauben grundlegende Frage nach der Gerechtigkeit Gottes verhandelt wird. Dem griechischen Denken war die eigene religiöse und rechtliche Tradition unter dem Einfluß der Sophistik im Laufe des 5. Jhs. v.Chr. problematisch geworden. Dieser Prozeß hat sich nicht nur in den Fragmenten und Reden der Sophisten wie z.B. denen von Protagoras, Gorgias und Hippias mit ihrer Entgegensetzung von *Physis* und *Nomos* niedergeschlagen,[113] sondern in seiner religiösen Dimension zumal in den Dramen der drei großen attischen Tragi-

---

[110] Vgl. zu ihm H.W. Attridge, Josephus and his Works, in: M.E. Stone, Jewish Writings, 1984, 185-233; Tessa Rajak, Josephus: the Historian and his Society, 1983; Louis H. Feldman, Josephus and Modern Scholarship, 1984; Klaus-Stefan Krieger, Geschichtsschreibung als Apologetik bei Flavius Josephus, 1994; Bernd Schröder, Die väterlichen Gesetze Flavius Josephus als Vermittler von Halacha an Griechen und Römer, TStAJ 53, 1996, und zum kulturellen Kontext Hengel, Hellenization, 1989.

[111] So fehlt in der vorliegenden Darstellung jeder Hinweis auf griechisch-hellenistische Einflüsse auf die Apokalyptik außer im Fall von 1 Hen 22. Sie finden sich z.B. bei Hengel, Judentum, 319-380 und J.J. Collins, The Apocalyptic Imagination. An Introduction to Jewish Apocalyptic Literature, 2nd ed., 1998, 33-37.

[112] Louis H. Feldman und Reinhold Meyer, Jewish Life and Thought among Greeks and Romans. Primary Readings, 1996.

[113] Vgl. dazu Felix Heinimann, Nomos und Physis. Herkunft und Bedeutung einer Antithese im griechischen Denken des 5. Jahrhunderts, 1945 = 1978, 110-162; Erik Wolf, Griechisches Rechtsdenken II: Rechtsphilosophie und Rechtsdichtung im Zeitalter der Sophistik, 1952, passim und Albrecht Dihle, Die Krise der Legitimation „gerechter" Ordnung im Griechenland des fünften Jahrhunderts v. Chr., in: Jan Assmann, Bernd Janowski und Michael Welker, Hg., Gerechtigkeit. Richten und Retten in der abendländischen Tradition und ihren altorientalischen Ursprüngen, 1998, 141-148.

ker Aischylos, Sophokles und Euripides seinen Ausdruck gefunden.[114] Platon hat sich nachdrücklich um die Überwindung dieser religiösen und zugleich politischen Krise bemüht und dabei den Glauben an die Verantwortlichkeit des Einzelnen für sein Geschick und zugleich die Gerechtigkeit Gottes (Plat.rep.X d617c 4-5) mittels des Rückgriffs auf den orphisch-pythagoreischen Reinkarnationsmythos einsichtig zu machen versucht, dessen Charakter als einer indirekt-symbolischen Aussage ihm bewußt war.[115]

Als die griechischen Poleis in Folge des epochalen Siegeslaufes Alexanders des Großen und der Auseinandersetzungen zwischen den auf ihn folgenden Diadochen und Epigonen ihre Bedeutung verloren hatten und der launenhafte Wechsel der Herrscher und Reiche die Macht des Schicksals demonstrierte, mußten die Ziele des Handelns neu bestimmt werden. Denn die klassische griechische, von Platon und Aristoteles gegebe Antwort, sie als den Dienst an der Polis zu bestimmen, hatte damit zunächst und auf weiteres ihre Überzeugungskraft verloren. Sie konnten es allenfalls in der späten römischen Republik zurückgewinnen, in der ein Cicero in seiner Schrift *De re publica* dem Cornelisus Scipio Aemilianus Africanus seinen Adoptivvater Cornelius Scipio Africanus Publius im Traum erscheinen und verkündigen läßt, daß all denen ein fester Platz im Himmel bestimmt sei, die das Vaterland erhalten, ihm geholfen und es gefördert hätten, weil jenem die Welt regierenden Fürsten der Götter nichts willkommener als die Versammlungen und Gemeinschaften von Menschen sei, die durch das Recht geeint seien und als Staaten bezeichnet würden[116].

In der hellenistischen Zeit haben die Stoiker, die Epikureer und Skeptiker dagegen versucht, das Ziel des menschlichen Handelns neu zu bestimmen, indem sie den Menschen einen Weg zur seelischen Unerschütterlichkeit und inneren Freiheit wiesen.[117] Die Stoiker haben Zeus mit dem die Hyle oder

---

[114] Vgl. dazu O. Kaiser, Bedeutung, NAWG.PH 2000/7, 2000, 301-344 bes. 316-322 = ders., Athen, BZAW 320, 2003, 1-38 bes. 11-18, und zu Euripides jetzt Christian Wildberg, Die Gerechtigkeit des Zeus in den Dramen des Euripides, in: Jörg Jeremias, Hg., Gerechtigkeit und Leben im hellenistischen Zeitalter, BZAW 296, 2001, 1-20 bzw. ders., Hyperesie und Epiphanie. Ein Versuch über die Bedeutung der Götter in den Dramen des Euripides, Zet 109, 2002, 163-168.

[115] Vgl. dazu O. Kaiser, Der Mythos als Grenzaussage, in: Jeremias, Hg., Gerechtigkeit, BZAW 296, 87-116, bes. 103-113.

[116] Cic.de re pub. VI.13.(Somnium Scipionis): „*Sed quo sis Africanus alacrior ad tutandam rem publicam, sic habeto: omnibus qui patriam conservaverint adiuverint auxerint, certum esse in caelo definitum locum, ubi beati aevo sempiterno fruantur; nihil est enim illi principi deo qui omnem mundum regit quod quidem in terris fiat acceptius, quam concilia coetusque hominum iure sociati, quae civitates appellantur; harum rectores et conservartores hinc porfecti huc revertuntur*" (zitiert nach Marcus Tullius Cicero, Der Staat. Lateinisch und Deutsch, hg. und übers. v. Karl Büchner, STusc, 5. Aufl., 1993, 262).

[117] Vgl. zum Folgenden Anthony A. Long, Hellenistic Philosophy. Stoics, Epicureans, Sceptics, 1974; sowie die umfassenden Darstellungen von Michael Erler, Epikur. Die Schule Epikurs. Lukrez, in: Hellmut Flashar, Die hellenistische Philosophie, GGPh ³ IV/1, 1994, 29-490; Peter Steinmetz, Die Stoa, IV/2, 491-716 und Woldemar Görler, Älterer Pyrrhonismus Jüngere Akademie. Antiochos von Askalon, ebd, 717-990, die knappe, aber instruktive Darstellung der hellenistischen Philosophie durch Friedo Ricken, Philosophie der Antike, UB 350, 1988, 160-192 bzw. die Einzeldarstellungen von Achim Engler

Materie des Kosmos formierenden und seinen notwendigen Gang von Weltenbrand zu Weltenbrand bestimmenden göttlichen πνεῦμα, der Weltseele, oder der ihn leitenden göttlichen νοῦς, der Vernunft, identifiziert und die Freiheit des Menschen von der Macht des Schicksals in der inneren Zustimmung zum Weltenlauf gesucht und gefunden, die ihnen die ἀταραξία, den unerschütterlichen Seelenfrieden gab. Abgesehen davon hielten sie Menschen für dazu verpflichtet, als der göttlichen Vernunft teilhaftige Wesen natur- und d.h. vernunftgemäß zu leben und zu handeln. Dagegen fanden die Epikureer ihren inneren Frieden in der Gewißheit, daß sich die Götter nicht um die Menschen kümmerten, der Tod den Menschen nichts angehe, weil sein Leben mit dem Tode ende, und die Unterweltsqualen nichts als Phantastereien seien. Für sie war das Ziel alles menschlichen Handelns in Gestalt eines lustvollen Lebens nur durch ein tugendhaftes zu erreichen, das sie am liebsten im Kreise ihrer Freunde führten. Schließlich haben die Akademiker im Rückgang zum sokratischen Nichtwissen die prinzipielle Unerkennbarkeit der Wahrheit gelehrt und ihren Frieden in der sich aus dieser Einsicht ergebenden Resignation gefunden.[118]

Aber im 1. Jh. v.Chr. haben sich auch die Peripatetiker wieder als eine eigene, nun freilich in Rom ansässige Schule formiert und mit gesunder Vernunft die aristotelische Ethik vertreten und damit den Römern ähnlich imponiert[119] wie Antiochos von Askalon, der die Lehren Platons, Aristoteles' und der Stoa als nur dem Wortlaut nach verschieden erklärt und im Zweifelsfall stoisch interpretierte, zumal es ihm die stoische Ethik angetan hatte.[120] In den letzten Jahrzehnten aber macht sich bei Eudoros von Alexandrien das Problem der Vermittlung zwischen Gott und Welt, zwischen Transzendenz und Immanenz bemerkbar, wie es für den sog. Mittelplatonismus typisch ist,[121] der sich in der Sapientia Salomonis bemerkbar macht und als dessen

---

(Pyrrhonische Skeptiker), Maximilian Forschner (Ältere Stoa), Michael Erler (Epikur) und Ian G. Kidd (Poseidonios) in: Ricken, Hg., Philosophen der Antike II, UB 459, 1996, 9-82. Weiterhin sei besonders auf Maximilian Forschner, Die stoische Ethik. Über den Zusammenhang von Natur-, Sprach- und Moralphilosophie im altstoischen System, 1981 = 1995, zur altstoischen Theologie auf Ursel Wicke-Reuter, Göttliche Providenz und menschliche Verantwortung bei Ben Sira und in der Frühen Stoa, BZAW 298, 2000, 15-54, und zum Problem des Glücks auf M. Forschner, Über das Glück des Menschen. Aristoteles, Epikur, Stoa, Thomas von Aquin, Kant, 1993 (ND 1994) hingewiesen.

[118] Hauptquelle für die Rekonstruktion der von Karneades und Philo von Larisa vertretenen akademischen Skepsis sind Ciceros Widerlegungen der Epikureer und Stoiker in *De finibus bonorum et malorum*. Die Lehren des Peripatos erscheinen bei ihm als solche der praktischen Vernunft in einem besseren Licht, wohinter sich auch in diesem Fall die Ansichten des Karneades verbergen dürften, vgl. Olaf Gigon und Laila Straume-Zimmermann, in: Marcus Tullius Cicero. Ziele des menschlichen Handelns, STusc, 1988, 580-582.

[119] Vgl. dazu Fritz Wehrli, Der Peripatos bis zum Beginn der römischen Kaiserzeit, in: H. Flashar, Hg., Ältere Akademie. Aristoteles. Peripatos, GGPh³ III, 1983, 592-597.

[120] Vgl. zu ihm W. Görler, GGPh³ IV/2, 1994, 938-967.

[121] Vgl. dazu John Dillon, The Middle Platonists. 80 B.C. to A.D. 220 (1977, rev.ed. with a new afterword), 1996 passim.

signifikantester Vertreter angesichts der Überlieferungslage *Philo von Alexandrien* zu betrachten ist.[122] Er hat in seinen exegetischen, von der allegori-
schen Methode bestimmten Auslegungen der Tora in beeindruckender Weise
versucht, die biblische Botschaft dem philosophisch Gebildeten nahezubrin-
gen.[123]

Wir können in diesem Zusammenhang die Auseinandersetzung des Judentums mit dem griechischen und hellenistischen Denken nur stichwortartig
vorführen. Dabei sei vorab angemerkt, daß viele Übereinstimmungen nicht
auf speziellen Beeinflussungen, sondern auf einem gemeinsamen geistigen
Klima und nicht zuletzt der einen *condition humaine* beruhen, die in der
zweiten Hälfte des 1. Jts. v.Chr. eine gewisse Koine geschaffen haben, so
daß die Entscheidung oft schwer fällt, wer der gebende und wer der neh-
mende Teil gewesen ist. Das gilt zumal auf dem Feld der Gnomik bzw.
Spruchweisheit und der auf ihrem Boden entfalteten Lehren.[124] Ein konkre-
ter Einfluß griechischer Dichtung und hellenistischer Philosophie auf das
jüdische Denken läßt sich zumal in der weisheitlichen Auseinandersetzung
mit dem Problem des unschuldigen Leidens und der Gerechtigkeit Gottes beobachten, die zugleich die Entwicklung der jüdischen Theologie vom zweiten Drittel des 4. Jhs. bis zum letzten Drittel des 1. Jhs. v.Chr. spiegeln.

Es handelt sich dabei zunächst vor allem um die Folge einer verstärkten Zu-
wendung zur eigenen Beobachtung und damit einer kritischeren Einstellung
gegenüber der traditionellen, das biblische Denken bestimmenden Grund-
gleichung von Gerechtigkeit und heilvollem Leben, wie wir sie in der Hiobdichtung (vgl. z.B. Hi 21*)[125] und ein gutes Jahrhundert später beim *Kohe-
let/Prediger Salomo*[126] beobachten können. Für letzteren bestand das einzige
dem Menschen mögliche Gute in einem der Nichtigkeit verfallenden und der
undurchsichtigen Schickung Gottes ausgelieferten Leben in den glücklichen
Augenblicken, die Gott dem Menschen gibt (vgl. Koh 3,10-14).[127] Darin

[122] Vgl. dazu Dillon, 139-183, bes. 182-183.
[123] Vgl. zu ihm einführend Erwin R. Goodenough, An Introduction to Philo Judaeus, Brown Classics in
Judaica, ²1986 bzw. Peder Borgen, Philo of Alexandria, in: M.E. Stone, Jewish Writings, 1984, 233-282,
ders. Philo of Alexandria. An Exegete for his Time, NT.S.86, 1992 und knapp D.T. Runia, Art. Philon
von Alexandreia, DNP IX, 2000, Sp.850-856.
[124] Vgl. dazu O. Kaiser, Judentum und Hellenismus. Ein Beitrag zur Frage nach dem hellenistischen
Einfluß auf Kohelet und Ben Sira, VF 27, 1982, 68-86, bes. 71-73 und 81-83 = ders., Der Mensch unter
dem Schicksal. Studien zur Geschichte, Theologie und Gegenwartsbedeutung der Weisheit, BZAW 161,
1985, 135-153, bes. 138-140 und 148-150, und Miriam Lichtheim, Late Egyptian Wisdom Literature in
the International Context. A Study of Demotic Instructions, OBO 52, 1983, 184-187.
[125] Vgl. dazu Katherine J. Dell, The Book of Job as Sceptical Literature, BZAW 197, 1991, 159-183 und
dazu zur Entstehung des Buches unbedingt Markus Witte, Vom Leiden zur Lehre. Der dritte Redegang
(Hiob 21-27) und die Redaktionsgeschichte des Hiobbuches, BZAW 230, 1994 bzw. das Referat bei O.
Kaiser, Grundriß der Einleitung in die kanonischen und deuterokanonischen Schriften des Alten Testaments III: Die poetischen und weisheitlichen Werke, 1994, 70-82.
[126] Vgl. Hengel, Judentum und Hellenismus, 232-234.
[127] Und weiterhin Koh 8,10-15; 9,1-10 und 11,7-12,7.

spiegeln sich ebenso der Einfluß des die Epoche bestimmenden Schicksals-
glaubens wie die Frage nach der unter seiner Voraussetzung bestehenden
Möglichkeit des Glücks, zwei Themen, die sich dem Menschen der hellenistischen Welt angesichts des Bedeutungsverlustes der Polis und der Erfahrung
der Preisgegebenheit an das Schicksal unausweichlich stellten.[128] Konkret
scheint das *carpe diem* in Koh 9,7-10 jedoch in der Fest- und Gelagepoesie
verwurzelt zu sein, wie sie uns zumal in Gestalt der ägyptischen Harfnerlie-
der mit dem Lied des Antef als herausragendes Beispiel bekannt sind.[129]
Man darf also über den griechisch-hellenistischen Parallelen in der spätbiblischen Weisheit nicht vergessen, daß Juda als Teil Südsyriens auf der Land-
brücke zwischen Afrika und Asien und damit zwischen den sich hier über-
schneidenden Kulturen des Zweistromlandes und Ägyptens lag und im hellenistischen Zeitalter zusätzlich zu dem traditionell von Norden und Süden
her auf es einwirkenden Kulturdrift durch die neue, einen universalen Anspruch stellende Kultur beeinflußt worden ist.

Die Verteidigung der in der Bibel vorausgesetzten Verantwortlichkeit des
Menschen für sein Tun und Ergehen führt bei dem vermutlich eine Generation nach Kohelet und genauer zwischen 195 und 185 v.Chr. in Jerusalem
wirkenden *Jesus Sirach* zu einem zweipoligen Denken über die göttliche
Weisheit. Bei ihm haben auf der einen Seite die deuteronomistische Entscheidungsethik und auf der anderen die stoische Logoslehre Pate gestanden.[130] Denn nach seinen Lehren ist Gott einerseits die Quelle aller Weisheit, der sie aber andererseits in besonderem Maße seinem Volk Israel in
Gestalt der Tora verliehen hat (vgl. Sir 1,1-10* mit 24,1-29*). Der allgemei-
nen Teilhabe des Menschen an Gottes Weisheit entsprechend ist ihm von
diesem die Unterscheidungsfähigkeit zwischen Gut und Böse bei der Schöpfung verliehen worden (vgl. Sir 17,1-7 mit 15,11-15). Der Sonderstellung

---

[128] Zum Glauben an das unberechenbare Walten der Tyche in der hellenistischen Zeit vgl. Martin P.
Nilsson, Geschichte der griechischen Religion II: Die hellenistische und römische Zeit, HAW V/ 2,
²1961, 200-207, zum stoischen Schicksalsglauben Margaret E. Reesor, Necessity and Fate in Stoic Philosophy, in: John M. Rist, ed., The Stoics, 1978, 203-232, zu den entsprechenden Topoi in der demotischen
Lehre des Pap. Insinger Lichtheim, Late Egyptian Wisdom Literature, OBO 52, 1983, 138-152, und
weiterhin O. Kaiser, Determination und Freiheit beim Kohelet/Prediger Salomo, NZSTh 31, 1989, 251-
270 = ders., Gottes und der Menschen Weisheit, BZAW 261, 1998, 106-125 und zum Problem des
Glücks in der hellenistischen Philosophie und bei Kohelet Ludger Schwienhorst-Schönberger, Nicht im
Menschen gründet das Glück (Koh 2,24). Kohelet im Spannungsfeld jüdischer Weisheit und hellenisti-
scher Philosophie, HBS 2, 1992, 251-332, und speziell zur epikureischen und stoischen Position M.
Forschner, Glück, 1993 (ND 1994), 22-79.
[129] Vgl. dazu Christoph Uehlinger, Qohelet im Horizont altorientalischer Weisheitsliteratur, in: L.
Schwienhorst-Schönberger, Hg., Das Buch Kohelet. Studien zur Struktur, Geschichte, Rezeption und
Theologie, BZAW 254, 1997, 155-248, bes. 203-207 und 210-222, und Stefan Fischer, Die Aufforderung
zur Lebensfreude im Buch Kohelet, Wiener Alttestamentliche Studien 2, 1999, 235-238.
[130] Vgl. dazu z.B. J. Marböck, Weisheit im Wandel, BBB 37, 1971 = BZAW 272, 1999, 170 und passim;
J.J. Collins, Wisdom, 1998, 57-61 und Ursel Wicke-Reuter, Providenz, BZAW 298, 2000, 188-223 und
passim.

Israels vor Gott gemäß aber ist ihm von diesem das „Gesetz des Lebens"
offenbart worden (17,11-14). Darüber hinaus hat Gott die Welt in seiner
Providenz so eingerichtet, daß in ihr nichts zwecklos ist und ihm alles zur
Verfügung steht, um die Guten zu belohnen, die Bösen zu strafen und die
Menschen staunend und anbetend vor der Unergründlichkeit seiner Macht
und Weisheit innehalten zu lassen (vgl. Sir 39,12-35 mit 42,15-43,33)[131].
Daß er auch den Gedanken der Providenz (trotz der im Hintergrund stehen-
den biblischen Motive)[132] der Stoa verdankt, läßt sich kaum übersehen.[133]
Doch ebenso deutlich ist es, daß Ben Sira die stoischen Konzepte als Mittel
der Verteidigung des jüdischen Glaubens an Gott den Schöpfer der Welt und
Herrn seines Volkes Israel und an die Furcht Gottes als Anfang und Vollen-
dung der Weisheit verwendet hat.[134] So ist auch bei ihm die Apologetik des
Glaubens die Mutter der Theologie. Daß er darüber hinaus eine ganze Reihe
von Themen der praktischen Lebenskunde wie das der Erfahrung durch Reisen (31[34],9-12 vgl. 39,4c-d), des rechten Verhaltens beim Gastmahl
(34[31],12-35[32]13), der Vermittlung von Frömmigkeit und Fortschritt im
Verkehr mit dem Arzt (38,1-15)[135] und wohl auch die auffällige Betonung
der Freundschaft[136] seiner hellenistischen Umwelt verdankt und manches
Wort griechischer Dichter und Denker bei ihm nachklingt,[137] darf heute als
allgemein anerkannt gelten.

---

[131] Vgl. weiterhin 17,15-24.
[132] Vgl. dazu die Nachweise bei Gian L. Prato, Il problema della teodicea in Ben Sira. Composizione dei
contrarie e richiamo alle origini, AnBib 65, 1975, passim.
[133] Vgl. dazu O. Kaiser, Die Rezeption der Stoischen Providenz bei Ben Sira, JNSL 24/1 (Ferdinand
Deist Memorial) 1998, 41-54 = ders., Athen, BZAW 320, 293-303 und U. Wicke-Reuter, Providenz, 180-
187 und passim.
[134] Vgl. dazu prägnant Oda Wischmeyer, Die Kultur des Buches Jesus Sirach, BZNW 77, 1995, 187-190
und 278-281.
[135] Vgl. dazu Marböck, Weisheit im Wandel, 154-164, zur grundlegenden Bedeutung des von Ben Sira
empfohlenen Kompromisses zwischen Fortschritt und Frömmigkeit in seiner Anweisung zum Umgang
mit dem Arzt vgl. auch O. Kaiser, Krankheit und Heilung nach dem Alten Testament, MedGG 20, 2001,
9-43, bes. 33-35.
[136] Vgl. Sir 6,5-17; 12,8-12; 19,6-19; 22,19-26; 25,1-11; 27,16-21 und 37,1-6, dazu Friedrich V. Reiterer,
Hg., Freundschaft bei Ben Sira. Beiträge des Symposions zu Ben Sira Salzburg 1995, BZAW 244, 1996
und Jeromy Corley, Ben Sira's Teaching on Friendship, BJSt 316 Providence 2001 sowie zur neuen
Bedeutung der φιλία im hellenistischen Zeitalter als einem „freien Zusammenschluß solcher Individuen,
die sich in der Weite der hellenistischen Staatenwelt und nachmals des römischen Imperiums auf Grund
gegenseitiger Zuneigung, gemeinsamer Aufgaben und übereinstimmender Bildung oder Lebensauffassung
zusammenschlossen," vgl. Albrecht Dihle, Die goldene Regel. Eine Einführung in die Geschichte der
antiken und frühchristlichen Vulgärethik, 1962, 123.
[137] Vgl. dazu Marböck, 164-166, und zur Auseinandersetzung mit Th. Middendorp, Die Stellung Ben
Siras zwischen Judentum und Hellenismus, 1973, 7-34 vgl. O. Kaiser, Judentum und Hellenismus, VF 27,
1982, 82-83 = Mensch, BZAW 161, 1985, 149-150; Patrick W. Skehan und Alexander A. Di Lella, The
Wisdom of Ben Sira, AncB 39, 1987, 46-50; Hans Volker Kieweler, Ben Sira zwischen Judentum und
Hellenismus, BEATAJ 30, 1992 und J.J. Collins, Jewish Wisdom, 39-41, der für einen bescheidenen
Einfluß der hellenistischen Bildung und Philosophie auf einige jüdische Intellektuelle wie Ben Sira
plädiert. Daß man nur anderthalb Jahrzehnte später in Jerusalem ein Gymnasion gründete, spricht jedoch
m.E. dafür, daß man in der das Unternehmen tragenden Oberschicht wußte, worauf man sich einließ.

Wenden wir uns abschließend der *Sapientia Salomonis* zu, so bekommen wir
es mit einer griechisch verfaßten Schrift zu tun, die vermutlich in frühaugusteischer Zeit in Alexandrien entstanden ist.[138] Sie gibt sich in 1,1 (vgl.
6,1) als ein *Protreptikos,* eine Mahnschrift an die Könige der Erde aus,[139]
dient aber offensichtlich dem Zweck, die jüdischen Frommen in ihrer Treue
zum Gesetz zu stärken und die Wankelmütigen zur Umkehr zu bewegen,
weil den Gerechten die Verleihung der Unsterblichkeit (ἀθανασία) bestimmt ist (1,15), so wie die Menschen als Gottes Ebenbild eigentlich zur
Unvergänglichkeit (ἀφθαρσία) erschaffen worden sind (2,23).[140] Die griechische Terminologie darf nicht darüber hinweg täuschen, daß die hier vorausgesetzten Jenseitsvorstellungen nur indirekt griechisch beeinflußt sind,
direkt aber der jüdischen „neuen Eschatologie" entstammen, wie sie uns zu-
sammenhängend erstmals im 1. Henochbuch und hier zumal im Wächter-
buch (1. Hen 1-36) und im sogenannten Brief Henochs (1. Hen 92+94-105)
überliefert ist.[141] Im Alten Testament kennen wir sie dagegen nur aus knap-
pen Anspielungen.[142] Nach ihr werden die Seelen der Toten ihrem Verhalten
zu Lebzeiten gemäß in unterschiedlichen Höhlen aufbewahrt, um dann entweder für immer in der Unterwelt zu bleiben oder am Tage des großen Ge-
richts entweder in die himmlische Lichtwelt entrückt oder der ewigen Pein
überliefert zu werden (vgl. SapSal 3,1-19 und 5,15-16 mit 1. Hen 22 und
104,1-5). Auf eine kurze Formel gebracht, besagt dieser spät- und nachbibli-
sche Totenglaube, daß die Gerechten zum ewigen Leben auferstehen wer-

---

[138] Vgl. dazu Chrysostome Larcher, Le Livre de la Sagesse ou La Sagesse du Salomon I, 1983, 161-162;
Helmut Engel, Das Buch der Weisheit, NSK.AT 16, 1998, 30-36 und Martina Kepper, Hellenistische
Bildung im Buch der Weisheit. Studien zur Sprachgestalt und Theologie der Sapientia Salomonis, BZAW
280, 1999, 25-35 und 201-204, dagegen datiert David Winston, The Wisdom of Solomon, AncB 43,
1979, 20-25 das Buch in die Regierungszeit des Kaisers Caligula (37-41 n.Chr.), während J.J. Collins,
Wisdom, 1998, 178-179 jede Ansetzung zwischen 30 v. und 70 n.Chr. für möglich hält. Die Frühdatie-
rung durch Dieter Georgi, Die Weisheit Salomos, JSHRZ III/4, 1980, 395-396 und Armin Schmitt, Weisheit, NEB, 1989, 6 nach der Mitte des 2. Jhs. v.Chr. ist jedenfalls angesichts der sorgfältigen Sprach- und
Stiluntersuchung von Kepper unwahrscheinlich.
[139] Vgl. dazu James M. Reese, Hellenistic Influence on the Book of Wisdom and its Consequences,
AnBib 41, 1970, 117-121 und zur Diskussion Collins, Wisdom, 179-182.
[140] Vgl. dazu Wolfgang Werner, „Denn Gerechtigkeit ist unsterblich." Schöpfung, Tod und Unvergänglichkeit nach Weish 1,11-15 und 2,21-24, in: Georg Hentschel und Erich Zenger, Hg., Lehrerin der Gerechtigkeit. Studien zum Buch der Weisheit, 1990, 26-61, und O. Kaiser, Die Ersten und die Letzten
Dinge, NZSTh 36, 1994, 75-91, bes. 83-86 = ders., Gottes und der Menschen Weisheit, BZAW 261,
1998, 1-17, bes. 9-12.
[141] Vgl. dazu ausführlich Chrysostome Larcher, Études sur le Livre de la Sagesse, EtB, 1969, 301-327,
und knapp Collins, Wisdom, 183-185; zum Buch der Wächter und dem Brief Henochs vgl. Florentino
Garcia Martínez, Qumran and Apocalyptic. Studies on the Aramaic Texts from Qumran, StTDJ 9, 1992,
60-72 und 79-96, und zum 1. oder Äthiopischen Henochbuch als Ganzem Gerbern S. Oegema, Einführungen zu den Schriften aus hellenistisch-römischer Zeit: Apokalypsen, JSHRZ VI/1,5, 2001, 131-150.
[142] Vgl. Ps 22,30; 49,16; 73,23-26; Jes 25,8a; 26,19; 66,24; Ez 37,7-10a* und Dan 12,1-3 und dazu O.
Kaiser, GAT III, 2003, § 13; M. Witte, Auf dem Weg in ein Leben nach dem Tod. Beobachtungen zur
Traditions- und Redaktionsgeschichte von Psalm 73,24-26, in: ThZ 58 (2002); S.15-30.

den, während den Sündern nach ihren Taten vergolten wird.[143] Für den Verfasser der Sapientia ist die Unsterblichkeit eine Gabe der Weisheit (vgl.
8,13.17) bzw. der das gerechte Leben gemäß den göttlichen Geboten ein-
schließenden Gotteserkenntnis (15,3).[144] Bei diesem Vorstellungskomplex
handelt es sich um eine Anleihe bei dem Totenglauben des orphisch-pythagoreischen Jenseitsglaubens, wie er in den hellenistischen Mysterien gepflegt wurde. Die deutlichste Parallele zu 1. Hen 22 stellt der Seelenmythos
in Platons Phaidon (113d-e) dar.[145] Angesichts der Naherwartung des Endes
der Geschichte, wie sie in Dan 12,6-12 ihre schärfste Ausprägung gefunden
hat, haben die Apokalyptiker jedoch den mit ihm verbundenen Reinkarnati-
onsglauben nicht übernommen.[146]

Ein besonderes Problem bilden die Aussagen über die Rolle der Weisheit,
denn ihr wird einerseits eine eigentümliche Vermittlungsrolle zwischen Gott
und den Menschen zugeschrieben, während die von ihr wahrgenommenen
Aufgaben andererseits von Gott selbst ausgeführt werden (vgl. z.B. 1,1-3
und 7-10 mit 1,4-6; 3 bzw. 7,22-8,1 mit 7,15).[147] Untersucht man ihre Funk-
tionen genau, so zeigt es sich, daß ihre Personifizierung auch hier wie in
Prov 1,20-33; 8-9* und Sir 24 poetischer Natur ist. Bei ihrer Charakterisierung als einem alles durchdringenden feinstofflichen Geist in 7,22-24 hat
offensichtlich die stoische Vorstellung von dem göttlichen πνεῦμα, der
Weltenseele, Pate gestanden. Andererseits dürfte ihre Zeichnung als eine
Gott und Welt verbindende Größe durch die ausweislich der kosmologischen
Fragmente des Eudoros zur Zeit der Verfassung der Sapientia in den philosophischen Kreisen in Alexandria geführte Diskussion über die Vermittlung
zwischen der Transzendenz und der Immanenz angeregt worden sein.[148] Daß
das Problem als solches kein speziell griechisches gewesen ist, sondern sich
bereits den Religionen des Vorderen Orients und also auch des Alten Testaments stellte, sei am Rande bemerkt.[149] Als man den höchsten Gott in fer-

---

[143] Vgl. PsSal 2,31-35; 3,11-12; 13,11; 14,9 und 15,2-10.

[144] Vgl. dazu Reese, Influence, 62-71; Martin Neher, Der Weg zur Unsterblichkeit in der Sapientia Salomonis, in: Gregor Ahn und Manfried Dietrich, Hg., Engel und Dämonen. Theologische, Anthropologische und Religionsgeschichtliche Aspekte des Guten und Bösen, FARG 29, 1997, 121-136, und Collins, Wisdom, 185-193.

[145] Vgl. dazu Marie-Theres Wacker, Weltordnung und Gericht. Studien zu 1 Henoch 22, FzB 45, 1982,
211-219.

[146] Bei den in diesen Kontext verweisenden Aussagen in 8,19-20 und 9,15 handelt es sich vermutlich um
nachträgliche Glossen.

[147] Vgl. dazu M. Neher, Wesen und Wirken der Weisheit in der Sapientia Salomonis, BZAW ###, 2003,
2.1-6.

[148] Vgl. dazu Neher, Wesen, 3.5.1-3.

[149] Zur phönizisch-punischen Göttin Tinnit bzw. Astarte Pene Baal (Antlitz Baals) vgl. Hartmut Gese, in:
ders., Maria Höfer und Kurt Rudolph, Die Religionen Altsyriens, Altarabiens und der Mandäer, RM 10/2,
1970, 206-207, bzw. Javier Teixidor. The Pagan God. Popular Religion in the Greco-Roman Near East,
1977, 36-40; zum palmyrenischen Malakbel, „Boten Bels", dens., The Pantheon of Palmyra, EPRO 79,
1979, 47-48, und zu den exilisch-nachexilischen Vermittlungen zwischen Jahwe und Israel mittels der

nere Himmel entrückte, bedurfte es der Einfügung zwischen ihm und der Erde vermittelnder Gottheiten, göttlichen Boten oder Engel. Unter dem Eindruck der Aufnahme dieser philosophisch abgewandelten Problematik sah sich auch der Verfasser der Sapientia dazu genötigt, der Weisheit eine Mittlerrolle zwischen Jahwe und seinem Volk zuzuschreiben, ohne sie jedoch aus Respekt vor dem biblischen im vollen Sinn zu einer selbständigen, vom Geist Gottes unabhängigen Gestalt zu erklären.

Schließlich sei hier auch noch des von ihm in 13,1-9 in den V.3-5 in polemischer Absicht durchgeführten kosmotheologischen Gottesbeweises gedacht. Er begründet den Vorwurf, daß die „Menschen" geschaffene Größen für Götter hielten, statt von der Größe und Schönheit der Geschöpfe auf ihren Schöpfer zurückzuschließen. Vermutlich denkt der Verfasser der Sapientia hier daran, daß die Stoiker den Baumeister der Welt mit dem den Kosmos formierenden πνεῦμα als der Weltseele identifizierten und damit die Transzendenz Gottes bestritten (vgl. Cic.de natura deorum II.90 mit 118.5).[150] So steht auch in der Weisheit Salomos die strikte Trennung von Geschöpf und Schöpfer, von Gott und Welt nicht zur Diskussion.[151] Nicht anders als bei Ben Sira bildet der Glaube an den einen Gott, der Israel als sein Volk erwählt, es aus der ägyptischen Knechtschaft befreit und auf seine Weisung verpflichtet hat, auch für ihren Verfasser die selbstverständliche und nicht zur Diskussion stehende Denkvoraussetzung.

8. Rückblick und Ausblick

Die im Athen des 5. Jhs. v.Chr. geführte Diskussion über Physis und Nomos, über das Naturgemäße und die menschliche Satzung war ein Anzeichen dafür, daß die von Zeus als dem Vater der Götter und Menschen, dem Herrn des Pantheons und Hüter des Rechts garantierte Natur und Gesellschaft umfassende Ordnung sich auflöste. Daher stellte sich den Philosophen die Aufgabe, die Heiligkeit der gesellschaftlichen Ordnung entweder neu zu begrün-

---

Vorstellung von der Anwesenheit seines Namens im Tempel, dem oder den Engeln Jahwes als seinen Boten und schließlich der Gegenwart seines Geistes vgl. Kaiser, Der Gott des Alten Testaments II, UTB 2024, 1998, 183-209, zur jüngsten Bestreitung der Namenstheologie Sandra L. Richter, The Deuteronomistic History and the Name Theology. *lĕ šakkēn šĕmô šām* in the Bible and the Ancient Near East, BZAW 318, 2002, 207-217.

[150] Vgl. dazu Enno Ricken, Gab es eine hellenistische Vorlage für Weish 13-15?, Bib 49, 1968, 54-86, bes. 60-62, bzw. den Auszug bei H. Engel, NSK.AT 16, 216-217, und weiterhin z.B. Reese, Influence, 1970, 50-62; Maurice Gilbert, La critique des dieux dans le Livre de la Sagesse (Sg 13-15), AnBib 53, 1973, 13-35, die hier beide ebenfalls eine antistoische Frontstellung entdecken, und Kepper, Bildung, 147-195. Zu dem hinter Cic.nat.deo. II.90 stehenden kinetischen Gottesbeweis des Aristoteles vgl. Physik VIIII.6 und Metaphysik 1072a 21-27.

[151] Vgl. auch Kepper, Bildung, 178-179.

den oder als säkulare Lebenswirklichkeit zu gestalten. Von den drei hellenistischen Schulphilosophien haben die Epikureer, ohne an der Existenz der
Götter zu zweifeln, den Menschen angewiesen, ein lustvolles Leben im
Kreise der Freunde ohne Furcht vor den Göttern und den Unterweltsstrafen
zu führen, und damit breites Gehör gefunden. Die Akademiker zogen sich
dagegen auf das sokratische Nichtwissen zurück, das dem Einzelnen ebenfalls seinen Seelenfrieden zu geben vermag. Dagegen haben die Stoiker den
Kosmos als beseelten Gott verstanden, in dessen schicksalhafte Ordnung
sich der Einzelne zu fügen hat. Schließlich brachten die Peripatetiker auch
die aristotelische Stimme der Vernunft wieder zu Gehör, die das Glück des
Menschen in Gesundheit, Schönheit und einem auskömmlichen Leben im
Kreise der Freunde und im Dienst des Staates wie in der Schau des unbe-
wegten Bewegers alles Endlichen als Ziel der Wissenschaft erkannte. An die
Stelle des sich in der Welt offenbarenden Gottes tritt bei den Stoikern wie
bei den Peripatetikern der sich in der Vernunft offenbarende Gott. Der Weg
führt nicht primär von Gott zum Menschen, sondern vom erkennenden Menschen zu Gott.

Das Judentum verdankt seine Existenz negativ dem schmerzhaften Zerbre-
chen seiner von Jahwe garantierten Welt und Volk umfassenden Ordnung in
der Zerstörung des Tempels, der Deportation der königlichen Familie und
wesentlicher Teile der Oberschicht nach Mesopotamien als Folge der Eroberung Jerusalem durch den babylonischen König Nebukadnezar II. Sehen wir
von der Restauration des Tempels und Priesterdienstes im späten 6. Jh. ab,
so verdankt es sein Überleben auf die Länge der Zeit gesehen positiv der
vermutlich von früheren Hofschreibern in Gestalt des Dekalogs und des
Deuteronomiums entworfenen Lebens- und Rechtsordnung für das seiner
Staatlichkeit beraubte Volk, weil sie von den Juden aller Zeiten und an allen
Orten befolgt zu werden verlangt (Dtn 29,13-14). Mochte es weiterhin auch
den Zweiten Tempel verlieren, so doch nicht die Gewißheit, daß ihm das in
der Tora aufgezeichnete Wort seines Gottes nahe ist (Dtn 30,11-14). Der in
die fernsten Himmel entrückte Gott ist seinem Volk in seinem Wort gegen-
wärtig. Indem das hier versammelte und fortgebildete überlieferte Recht zum
Rang der Auslegung des von Gott am Sinai/Horeb offenbarten Dekalogs
(vgl. Dtn 5 mit Ex 20) und Bundesbuches (Ex 20,22-23,19[33]) erhoben
wird, beansprucht es seinerseits, auf göttliche Offenbarung zurückzugehen.
Mithin verbleibt den kommenden Geschlechtern nur die Aufgabe, diese Gebote und Rechtsbestimmungen auszulegen, während sie selbst als göttliche
Offenbarung unveränderlich sind (Dtn 4,2).

So erklärt der Systemvergleich, warum sich die jüdischen Weisen des 3. bis
1. Jhs. v.Chr. keinesfalls auf die immanentistische Glückslehre der Epiku-

reer, die elitäre Ethik der Peripatetiker[152] oder die resignative Frömmigkeit der Akademiker einlassen konnten: Dem einen stand das göttliche Gebot, dem anderen sein universaler Anspruch und dem dritten die damit gegebene positive Erkenntnis des göttlichen Willens entgegen. Auch die asketische stoische Ethik ließ sich mit ihm nicht vereinbaren, denn das Gesetz verhieß denen, die es befolgten, reales Glück auf Erden. Ebenso wenig war es möglich, den stoischen Determinismus ungebrochen mit der deuteronomisch-deuteronomistischen Entscheidungsethik zu verbinden.[153] Dagegen war es durchaus möglich, die stoische Pneumatologie und die mit ihr verbundene Providenz auf den transzendenten Gott oder seinen Geist zu übertragen und den kosmotheologischen Gottesbeweis dahingehend abzuwandeln, daß die geordneten Werke des Schöpfers auf seine weltüberlegene Gottheit zurück-verweisen.[154] Das eine hat Jesus Sirach, das andere außerdem der Verfasser der Weisheit Salomos getan. In beiden Fällen war es der die Vernunft befra-gende Glaube, der sich auf diese Weise seiner Implikationen bewußt wurde. Andererseits verlangte das grundsätzliche Vertrauen in die Verheißungen, daß Gott denen, die seine Gebote halten, ein heilvolles Leben gewährt (vgl. z.B. Dtn 28,1-14), angesichts der mangelhaften Übereinstimmung zwischen sittlicher Würdigkeit und Glückseligkeit die Ausdehnung der bis dahin mit dem Tode endenden Gottesbeziehung (Ps 6,6; 88,6), an der noch Jesus Si-rach festgehalten hatte (Sir 41,3-4),[155] in die Transzendenz, in der alle Im-

---

[152] Dagegen konnte später das Judentum wie z. B. Maimonides positiv auf die Sphärenlehre und den kinetischen Gottesbeweis des Stagiriten reagieren; vgl. Mose ben Maimon, Führer der Unschlüssigen. Übers. und Kommentar Adolf Weiß, Einleitung Johann Maier, c.19, PhB 484b, ²1995, 140-142, und ebenso das Christentum, wie z.B. Thomas von Aquin auf dessen natürliche Theologie oder Gotteslehre eingehen, denn für Thomas beruhte die Gotteserkenntnis einerseits auf der Quelle der philosophischen *scientia divina*, vor allem aber auf der *doctrina secundum revelationem divinam*, die auch schon deshalb nötig sei, weil die von der menschlichen Vernunft erreichbare Erkenntnis Gottes nur wenigen möglich sei (Summa Theologica. Lateinisch. deutsch. Übers. v. Dominikanern und Benediktinern Deutschlands und Österreichs I: Gottes Dasein und Wesen, I,1-13, Art.1, 1982, 4-7). Demgemäß gehört das Dasein Gottes zu den Voraussetzungen der Glaubensartikel, weil der Glaube ebenso die natürliche Erkenntnis wie die Gnade die Natur voraussetzt (2.2, S.42-43), worauf an erster Stelle der kinetische Gottesbeweis folgt (2.3, S.44-45).

[153] In der stoischen Lehre blieb eine systemimmanente Spannung zwischen der Determiniertheit der Welt und der Forderung, sittlich zu handeln, vgl. dazu Forschner, Ethik, 1981, 98-113. Ähnlich wie Kleanthes in seinem Zeushymnus Z.20-31 die Schlechten für ihr Tun und Schicksal verantwortlich machte, hat auch Kohelet in seinem geradezu agnostisch-theistischen Schicksalsglauben den Menschen den Spielraum eingeräumt, daß der Mensch durch seine Torheit und Anmaßung sein Leben verkürzen kann, vgl. Koh 4,17-5,6 und 7,16-22. Das Schicksal erwies sich ihm in der zufallenden, für ein bestimmtes Tun qualifi-zierten Zeit, die der Mensch nicht kennt, so daß er im Netz der bösen Zeit wie ein Fisch gefangen wird, Koh 9,11-12. Der Mensch kann und soll umsichtig handeln, aber er weiß nicht, ob sein Handeln ange-sichts der determinierten Zeiten zum Erfolg oder Mißerfolg führt; vgl. dazu auch O. Kaiser, Determina-tion und Freiheit beim Kohelet/Prediger Salomo und in der Frühen Stoa, NZSTh 31, 1989, 251-270 = ders., Gottes und der Menschen Weisheit, BZAW 261, 1998, 106-125.

[154] Zu den biblischen Vorläufern vgl. James Barr, Biblical Faith and Natural Theology, 1993 (ND), 81-101.

[155] Vgl. dazu O. Kaiser, Das Verständnis des Todes bei Jesus Sirach, NZSTh 43, 2001, 175-192 = ders., Zwischen Athen und Jerusalem, BZAW 230, 2003, 275-292.

manenz wurzelt. Daher konnte der Verfasser des Wächterbuches (1. Hen 1-
36) auf die Vorstellungen vom unterschiedlichen Seelengeschick in der Unterwelt, Totengericht und der Versetzung der Seelen der Gerechten in die
himmlische Lichtwelt zurückgreifen, die in den griechisch-hellenistischen
Mysterien beheimatet waren. Mustert man die Psalmen Salomos und die
Weisheit Salomos auf die Art ihrer Rede vom Jenseits durch, so fällt die
Zurückhaltung in der Ausgestaltung dieses Themas auf: Die Betonung der
Gewißheit des unterschiedlichen Loses der Gerechten und der Sünder genügte ihnen, so daß sie sich weder über die Orte der Unterwelt noch der
himmlischen Lichtwelt genauer erklärten. Die jüdische Religion blieb auch
darin praktisch orientiert, daß ihr die Gewißheit genügte, daß der Gerechten
Seelen in Gottes Hand sind (Sap 3,1).

Der endliche Mensch bleibt als solcher auf die Transzendenz des Gottes
bezogen, der ihm hinter den Wolken des Sinai, hinter den Schranken der
Endlichkeit verborgen bleibt, sich aber zugleich in dem Anspruch des
Nächsten, als dem immanenten und in seiner letzten Fremdheit transzendenten Anderen meldet, ihn in unsere Hut zu nehmen (Lev 19,18b), und ihn
dadurch als unter seinem Schutz stehend ausweist. Erst durch das Gebet wird
der fremde Gott zum nahen, erst durch die in Gott gegründete Liebe wird der
Mensch aus seiner Funktionalität befreit und aus dem Er zum Du oder dem
Anderen unser selbst.[156] Unter diesem Gesichtspunkt bleibt zum einen die
Aufgabe zu fragen bestehen, welche Analogien und Grenzen sich zwischen
der deuteronomischen und der christlichen Bruderschaftsethik und der so-
phistischen und stoischen Einsicht in die Verwandtschaft aller Menschen
und ihrer damit gegebenen potentiellen φιλία oder Freundschaft abzeich-
nen[157] und welche Einflüsse sie auf das hellenistisch-römische Judentum
und das altkirchliche Christentum ausgeübt haben. Zum anderen aber zeichnet sich bei dem Vergleich die Aufgabe ab, das Verhältnis der Rede von
Gott aufgrund von Natur und Offenbarung neu zu bestimmen. Daß es nicht
angeht, die natürliche Theologie aus dem Kanon der Theologie auszuschlie-
ßen, zeigt die gerade gezogene Summe aus dem Vergleich.[158] Ziehen wir
Theologen vielleicht künstliche Grenzen, wo es sich der Sache nach um
Auslegungen von unterschiedlicher Erschließungskraft von Erfahrungen der
Gründung der Immanenz in der Transzendenz, der Existenz in Gott handelt?

---

[156] Vgl. dazu John M. Rist, HumanValue. A Study in Ancient Philosophical Ethics, PhAnt. 40, 1983, 11-
15.
[157] Vgl. dazu Albrecht Dihle, Die goldene Regel, 1962, 121-125.
[158] Vgl. dazu Barr, Biblical Faith, 1993 (ND), 219-221.

Literaturverzeichnis

Die von den einzelnen Autoren herangezogene und zitierte Literatur ist in den jeweiligen Anmerkungen vollständig erfaßt. Bei der jeweils ersten Nennung erfolgt die volle Angabe des Verfassers und des Titels, bei späteren Verweisen nur der Verfassername und ein prägnantes Stichwort aus dem Titel. Die hier gebotene Bibliographie bietet lediglich eine kleine Auswahl einschlägiger Quellentexte und weiterführender Literatur zum Thema "Die Griechen und der Vordere Orient" und erhebt keinen Anspruch auf Vollständigkeit. Die bibliographischen Abkürzungen folgen dem von S. M. Schwertner erstellten Internationalen Abkürzungsverzeichnis für Theologie und Grenzgebiete, Berlin u. New York ²1993.

Abel, F.-M.: Histoire de la Palestine depuis la conquète d'Alexandre jusqu'à l'invasion arabe I: De la conquète d'Alexandre jusqu'à la guerre juive. EtB. 1952.

Aharoni, Y.: Arad Inscriptions. Engl. Edition. Ed. and rev. A. F. Rainey. 1981.

Ahn, G. und Dietrich, M. (Hg.): Engel und Dämonen. Theologische, Anthropologische und Religionsgeschichtliche Aspekte des Guten und Bösen. FARG 29. 1997.

Assmann, J., Janowski, B. und Welker, M. (Hg.): Gerechtigkeit. Richten und Retten in der abendländischen Tradition und ihren altorientalische Ursprüngen. 1998.

Astour, M. C.: Hellenosemitica. An Ethnic and Cultural Study in West Semitic Impact on Mycenanen Greece. With a foreword by Cyrus H. Gordon. 1967.

Avi-Yonah, M.: The Jews under Roman and Byzantine Rule. A Political History of Palestine from the Bar Kokhba War to the Arab Conquest. 1984.

Bald Romano, I.: Early Greek Cult Images. Diss. Philadelphia 1980.

Baltrusch, E.: Symmachie und Spondai. Untersuchungen zum griechischen Völkerrecht der archaischen und klassischen Zeit (8.-5. Jh. v.Chr.). UALG 43. Berlin 1994.

Barr, J.: Biblical Faith and Natural Theology. Oxford 1993 (ND).

Bellen, H.: Der Rachegedanke in der griechisch-persischen Auseinandersetzung. Chiron 4 (1974). 43-67.

Bengtson, H. (Hg.): Griechen und Perser. Die Mittelmeerwelt im Altertum I, Fischer Weltgeschichte 5, 1965.

Bengtson, H.: Griechische Geschichte von den Anfängen bis in die römische Kaiserzeit, HAW, ⁵1977.

Bengtson, H.: Philipp und Alexander der Große. 1985.

Bickerman(n), E.: Der Gott der Makkabäer. Untersuchungen zu Sinn und Ursprung der makkabäischen Erhebung. 1937. = Ders.: The God of the Maccabees. Studies on the Meaning and Origin of the Maccabean Revolt. Trl. H. R. Moehring. StJLA 31. 1979.

Bickerman, E. J.: The Jews in the Greek Age. 1988.

Boardman, J.: The Greeks Overseas. Their Early Colonies and Trade, London 1980 (dt. Übers. v. K.-E. u. G. Felten, Kolonie und Handel der Griechen, München 1981).

Boffo, L.: La lettera di Dario I a Gadata: I privilegi del tempio di Apollo a Magnesia sul Meandro. In: Bulletino dell'Istituto di Diritto Romano. 81 (1978). 267-303.

Boman, Th.: Das hebräische Denken im Vergleich mit dem griechischen. ⁵1968

Borgen, P.: Philo of Alexandria. An Exegete for his Time. NT.S. 86. 1992.

Bowman, A. K. u.a. (Hg.): The Augustian Empire. 43 B.C.-A.D. 69. CAH. ²1996.

Boyce, M.: A History of Zoroastrianism II = HdO I. VIII. 1982.

Boyce, M.: The religion of Cyrus the Great. Achaemenid History III. 1988. 15-31.

Bremmer, J. N.: The Rise and Fall of the Afterlife. 2002.

Briant, P.: Histoire de l'empire perse de Cyrus à Alexandre. 1996.

Bringmann, K.: Hellenistische Reform und Religionsverfolgung in Judäa. Eine Untersuchung zur jüdisch-hellenstischen Geschichte (175-165 v.Chr.). AAWG.PH III/ 132. 1983.

Brodersen, K.; Günther, W. und Schmitt, H.H.: Historische Griechische Inschriften in Übersetzung, I-III, Texte zur Forschung Bd. 59; 68; 71, 1992. 1996. 1999.

Brooks Hollinshead, M.: Legend, Cult and Architecture at three Sanctuaries of Artemis. Diss. microfiche. Ann Arbor 1980.

Brown, J. P.: Israel and Hellas I-III. BZAW 231, 276, 299. 1995, 2000, 2001.

Brownson, C. L.: Xenophon in seven Volumes with an English Translation, LCC, ³1961.

Bruit Zaidman, L. u. Schmitt Pantel, P.: Die Religion der Griechen. 1994.

Buchholz, H.-G.: Ugarit, Zypern und Ägäis. Kulturbeziehungen im zweiten Jahrtausend v. Chr. AOAT 261. 1999.

Burkert, W.: Griechische Religion der archaischen und klassischen Epoche, RM 15. 1977.

Burkert, W.: Die orientalisierende Epoche in der griechischen Religion und Literatur. 1984.

Burkert, W.: Herodot als Historiker fremder Religionen. In: G. Nenci (Hg.): Hérodote et les peuples non grecs. 1990. 1-32.

Burkert, W.: The Orientalizing Revolution. Near Eastern Influence on Greek Culture in the Early Archaic Age. Revealing Antiquity 5. 1992.

Burkert, W.; Stolz, F. (Hg.): Hymnen der Alten Welt im Kulturvergleich, OBO 131. 1994.

Burkert, W.: Lydia between East and West. In: J.B. Carter/S. P. Morris (Hg.): The Ages of Homer. FS E.T. Vermeule. 1995. 139-148.

Burn, A. R.: Persia and the Greeks. In: I. Gershevitch: The Cambridge History of Iran. Bd. II . 1985. 292-391.

Burstein, S. M.: The Babyloniaca of Berossus, SANE I/5. [2]1980.

Caduff, G. A.: Antike Flutsagen. Hyp. 82. 1986.

Calmeyer, P.: Der "Apollon" des Dareios. Arch.Mitt.Iran 22 (1989). 125-30.

Cartledge, P.: Die Griechen und wir. 1998.

Charlesworth, J. H. (Hg.): The Old Testament Pseudepigrapha I-II. 1983 und 1985.

Clauss, M.: Einführung in die alte Geschichte. 1993.

Clauss, M.: Das alte Israel. Geschichte, Gesellschaft, Kultur. 1999.

Collins, J. J.: Jewish Wisdom in the Hellenistic Age. 1998.

Collins, J. J.: The Apocalyptic Imagination. An Introduction to Jewish Apocalyptic Literature. [2]1998.

Cook, J. M.: The Persian Empire. 1983.

Crawford, M. H.; Whitehead, D.: Archaic and Classical Greece. A Selection of Ancient Sources in Translation, 1983.

Davies, W. D. und Finkelstein, L. (Hg.): The Cambridge History of Judaism I+II. 1984. 1989.

Dell, K. J.: The Book of Job as Sceptical Literature. BZAW 197. 1991.

Deselaers, P.: Das Buch Tobit. Studien zu seiner Entstehung, Komposition und Theologie. OBO 43. 1982.

Dihle, A.: Die goldene Regel. Eine Einführung in die Geschichte der antiken und frühchristlichen Vulgärethik. 1962.

Dihle, A.: Griechische Literaturgeschichte. [2]1991.

Dihle, A.: Die Griechen und die Fremden. 1994.

Dillon, J.: The Middle Platonists. 80 B.C. to A.D. 220 (1977, rev.ed. with a new afterword). 1996.

Ehrenberg, V.: Die Anfänge des griechischen Naturrechts. AGPH 35. 1923. 119-143. = Ders.: Polis und Imperium. Beiträge zur Alten Geschichte. Hg. v. K. F. Strohecker und A. J. Graham. 1965. 359-379.

Eilers, W.: Der Keilschrifttext des Kyroszylinders. In: Festgabe deutscher Iranisten zur 2500 Jahr-Feier Irans. 1971. 156-66.

Feldman, L. H. und Meyer, R.: Jewish Life and Thought among Greeks and Romans. Primary Readings. 1996.

Fischer, S.: Die Aufforderung zur Lebensfreude im Buch Kohelet. Wiener Alttestamentliche Studien 2. 1999.

Fisher, N. R. E.: Hybris. A Study in the values of honour and shame in Ancient Greece. 1992.

Flashar, H. (Hg.): Ältere Akademie. Aristoteles. Peripatos. GGPh³. III. 1983.

Flashar, H.: Die hellenistische Philosophie. GGPh³. IV/1. 1994.

Fontenrose, J.: The Delphic Oracle. 1978.

Fontenrose, J.: Didyma. Apollo's Oracle, Cult and Companions. 1988.

Forschner, M.: Die stoische Ethik. Über den Zusammenhang von Natur-, Sprach- und Moralphilosophie im altstoischen System. 1981.

Forschner, M.: Über das Glück des Menschen. Aristoteles, Epikur, Stoa, Thomas von Aquin, Kant. 1993 (ND 1994).

Frei, P. und Koch, K.: Reichsidee und Reichsorganisation im Perserreich. OBO 55. ²1996.

Freyne, S.: Galilee. From Alexander the Great to Hadrian 323 BCE to 135 CE. A Study of Second Temple Judaism. 1980 (ND 2000).

Frye, R. N.: The History of Ancient Iran. HAW III/7. 1984.

Funke, H.: Götterbild. In: RAC 11 (1981). 659-828.

Gehrke, H.-J.: Jenseits von Athen und Sparta. Das dritte Griechenland und seine Staatenwelt, 1986.

Gehrke, H.-J.: Geschichte des Hellenismus. OGG 1A. 1990.

Gehrke, H.-J.; Schneider (Hg.): Geschichte der Antike. Ein Studienbuch. 2000.

Georges, P.: Barbarian Asia and the Greek Experience. From the Archaic Period to the Age of Xenophon. 1994.

Gerson, L. P.: God and Greek Philosophy. Studies in the early history of natural theology. 1990.

Gese, H.; Höfer; M. und Rudolph, K. (Hg.): Die Religionen Altsyriens, Altarabiens und der Mandäer. RM 10/2. 1970.

Giebel, M.: Das Orakel von Delphi. Geschichte und Text. Griechisch/Deutsch, 2001.

Gilbert, M.: La critique des dieux dans le Livre de la Sagesse (Sg 13-15). AnBib 53. 1973.

Goodenough, E. R.: An Introduction to Philo Judaeus. Brown Classics in Judaica. ²1986.

Graf, F.: Das Götterbild aus dem Taurerland. AW 10.4 (1979). 33-41.

Graf, F.: Die Religion. In: H. Krefeld (Hg.): Hellenika. Einführung in die Kultur der Hellenen. Neue Ausgabe. 2002. 62-93.

Green, P.: The Greco-Persian wars. 1996.

Gropp, D. M.: Wadi Daliyeh II: The Samaria Papyri from Wadi Daliyeh. DJD XXVIII. 2001.

Gschnitzer, Fr.: Die Stellung der Polis in der politischen Entwicklung des Altertums (1988). In: ders.: Kleine Schriften Bd. 1. 2001. 233-248.

Hagedorn, A. C.: Gortyn – Utilising an Archaic Greek Law Code for Biblical Research. ZAR 7 (2001). 217-242.

Hall. E.: Inventing the Barbarian. 1989.

Hallo, W. W. (Hg.): The Context of Scripture, I-III, 1997. 2000. 2002.

Hanfman, G. M. A.: Ionia Leader or Follower?. In: HSCP 61 (1953). 1-37.

Hansen, O.: The Purported Letter of Darius to Gadates. RhMus 129 (1986). 95f.

Harrison, Th.: Divinity and History: The Religion of Herodotus. 2002.

Hawkins, J. D.: Corpus of Hieroglyphic Luwian Inscriptions. Vol. I: Inscriptions of the Iron Age. Part 1-3. 2000.

Heinimann, F.: Nomos und Physis. Herkunft und Bedeutung einer Antithese im griechischen Denken des 5. Jahrhunderts. 1945 (ND 1978).

Helck, W.: Die Beziehungen Ägyptens und Vorderasiens zur Ägäis bis ins 7. Jahrhundert v. Chr. EdF 120. 1979.

Hengel, M. in Zusammenarbeit mit Markschies, Ch.: The „Hellenization" of Judaea in the First Century after Christ. 1989.

Hengel, M.: Judentum und Hellenismus. Studien zu ihrer Begegnung unter besonderer Berücksichtigung Palästinas bis zur Mitte des 2. Jhs. v. Chr. WUNT 10. ³1988.

Herodoti Historiae, recognivit brevique adnotatione critica instruxit C. Hude. I-II. SCBO. ³1957.³1962.

Hinz, W.: Darius und die Perser II. 1979.

Högemann, P.: Alexander und Arabien. 1985.

Högemann, P.: Das alte Vorderasien und die Achämeniden. 1992.

Högemann, P.: Zum Iliasdichter – ein anatolischer Standpunkt. In: Studia Troica 10 (2000). 183-198.

Hölbl, G.: Geschichte des Ptolemäerreiches. Politik, Ideologie und religiöse Kultur von Alexander dem Großen bis zur römischen Eroberung. 1994.

Hölkeskamp, K.-J.: Schiedsrichter, Gesetzgeber und Gesetzgebung im archaischen Griechenland. Hist.ES 131. 1999.

How W. W. und Wells, J.: A Commentary on Herodotus. I-II. 1928.

Howgego, Chr.: Geld in der Antiken Welt. Was Münzen über Geschichte verraten. 2000.

Hübner, U. und Knauf, E. A. (Hg.): Kein Land für sich allein. Studien zum Kulturkontakt in Kanaan, Israel/Palästina und Ebirnâri für Manfred Weippert zum 65. Geburtstag. OBO 186. 2002.

Jacobsen, T.: The Treasures of Darkness. A History of Mesopotamian Religion. 1976.

Jacoby, F.: Die Fragmente der griechischen Historiker. 1923-1958.

Janowski, B.; Koch, K. und Wilhelm, G. (Hg.): Religionsgeschichtliche Beziehungen zwischen Kleinasien, Nordsyrien und dem Alten Testament. OBO 129. 1993.

Jeffers, A.: Magic and Divination in Ancient Palestine and Syria. StHCANE 8. 1996.

Jeremias, J. (Hg.): Gerechtigkeit und Leben im hellenistischen Zeitalter. BZAW 296. 2001.

Jones, A. H. M.: The Greek City. From Alexander to Justinian. 1940 (ND 1998).

Judeich, W.: Kleinasiatische Studien. Untersuchungen zur griechisch-persischen Geschichte des IV. Jahrhunderts v.Chr. 1892.

Jünger, F. G.: Griechische Mythen. ⁴1994.

Kaiser, O.: Judentum und Hellenismus. Ein Beitrag zur Frage nach dem hellenistischen Einfluß auf Kohelet und Ben Sira. VF 27 (1982). 68-86.

Kaiser, O.: Der geknickte Rohrstab. Zum geschichtlichen Hintergrund der Überlieferung und Weiterbildung der prophetischen Ägyptensprüche im 5. Jahrhundert. (1973). In: Von der Gegenwartsbedeutung des Alten Testaments. Ges. Studien zur Hermeneutik und Redaktionsgeschichte. Hg. von: V. Fritz, K.-F. Pohlmann und H.-C. Schmitt. 1984. 181-188.

Kaiser, O.: Dike und Sedaqa. Zur Frage nach der sittlichen Weltordnung. (1965). In: ders.: Der Mensch unter dem Schicksal. BZAW 161. 1985. 1-23.

Kaiser, O.: Der Gott des Alten Testaments I-III. 1993-2003.

Kaiser, O. (Hg.): Texte aus der Umwelt des Alten Testaments, I-III, 1982-1997; Erg.Lg. 2001.

Kaiser, O.: Determination und Freiheit beim Kohelet/Prediger Salomo. (1989). In: ders.: Gottes und der Menschen Weisheit. BZAW 261. 1998. 106-125.

Kaiser, O.: Die alttestamentlichen Apokryphen. Eine Einleitung in Grundzügen. 2000.

Kaiser, O.: Die Bedeutung der griechischen Welt für die alttestamentliche Theologie. (2000). In: ders.: Zwischen Athen und Jerusalem. BZAW 320. 1-38.

Kaiser, O.: Die Rezeption der Stoischen Providenz bei Ben Sira. (1998). In: ders.: Athen und Jerusalem. BZAW 320. 293-303.

Kaiser, O.: Krankheit und Heilung nach dem Alten Testament. MedGG 20 (2001). 9-43.

Kammerzell, F.: Die Geschichte der karischen Minderheit in Ägypten. In: U. Höckmann/D. Kreikenbom (Hg.): Naukratis. Die Beziehungen zu Ost-griechenland, Ägypten und Zypern in archaischer Zeit. 2001. 233-243.

Kent, R. G.: Old Persian. ²1953.

Kepper, M.: Hellenistische Bildung im Buch der Weisheit. Studien zur Sprachgestalt und Theologie der Sapientia Salomonis. BZAW 280. 1999.

Kienitz, F. K.: Die politische Geschichte Ägyptens vom 7. bis zum 4. Jahrhundert vor der Zeitwende. 1953.

Kierdorf, W.: Erlebnis und Darstellung der Perserkriege. 1966.

Kieweler, H. V.: Ben Sira zwischen Judentum und Hellenismus. BEATAJ 30. 1992.

Kirk, G. S.: Myth. Its Meaning and Functions in Ancient and Other Cultures. 1970.

Koch, H.: Es kündet Dareios der König ... Vom Leben im persischen Großreich. Kulturgeschichte der antiken Welt 55. 1992.

Kokkinos, N.: The Herodian Dynasty. Origins, Role in Society, and Eclipse. JP.S 30. 1998.

Kratz R. G. (Hg.): Religion und Religionskontakte im Zeitalter der Achämeniden. VWGTh 22. 2002.

Krieger, K.-S.: Geschichtsschreibung als Apologetik bei Flavius Josephus. 1994.

Küchler, M.: Frühjüdische Weisheitstraditionen. Zum Fortgang des weisheitlichen Denkens im Bereich des jüdischen Jahweglaubens. OBO 26. 1979.

Kuhnen, H.-P.: Palästina in griechisch-römischer Zeit. Mit einem Beitrag von L. Mildenberg und R. Wenning. Hb. der Archäologie. Vorderasien II/2. München 1990

Kuhrt, A. und Sherwin-White, S.: Xerxes´ Destruction of Babylonian Temples. Achaemenid History II. 1987. 69-78.

Kuhrt, A.: The Ancient Near East c. 3000-330 B.C. I-II. 1995.

Kümmel, W. G.; Lichtenberger, H. u.a. (Hg.): Jüdische Schriften aus hellenistisch-römischer Zeit, I-V, Gütersloh 1973-2001.

Kunst- und Ausstellungshalle der Bundesrepublik Deutschland GmbH (Hg.): Die Hethiter und ihr Reich. Das Volk der 1000 Götter. (Ausstellungskatalog). Bonn 2002.

Larcher, C.: Le Livre de la Sagesse ou La Sagesse du Salomon I. 1983.

Latacz, J. (Hg.): Die griechische Literatur in Text und Darstellung. Bd. 1: Archaische Periode. 1991.

Lecoq, P.: Les inscriptions de la Perse achéménide. 1997.

Lehmann, G. A.: Bemerkungen zur Themistokles-Inschrift aus Troizen Historia 17 (1968). 276-290.

Leith, M. J. W.: Wadi Daliyeh I: The Wadi Daliyeh Seal Impressions. DJD XXIV. 1997.

Lenhardt, A.: Bibliographie zu den Jüdischen Schriften aus hellenistisch-römischer Zeit. JSHRZ VI/ 2. 1999.

Levin, Chr.: Das vorstaatliche Israel. In: ZThK 97 (2000). 385-403.

Lichtenberger, A.: Die Baupolitik Herodes des Großen. ADPV 26. 1999.

Lichtheim, M.: Late Egyptian Wisdom Literature in the International Context. A Study of Demotic Instructions. OBO 52. 1983.

Lloyd-Jones, H.: The Justice of Zeus. SCL 41. 1971.

Long, A. A.: Hellenistic Philosophy. Stoics, Epicureans, Sceptics. 1974.

Loretz, O.: Ugarit und die Bibel. Kanaanäische Götter und Religion im Alten Testament. 1990.

Loretz, O.: Des Gottes Einzigkeit. Ein altorientalisches Argumentatiosmodell zum „Schema Jisrael". 1997.

Maier, J.: Zwischen den Testamenten. Geschichte und Religion in der Zeit des zweiten Tempels. NEB. AT.E. 3. 1990.

Martínez, F. G.: Qumran and Apocalyptic. Studies on the Aramaic Texts from Qumran. StTDJ 9. 1992.

Matthäus, H.: Das griechische Symposion und der Orient. In: Nürnberger Blätter zur Archäologie 16 (1999/2000). 41-64.

Maurizio, L.: Delphic Oracles as Oral Performances: Authenticity and Historical Evidence. ClA 16 (1997). 308-335.

Meiggs, R. und Lewis, D. (Hg.): A Selection of Greek Historical Inscriptions. I. 1989.

Merit, B. D., Wade-Gary, H.T. und McGregor, M.F.: The Athenian Tribute Lists I. 1939.

Merkelbach, R. u. Stauber, J.: Die Orakel des Apollon von Klaros. Epigraphica Anatolica 27 (1996). 1-53.

Michelini, A. N.: Tradition and dramatic Form in the Persians of Aischylos. 1982.

Middendorp, Th.: Die Stellung Ben Siras zwischen Judentum und Hellenismus. 1973.

Miller, M. C.: Athens and Persia in the Fifth Century B.C.: A Study in Cultural Reciptivity, 1997.

Mittmann-Richert, U.: Einführung zu den Jüdischen Schriften aus hellenis-tisch-römischer Zeit: Einführung zu den historischen und legenda-rischen Erzählungen. JSHRZ VI/ 1,1. 2000.

Moggi, M.: I furti di statue attribuiti a Serse e la relative restituzioni. Annali della Scuola Normale Superiore di Pisa 3 (1973). 1-42.

Murray, A. T.: Homer. The Iliad with an English Translation. I-II. 2. ed. rev. by W.F. Wyatt. LCC. 1999.

Murray, O.: Das frühe Griechenland. [6]1999.

Neef, H.-D.: Gottes himmlischer Thronrat. Hintergrund und Bedeutung von sôd JHWH im Alten Testament. ATh 79. 1994.

Neher, M.: Wesen und Wirken der Weisheit in der Sapientia Salomonis. BZAW ###. 2003.

Nestle, W.: Vom Mythos zum Logos. Die Selbstentdeckung des griechischen Denkens von Homer bis auf die Sophistik und Sokrates. [2]1975.

Netzer, E.: Die Paläste der Hasmonäer und Herodes' des Großen. Zaberns Bildbände zur Archäologie. 1999.

Nilsson, M. P.: Geschichte der griechischen Religion. I+II. HAW V,2. [2]1955. [2]1961.

Oegema, G. S.: Einführungen zu den Schriften aus hellenistisch-römischer Zeit: Apokalpysen. JSHRZ VI/1,5. 2001.

Oegema, G. S.: Einführung zu den Jüdischen Schriften aus hellenistisch-römischer Zeit: Poetische Schriften. JSHRZ VI/4. 2002.

Oldfather, C. H.; Sherman, C. L.; Welles, C. B.; Geer, R.M. und Walton, F. R.: Diodorus of Sicily with an English Translation. I-XII. LCC. 1933-1967.

Olmstead, A. T.: History of the Persian Empire. 1948 (ND 1959).

Parke, H. W. und Wormell, D. E. W.: The Delphic Oracle I-II. 1956.

Parke, H. W.: The Oracles of Zeus. 1967.

Parker, R.: Athenian Religion. 1996.

Pausanias: Description of Greece in four volumes, with a companion volume containing maps, plans and indices. With an English transl. by W. H. S. Jones. LCC. 1960ff. (Nachdr.)

Picard, C.: Ephèse et Claros: Recherches sur les sanctuaires et les cultes de l'Ionie du nord. 1922.

Piccirilli, L.: Artemide e la metis di Temistocle. QuadStor 13. (1981) 143-166.

Plath, R.: Der Streitwagen und seine Teile im frühen Griechischen. Erlanger Beiträge zur Sprache, Literatur und Kunst 76. 1994.

Podlecki, A. J.: The Life of Themistokles. 1975.

Prato, G. L.: Il problema della teodicea in Ben Sira. Composizione dei contrarie e richiamo alle origini. AnBib 65. 1975.

Price, S. R. F.: Religions of the Ancient Greeks. 1999.

Puhvel, J.: Homer and Hittite. Innsbrucker Beiträge zur Sprachwissenschaft. Vorträge und kleinere Schriften 47. 1991.

Ramsay, W. M.: Asianic Elements in Greek Civilisation. 1928.

Reese, J. M.: Hellenistic Influence on the Book of Wisdom and its Consequences. AnBib 41. 1970.

Reesor, M. E.: Necessity and Fate in Stoic Philosophy. In: J. M. Rist (ed.): The Stoics. 1978. 203-232.

Reicke, B.: Neutestamentliche Zeitgeschichte. STöH 2. 1965.

Renger, J.: Art. Kultbild. A. Philologisch. In: RLA 6 (1980-83). 307-314.

Renz, J.; Röllig, W.: Handbuch der althebräischen Epigraphik, I, II/1, III, 1995.

Ricken, F.: Philosophie der Antike. UB 350. 1988.

Ricken, F. (Hg.): Philosophen der Antike II. UB 459. 1996.

Rist, John M. (ed.): The Stoics. 1978.

Rist, John M.: Human Value. A Study in Ancient Philosophical Ethics. PhAnt. 40. 1983.

Ritter, H.-W.: Diadem und Königsherrschaft. Untersuchungen zu Zeremonien und Rechtsgrundlagen des Herrschaftsantritts bei den Persern, bei Alexander dem Großen und im Hellenismus. 1965.

Robert, L.: Documents d'Asie Mineure 3: Monnaies, villes et cultes dans la vallé du Méandre. BCH 101 (1977). 64-88.

Röllig, W. (Hg.): Altorientalische Literatur. Neues Hb. d. Literaturwissenschaft 1. 1978.

Rollinger, R.: Herodots babylonischer Logos: eine kritische Untersuchung der Glaubwürdigkeitsdiskussion an Hand ausgewählter Beispiele: historische Parallelüberlieferung. Argumentationen. Archäologischer Befund. Konsequenzen für eine Geschichte Babyloniens in persischer Zeit. 1993.

Rollinger, R.: Zur Bezeichnung von "Griechen" in Keilschrifttexten. In: RA 91 (1997/99). 167-172.

Rollinger, R.: Antikes Griechenland und Alter Orient. Historisch-kritische Untersuchungen zur Interaktion der beiden Kulturräume mit besonderer Berücksichtigung der Zeit vom 8. bis zum 5. Jahrhundert v. Chr. Habil. Schrift Innsbruck 1999.

Rollinger, R.: Herodotus and the intellectual heritage of the Ancient Near East. In: S. Aro/R. Whiting (Hg.): Melammu Symposia 1: The heirs of Assyria. Proceedings of the opening symposion of the Assyrian and

Babylonian Intellectual Heritage Project held at Tvärminne, Finland October 7-11.1998. 2000. 65-83.

Rollinger, R.: The ancient Greeks and the impact of the Ancient Near East: Textual evidence and historical perspective. In: R. M. Whiting (Hg.): Melammu Symposia 2: Mythology and Mythologies: Methodological approaches to intercultural influences. Proceedings of Second Annual Symposium of the Assyrian and Babylonian Intellectual Heritage Project held in Paris, October 4-7.1999. 2001. 233-264.

Rollinger, R.: Von Griechenland nach Mesopotamien und zurück: Alte und neue Probleme in der Beschäftigung mit Fragen des Kulturtransfers, von Kulturkontakten und interkultureller Kommunikation (Zu den Beziehungen zwischen Mesopotamien und Griechenland im ersten Jahrtausend v. Chr.). In: F. Schipper (Hg.): Der Irak zwischen den Zeiten. Österreichische Forschungen zwischen Euphrat und Tigris. 2002.

Rollinger, R. und Ulf, Chr. (Hg.): Griechische Archaik und der Orient: Interne und externe Impulse. 2002.

Rosenberger, V.: Griechische Orakel. 2001.

Rostovtzeff, M.: The Social and Economic History of the Hellenistic World. (1941). = Ders.: Gesellschafts- und Wirtschaftsgeschichte der Hellenistischen Welt. Unter Mitarb. v. Mrs. M. Wodrich übers. v. G. und E. Bayer. 1955 (ND 1984).

Sancisi-Weerdenburg, H. W. A. M.: Yauna en Persai, Grieken en Perzen in een ander perspectief. Diss. Leiden 1980.

Sasson, J.M. (Hg.): Civilizations of the Ancient Near East. I-IV. 1995.

Schalit, A.: König Herodes. Der Mann und sein Werk. SJ 4. 1969.

Schams, C.: Jewish Scribes in the Second Temple Period. JSOT.S 291. 1998.

Scheer, T.: Mythische Vorväter: Zur Bedeutung griechischer Heroenmythen im Selbstverständnis kleinasiatischer Städte. 1993.

Scheer, T. S.: Die Gottheit und ihr Bild. Untersuchungen zur Funktionsgeschichte griechischer Kultbilder in Religion und Politik. Zet. 105. 2000.

Schmitt, A.: Weisheit. NEB. Würzburg 1989.

Schröder, B.: Die väterlichen Gesetze Flavius Josephus als Vermittler von Halacha an Griechen und Römer. TStAJ 53. 1996.

Schürer, E.: The History of the Jewish People in the Age of Jesus Christ (175 B.C.-135 A.D.). A new English version rev. and ed. G. Vermes and F. Millar, lit.-ed. P. Vermes, org. ed. M. Black. I. 1973 (ND 1987).

Schwartz, M.: The Religion of Achaemenian Iran. The Cambridge History of Iran II. 1985. 664-697.

Schwiderski, D.: Handbuch des nordwestsemitischen Biefformulars. Ein Beitrag zur Echtheitsfrage der aramäischen Briefe des Esrabuches. BZAW 295. 2000.

Schwienhorst-Schönberger, L.: Nicht im Menschen gründet das Glück (Koh 2,24). Kohelet im Spannungsfeld jüdischer Weisheit und hellenistischer Philosophie. HBS 2. 1992.

Schwienhorst-Schönberger, L. (Hg.): Das Buch Kohelet. Studien zur Struktur, Geschichte, Rezeption und Theologie. BZAW 254. 1997.

Seibert, J.: Alexander der Große. EdF 10. 1972.

Seibert, J.: 'Panhellenischer' Kreuzzug, Nationalkrieg, Rachefeldzug oder makedonischer Eroberungskrieg? Überlegungen zu den Ursachen des Krieges gegen Persien. In: W. Will (Hg.): Alexander der Große. Eine Welteroberung und ihr Hintergrund. 1998. 5-58.

Seidl, U.: Art. Kultbild. B. Archäologisch. In: RLA 6 (1980-1983). 314-319.

Seybold, K. und Ungern-Sternberg, J. v.: Amos und Hesiod. Aspekte eines Vergleichs. Schriften des Historischen Kollegs. Kolloquien 24. 1993.

Sieberer, W.: Das Bild Europas in den Historien. Studien zu Herodots Geographie und Ethnographie Europas und seiner Schilderung der persischen Feldzüge. IBKW.S 96. 1995.

Simon, E.: Beobachtungen zum Apollon Philesios des Kanachos. In: K. Schauenburg (Hg.): Charites (FS Langlotz). Studien zur Altertumswissenschaft. 1957. 38-4.

Skehan, P. W. und Di Lella, A. A.: The Wisdom of Ben Sira. AncB 39. 1987.

Starke, F.: Troia im Kontext des historisch-politischen und sprachlichen Umfeldes Kleinasiens im 2. Jt. In: Studia Troica 7 (1997). 447-487.

Steck, O. H.: Der Abschluß der Prophetie im Alten Testament. BThSt 17. 1991.

Stern, E.: Material Culture in the Land of the Bibel in the Persian Period 538-332 B.C. 1973.

Stern, M.: Greek and Latin Authors on Jews and Judaims I: From Herodotus to Plutarch. 1976.

Stone, M. E. ed.: Jewish Writings of the Second Temple Period. Compendia Rerum Iudaicarum ad Novum Testamentum Section 2. 1984.

Strabo: The Geography in eight volumes with an English translation by H. L. Jones. LCL. 1960ff. (Nachdr.).

Tcherikover, V.: Hellenistic Civilisation and the Jews. Übers. v. S. Applebaum. 1958 (ND 1970 [1979]).

Teixidor, J.: The Pagan God. Popular Religion in the Greco-Roman Near East. 1977.

Teixidor, J.: The Pantheon of Palmyra. EPRO 79. 1979.

Timpe, D.: Der Barbar als Nachbar. In: Chr. Ulf (Hg.): Ideologie – Sport – Außenseiter. Aktuelle Aspekte einer Beschäftigung mit der antiken Gesellschaft. IBKW.S 108. 2000. 203-230.

Troia - Traum und Wirklichkeit (Ausstellungskatalog). Stuttgart 2001.

Ulf, Chr.: Griechische Ethnogese versus Wanderungen von Stämmen. In: ders. (Hg.): Wege zur Genese griechischer Identität: Die Bedeutung der früharchaischen Zeit. 1996. 240-280.

Vogel, M.: Herodes. König der Juden, Freund der Römer. Biblische Gestalten 5. 2002.

Vogt, E. und Gigon, O. (Hg.): Griechische Literatur Neues Hb. d. Literaturwissenschaft 2. 1981.

Wacker, M.-T.: Weltordnung und Gericht. Studien zu 1 Henoch 22. FzB 45. 1982.

Walser, G.: Hellas und Iran. Studien zu den griechisch-persischen Beziehungen vor Alexander. EdF 209. 1984.

Watkins, C.: Homer and Hittite Revisited II. In: K.A. Yener (Hg.): Recent developments in Hittite archaeology and history. Gedenkschrift H.G. Güterbock. 2002. 167-176.

Watkins, C.: How to Kill a Dragon: Aspects of Indo-European Poetics. 1995.

Weippert, H.: Palästina in vorhellenistischer Zeit. Mit einem Beitrag v. L. Mildenberg. Hb. der Archäologie Vorderasien II/1. 1988.

Welwei, K.-W.: Die griechische Polis. ²1998.

Welwei, K.-W.: Das klassische Athen. Demokratie und Machtpolitik, im 5. und 4. Jh. Darmstadt 1999.

West, M. L.: The East Face of Helicon. West-Asiatic Elements in Greek Poetry and Myth. 1997.

Wicke-Reuter, U.: Göttliche Providenz und menschliche Verantwortung bei Ben Sira und in der Frühen Stoa. BZAW 298. 2000.

Widengren, G.: Die Religionen Irans. 1965.

Wiesehöfer, J.: Zur Frage der Echtheit des Dareios-Briefes an Gadatas. In: RhM 130. 1987. 396-398.

Wiesehöfer, J.: Das antike Persien. ²1998.

Wiesehöfer, J.: Das frühe Persien. Geschichte eines antiken Weltreichs. 1999.

Wilamowitz-Moellendorff, U. v.: Die beiden Elektren (Exkurs: Iphigeneia). Hermes 18 (1893). 249-263.

Wilamowitz-Moellendorff, U. v.: Der Glaube der Hellenen (1931). I-II. ²1955.

Wildberg, C.: Hyperesie und Epiphanie. Ein Versuch über die Bedeutung der Götter in den Dramen des Euripides. Zet 109. 2002.

Willemsen, H.: Frühe griechische Kultbilder. Diss. München 1939.

Winston, D.: The Wisdom of Solomon. AncB 43. 1979.

Wischmeyer, O.: Die Kultur bei Jesus Sirach. BZNW 77. 1995.

Wolf, E.: Griechisches Rechtsdenken II: Rechtsphilosphie und Rechtsdichtung im Zeitalter der Sophistik. 1952.

Abbildungsverzeichnis

Sphinx, Ausschnitt aus einem Fries auf einer protokorinthischen Rotellen-kanne, um 640 v. Chr.; Archäologisches Museum der Stadt Frankfurt am Main, vgl. dazu J. v. Freeden, Archäologische Reihe 5. Antikensammlung, hg. v. Museum für Vor- und Frühgeschichte der Stadt Frankfurt am Main, 1992, 26f.

Opfer für Apoll, Ausschnitt aus einem attisch rotfigurigen Glockenkrater, um 450/440 v. Chr.; die Szene zeigt einen opfernden Priester, assistiert von einem nackten Knaben und einem nackten Jüngling mit Bratspießen und begleitet von einem auf einen Stück gestützen Priester und einem Flöten-spieler; hinter dem Altar die Kultstatue Apolls; vgl. dazu J. v. Freeden, Ar-chäologische Reihe 5. Antikensammlung, hg. v. Museum für Vor- und Früh-geschichte der Stadt Frankfurt am Main, 1992, 68f.

Thronende Göttin, sog. Athena Lindia; die Göttin ist mit einem langen Chiton belkeidet und trägt zum Zeichen ihrer Göttlichkeit einen Polos auf dem Kopf und ein vermutlich aus Stierhoden bestehendes Gehänge auf der Brust; sizilisch, 2. Viertel des 5. Jh. v. Chr.; vgl. dazu die Symmetrie in Kunst, Natur und Wissenschaft Bd. 2. Katalog einer Ausstellung Darmstadt 1986, 1986, S. 113 Nr. 129.

Eule, Ausschnitt aus einem attisch rotfigurigen Skyphos des sog. Glaux-Typus; die kleinen Trinkbecher dies Typs sind auf beiden Seiten mit einer Eule zwischen Olivenzweigen, den Attributen der Stadtgötting Athena, bemalt; 2. Viertel des 5. Jh. v. Chr.; vgl. dazu CVA Frankfurt 2 (1968), S. 34 Taf. 82, 5.

Bd. 85   ECKART OTTO: *Rechtsgeschichte der Redaktionen im Kodex Ešnunna und im «Bundesbuch».* Eine redaktionsgeschichtliche und rechtsvergleichende Studie zu altbabylonischen und altisraelitischen Rechtsüberlieferungen. 220 Seiten. 1989.

Bd. 86   ANDRZEJ NIWIŃSKI: *Studies on the Illustrated Theban Funerary Papyri of the 11th and 10th Centuries B.C.* 488 pages, 80 plates. 1989.

Bd. 87   URSULA SEIDL: *Die babylonischen Kudurru-Reliefs.* Symbole mesopotamischer Gottheiten. 236 Seiten, 33 Tafeln und 2 Tabellen. 1989.

Bd. 88   OTHMAR KEEL / HILDI KEEL-LEU / SILVIA SCHROER: *Studien zu den Stempelsiegeln aus Palästina/Israel.* Band II. 364 Seiten, 652 Abbildungen. 1989.

Bd. 89   FRIEDRICH ABITZ: *Baugeschichte und Dekoration des Grabes Ramses' VI.* 202 Seiten, 39 Abbildungen. 1989.

Bd. 90   JOSEPH HENNINGER SVD: *Arabica varia.* Aufsätze zur Kulturgeschichte Arabiens und seiner Randgebiete. Contributions à l'histoire culturelle de l'Arabie et de ses régions limitrophes. 504 pages. 1989.

Bd. 91   GEORG FISCHER: *Jahwe unser Gott.* Sprache, Aufbau und Erzähltechnik in der Berufung des Mose (Ex. 3–4). 276 Seiten. 1989.

Bd. 92   MARK A. O'BRIEN: *The Deuteronomistic History Hypothesis.* A Reassessment. 340 pages. 1989.

Bd. 93   WALTER BEYERLIN: *Reflexe der Amosvisionen im Jeremiabuch.* 120 Seiten. 1989.

Bd. 94   ENZO CORTESE: *Josua 13–21.* Ein priesterschriftlicher Abschnitt im deuteronomistischen Geschichtswerk. 136 Seiten. 1990.

Bd. 96   ANDRÉ WIESE: *Zum Bild des Königs auf ägyptischen Siegelamuletten.* 264 Seiten mit zahlreichen Abbildungen im Text und 32 Tafeln. 1990.

Bd. 97   WOLFGANG ZWICKEL: *Räucherkult und Räuchergeräte.* Exegetische und archäologische Studien zum Räucheropfer im Alten Testament. 372 Seiten. Mit zahlreichen Abbildungen im Text. 1990.

Bd. 98   AARON SCHART: *Mose und Israel im Konflikt.* Eine redaktionsgeschichtliche Studie zu den Wüstenerzählungen. 296 Seiten. 1990.

Bd. 99   THOMAS RÖMER: *Israels Väter.* Untersuchungen zur Väterthematik im Deuteronomium und in der deuteronomistischen Tradition. 664 Seiten. 1990.

Bd. 100   OTHMAR KEEL / MENAKHEM SHUVAL / CHRISTOPH UEHLINGER: *Studien zu den Stempelsiegeln aus Palästina / Israel* Band III. Die Frühe Eisenzeit. Ein Workshop. XIV–456 Seiten. Mit zahlreichen Abbildungen im Text und 22 Tafeln. 1990.

Bd. 101   CHRISTOPH UEHLINGER: *Weltreich und «eine Rede».* Eine neue Deutung der sogenannten Turmbauerzählung (Gen 11,1–9). XVI–654 Seiten.1990.

Bd. 103   ADRIAN SCHENKER: *Text und Sinn im Alten Testament.* Textgeschichtliche und bibeltheologische Studien. VIII–312 Seiten. 1991.

Bd. 104   DANIEL BODI: *The Book of Ezekiel and the Poem of Erra.* IV–332 pages. 1991.

Bd. 105   YUICHI OSUMI: *Die Kompositionsgeschichte des Bundesbuches Exodus 20,22b–23,33.* XII–284 Seiten. 1991.

Bd. 106 RUDOLF WERNER: *Kleine Einführung ins Hieroglyphen-Luwische.* XII–112 Seiten. 1991.

Bd. 107 THOMAS STAUBLI: *Das Image der Nomaden im Alten Israel und in der Ikonographie seiner sesshaften Nachbarn.* XII–408 Seiten. 145 Abb. und 3 Falttafeln. 1991.

Bd. 108 MOSHÉ ANBAR: *Les tribus amurrites de Mari.* VIII–256 pages. 1991.

Bd. 109 GÉRARD J. NORTON / STEPHEN PISANO (eds.): *Tradition of the Text.* Studies offered to Dominique Barthélemy in Celebration of his 70th Birthday. 336 pages. 1991.

Bd. 110 HILDI KEEL-LEU: *Vorderasiatische Stempelsiegel.* Die Sammlung des Biblischen Instituts der Universität Freiburg Schweiz. 180 Seiten. 24 Tafeln. 1991.

Bd. 111 NORBERT LOHFINK: *Die Väter Israels im Deuteronomium.* Mit einer Stellungnahme von Thomas Römer. 152 Seiten. 1991.

Bd. 112 EDMUND HERMSEN: *Die zwei Wege des Jenseits.* Das altägyptische Zweiwegebuch und seine Topographie. XII–282 Seiten, 1 mehrfarbige und 19 Schwarz-Weiss-Abbildungen.

Bd. 113 CHARLES MAYSTRE: *Les grands prêtres de Ptah de Memphis.* XIV–474 pages, 2 planches. 1992.

Bd. 114 THOMAS SCHNEIDER: *Asiatische Personennamen in ägyptischen Quellen des Neuen Reiches.* 480 Seiten. 1992.

Bd. 115 ECKHARD VON NORDHEIM: *Die Selbstbehauptung Israels in der Welt des Alten Orients.* Religionsgeschichtlicher Vergleich anhand von Gen 15/22/28, dem Aufenthalt Israels in Ägypten, 2 Sam 7, 1 Kön 19 und Psalm 104. 240 Seiten. 1992.

Bd. 116 DONALD M. MATTHEWS: *The Kassite Glyptic of Nippur.* 208 pages, 210 figures. 1992.

Bd. 117 FIONA V. RICHARDS: *Scarab Seals from a Middle to Late Bronze Age Tomb at Pella in Jordan.* XII–152 pages, 16 plates. 1992.

Bd. 118 YOHANAN GOLDMAN: *Prophétie et royauté au retour de l'exil.* Les origines littéraires de la forme massorétique du livre de Jérémie. XIV–270 pages. 1992.

Bd. 119 THOMAS M. KRAPF: *Die Priesterschrift und die vorexilische Zeit.* Yehezkel Kaufmanns vernachlässigter Beitrag zur Geschichte der biblischen Religion. XX–364 Seiten. 1992.

Bd. 120 MIRIAM LICHTHEIM: *Maat in Egyptian Autobiographies and Related Studies.* 236 pages, 8 plates. 1992.

Bd. 121 ULRICH HÜBNER: *Spiele und Spielzeug im antiken Palästina.* 256 Seiten. 58 Abbildungen. 1992.

Bd. 122 OTHMAR KEEL: *Das Recht der Bilder, gesehen zu werden.* Drei Fallstudien zur Methode der Interpretation altorientalischer Bilder. 332 Seiten, 286 Abbildungen. 1992.

Bd. 123 WOLFGANG ZWICKEL (Hrsg.): *Biblische Welten.* Festschrift für Martin Metzger zu seinem 65. Geburtstag. 268 Seiten, 19 Abbildungen. 1993.

Bd. 125 BENJAMIN SASS / CHRISTOPH UEHLINGER (eds.): *Studies in the Iconography of Northwest Semitic Inscribed Seals.* Proceedings of a symposium held in Fribourg on April 17–20, 1991. 368 pages, 532 illustrations. 1993.

Bd. 126 RÜDIGER BARTELMUS / THOMAS KRÜGER / HELMUT UTZSCHNEIDER (Hrsg.): *Konsequente Traditionsgeschichte*. Festschrift für Klaus Baltzer zum 65. Geburtstag. 418 Seiten. 1993.

Bd. 127 ASKOLD I. IVANTCHIK: *Les Cimmériens au Proche-Orient*. 336 pages. 1993.

Bd. 128 JENS VOSS: *Die Menora*. Gestalt und Funktion des Leuchters im Tempel zu Jerusalem. 124 Seiten. 1993.

Bd. 129 BERND JANOWSKI / KLAUS KOCH / GERNOT WILHELM (Hrsg.): *Religionsgeschichtliche Beziehungen zwischen Kleinasien, Nordsyrien und dem Alten Testament*. Internationales Symposion Hamburg 17.–21. März 1990. 572 Seiten. 1993.

Bd. 130 NILI SHUPAK: *Where can Wisdom be found?* The Sage's Language in the Bible and in Ancient Egyptian Literature. XXXII–516 pages. 1993.

Bd. 131 WALTER BURKERT / FRITZ STOLZ (Hrsg.): *Hymnen der Alten Welt im Kulturvergleich*. 134 Seiten. 1994.

Bd. 132 HANS-PETER MATHYS: *Dichter und Beter*. Theologen aus spätalttestamentlicher Zeit. 392 Seiten. 1994.

Bd. 133 REINHARD G. LEHMANN: *Friedrich Delitzsch und der Babel-Bibel-Streit*. 472 Seiten, 13 Tafeln. 1994.

Bd. 135 OTHMAR KEEL: *Studien zu den Stempelsiegeln aus Palästina/Israel*. Band IV. Mit Registern zu den Bänden I–IV. XII–340 Seiten mit Abbildungen, 24 Seiten Tafeln. 1994.

Bd. 136 HERMANN-JOSEF STIPP: *Das masoretische und alexandrinische Sondergut des Jeremiabuches*. Textgeschichtlicher Rang, Eigenarten, Triebkräfte. VII–196 Seiten. 1994.

Bd. 137 PETER ESCHWEILER: *Bildzauber im alten Ägypten*. Die Verwendung von Bildern und Gegenständen in magischen Handlungen nach den Texten des Mittleren und Neuen Reiches. X–380 Seiten, 28 Seiten Tafeln. 1994.

Bd. 138 CHRISTIAN HERRMANN: *Ägyptische Amulette aus Palästina/Israel*. Mit einem Ausblick auf ihre Rezeption durch das Alte Testament. XXIV–1000 Seiten, 70 Seiten Bildtafeln. 1994.

Bd. 140 IZAK CORNELIUS: *The Iconography of the Canaanite Gods Reshef and Baʿal*. Late Bronze and Iron Age I Periods (c 1500–1000 BCE). XII–326 pages with illustrations, 56 plates. 1994.

Bd. 141 JOACHIM FRIEDRICH QUACK: *Die Lehren des Ani*. Ein neuägyptischer Weisheitstext in seinem kulturellen Umfeld. X–344 Seiten, 2 Bildtafeln. 1994.

Bd. 143 KLAUS BIEBERSTEIN: *Josua-Jordan-Jericho*. Archäologie, Geschichte und Theologie der Landnahmeerzählungen Josua 1–6. XII–494 Seiten. 1995.

Bd. 144 CHRISTL MAIER: *Die «fremde Frau» in Proverbien 1–9*. Eine exegetische und sozialgeschichtliche Studie. XII–304 Seiten. 1995.

Bd. 145 HANS ULRICH STEYMANS: *Deuteronomium 28 und die* adê *zur Thronfolgeregelung Asarhaddons*. Segen und Fluch im Alten Orient und in Israel. XII–436 Seiten. 1995.

Bd. 146 FRIEDRICH ABITZ: *Pharao als Gott in den Unterweltsbüchern des Neuen Reiches*. VIII–228 Seiten. 1995.

Bd. 147   GILLES ROULIN: *Le Livre de la Nuit. Une composition égyptienne de l'au-delà.* Iʳᵉ partie: tra-
duction et commentaire. XX–420 pages. IIᵉ partie: copie synoptique. X–169 pages,
21 planches. 1996.

Bd. 148   MANUEL BACHMANN: *Die strukturalistische Artefakt- und Kunstanalyse.* Exposition der
Grundlagen anhand der vorderorientalischen, ägyptischen und griechischen Kunst.
88 Seiten mit 40 Abbildungen. 1996.

Bd. 150   ELISABETH STAEHELIN / BERTRAND JAEGER (Hrsg.): *Ägypten-Bilder.* Akten des
«Symposions zur Ägypten-Rezeption», Augst bei Basel, vom 9.–11. September 1993.
384 Seiten Text, 108 Seiten mit Abbildungen. 1997.

Bd. 151   DAVID A. WARBURTON: *State and Economy in Ancient Egypt.* Fiscal Vocabulary of the
New Kingdom. 392 pages. 1996.

Bd. 152   FRANÇOIS ROSSIER SM: *L'intercession entre les hommes dans la Bible hébraïque.* L'intercession entre les hommes aux origines de l'intercession auprès de Dieu. 408 pages. 1996.

Bd. 153   REINHARD GREGOR KRATZ / THOMAS KRÜGER (Hrsg.): *Rezeption und Auslegung im Alten Testament und in seinem Umfeld.* Ein Symposion aus Anlass des 60. Geburts-
tags von Odil Hannes Steck. 148 Seiten. 1997.

Bd. 154   ERICH BOSSHARD-NEPUSTIL: *Rezeptionen von Jesaja 1–39 im Zwölfprophetenbuch.*
Untersuchungen zur literarischen Verbindung von Prophetenbüchern in babylonischer
und persischer Zeit. XIV–534 Seiten. 1997.

Bd. 155   MIRIAM LICHTHEIM: *Moral Values in Ancient Egypt.* 136 pages. 1997.

Bd. 156   ANDREAS WAGNER (Hrsg.): *Studien zur hebräischen Grammatik.* VIII–212 Seiten.
1997.

Bd. 157   OLIVIER ARTUS: *Etudes sur le livre des Nombres.* Récit, Histoire et Loi en Nb 13,1–
20,13. X–310 pages. 1997.

Bd. 158   DIETER BÖHLER: *Die heilige Stadt in Esdras α und Esra-Nehemia.* Zwei Konzeptionen der
Wiederherstellung Israels. XIV–464 Seiten. 1997.

Bd. 159   WOLFGANG OSWALD: *Israel am Gottesberg.* Eine Untersuchung zur Literargeschichte
der vorderen Sinaiperikope Ex 19–24 und deren historischem Hintergrund. X–300 Seiten. 1998.

Bd. 160/1 JOSEF BAUER / ROBERT K. ENGLUND / MANFRED KREBERNIK: *Mesopotamien:
Späturuk-Zeit und Frühdynastische Zeit.* Annäherungen 1. Herausgegeben von Pascal
Attinger und Markus Wäfler. 640 Seiten. 1998.

Bd. 160/3 WALTHER SALLABERGER / AAGE WESTENHOLZ: *Mesopotamien: Akkade-Zeit und
Ur III-Zeit.* Annäherungen 3. Herausgegeben von Pascal Attinger und Markus Wäfler.
424 Seiten. 1999.

Bd. 161   MONIKA BERNETT / OTHMAR KEEL: *Mond, Stier und Kult am Stadttor.* Die Stele
von Betsaida (et-Tell). 175 Seiten mit 121 Abbildungen. 1998.

Bd. 162   ANGELIKA BERLEJUNG: *Die Theologie der Bilder.* Herstellung und Einweihung von
Kultbildern in Mesopotamien und die alttestamentliche Bilderpolemik. 1998. XII–
560 Seiten. 1998.

Bd. 163   SOPHIA K. BIETENHARD: *Des Königs General.* Die Heerführertraditionen in der vors-
taatlichen und frühen staatlichen Zeit und die Joabgestalt in 2 Sam 2–20; 1 Kön 1–2.
388 Seiten. 1998.

Bd. 164   JOACHIM BRAUN: *Die Musikkultur Altisraels/Palästinas.* Studien zu archäologischen, schriftlichen und vergleichenden Quellen. XII–372 Seiten, 288 Abbildungen. 1999.

Bd. 165   SOPHIE LAFONT: *Femmes, Droit et Justice dans l'Antiquité orientale.* Contribution à l'étude du droit pénal au Proche-Orient ancien. XVI–576 pages. 1999.

Bd. 166   ESTHER FLUCKIGER-HAWKER: *Urnamma of Ur in Sumerian Literary Tradition.* XVIII–426 pages, 25 plates. 1999.

Bd. 167   JUTTA BOLLWEG: *Vorderasiatische Wagentypen.* Im Spiegel der Terracottaplastik bis zur Altbabylonischen Zeit. 160 Seiten und 68 Seiten Abbildungen. 1999.

Bd. 168   MARTIN ROSE: *Rien de nouveau.* Nouvelles approches du livre de Qohéleth. Avec une bibliographie (1988–1998) élaborée par Béatrice Perregaux Allisson. 648 pages. 1999.

Bd. 169   MARTIN KLINGBEIL: *Yahweh Fighting from Heaven.* God as Warrior and as God of Heaven in the Hebrew Psalter and Ancient Near Eastern Iconography. XII–374 pages. 1999.

Bd. 170   BERND ULRICH SCHIPPER: *Israel und Ägypten in der Königszeit.* Die kulturellen Kontakte von Salomo bis zum Fall Jerusalems. 344 Seiten und 24 Seiten Abbildungen. 1999.

Bd. 171   JEAN-DANIEL MACCHI: *Israël et ses tribus selon Genèse 49.* 408 pages. 1999.

Bd. 172   ADRIAN SCHENKER: *Recht und Kult im Alten Testament.* Achtzehn Studien. 232 Seiten. 2000.

Bd. 173   GABRIELE THEUER: *Der Mondgott in den Religionen Syrien-Palästinas.* Unter besonderer Berücksichtigung von KTU 1.24. XVI–658 Seiten und 11 Seiten Abbildungen. 2000.

Bd. 174   CATHIE SPIESER: *Les noms du Pharaon comme êtres autonomes au Nouvel Empire.* XII–304 pages et 108 pages d'illustrations. 2000.

Bd. 175   CHRISTOPH UEHLINGER (ed.): *Images as media* – Sources for the cultural history of the Near East and the Eastern Mediterranean (Ist millennium BCE). Proceedings of an international symposium held in Fribourg on November 25-29, 1997. XXXII–424 pages with 178 figures, 60 plates. 2000.

Bd. 176   ALBERT DE PURY/THOMAS RÖMER (Hrsg.): *Die sogenannte Thronfolgegeschichte Davids.* Neue Einsichten und Anfragen. 212 Seiten. 2000.

Bd. 177   JÜRG EGGLER: *Influences and Traditions Underlying the Vision of Daniel 7:2-14.* The Research History from the End of the 19th Century to the Present. VIII-156 pages. 2000.

Bd. 178   OTHMAR KEEL / URS STAUB: *Hellenismus und Judentum.* Vier Studien zu Daniel 7 und zur Religionsnot unter Antiochus IV. XII–164 Seiten. 2000.

Bd. 179   YOHANAN GOLDMAN / CHRISTOPH UEHLINGER (éds.): *La double transmission du texte biblique.* Etudes d'histoire du texte offertes en hommage à Adrian Schenker. VI–130 pages. 2001.

Bd. 180   UTA ZWINGENBERGER: *Dorfkultur der frühen Eisenzeit in Mittelpalästina.* XX–612 Seiten. 2001.

Bd. 181   HUBERT TITA: *Gelübde als Bekenntnis.* Eine Studie zu den Gelübden im Alten Testament. XVI–272 Seiten. 2001.

Bd. 182 KATE BOSSE-GRIFFITHS: *Amarna Studies, and other selected papers.* Edited by J. Gwyn Griffiths. 264 pages. 2001.

Bd. 183 TITUS REINMUTH: *Der Bericht Nehemias.* Zur literarischen Eigenart, traditionsgeschichtlichen Prägung und innerbiblischen Rezeption des Ich-Berichts Nehemias. XIV–402 Seiten. 2002.

Bd. 184 CHRISTIAN HERRMANN: *Ägyptische Amulette aus Palästina/Israel II.* XII–188 Seiten und 36 Seiten Abbildungen. 2002.

Bd. 185 SILKE ROTH: *Gebieterin aller Länder.* Die Rolle der königlichen Frauen in der fiktiven und realen Aussenpolitik des ägyptischen Neuen Reiches. XII–184 Seiten. 2002.

Bd. 186 ULRICH HÜBNER / ERNST AXEL KNAUF (Hrsg.): *Kein Land für sich allein.* Studien zum Kulturkontakt in Kanaan, Israel/Palästina und Ebirnâri. Für Manfred Weippert zum 65. Geburtstag. VIII–352 Seiten. 2002.

Bd. 187 PETER RIEDE: *Im Spiegel der Tiere.* Studien zum Verhältnis von Mensch und Tier im alten Israel. 392 Seiten, 34 Abbildungen. 2002.

Bd. 188 ANNETTE SCHELLENBERG: *Erkenntnis als Prolem.* Qohelet und die alttestamentliche Diskussion um das menschliche Erkennen. XII–348 Seiten. 2002.

Bd. 189 GEORG MEURER: *Die Feinde des Königs in den Pyramidentexten.* VIII–442 Seiten. 2002.

Bd. 190 MARIE MAUSSION: *Le mal, le bien et le jugement de Dieu dans le livre de Qohélet.* VIII–216 pages. 2003.

Weitere Informationen zur Reihe OBO: www.unifr.ch/bif/obo/obo.html

UNIVERSITÄTSVERLAG FREIBURG SCHWEIZ
ÉDITIONS UNIVERSITAIRES FRIBOURG SUISSE

UNIVERSITAS
FRIBURGENSIS

UNIVERSITÉ DE FRIBOURG SUISSE
DÉPARTEMENT D'ÉTUDES BIBLIQUES

Le Département d'Études bibliques de l'Université de Fribourg offre la possibilité d'acqué-
rir un

certificat de spécialisation en

CRITIQUE TEXTUELLE ET HISTOIRE DU TEXTE
ET DE L'EXÉGÈSE DE L'ANCIEN TESTAMENT

(Spezialisierungszeugnis «Textkritik und Geschichte des Textes
und der Interpretation des Alten Testamentes»)

en une année académique (octobre à juin). Toutes les personnes ayant obtenu une licence
en théologie ou un grade académique équivalent peuvent en bénéficier.

Cette année d'études peut être organisée

☞ autour de la critique textuelle proprement dite (méthodes, histoire du texte, instruments
de travail, édition critique de la Bible);

☞ autour des témoins principaux du texte biblique (texte masorétique et masore, textes
bibliques de Qumran, Septante, traductions hexaplaires, Vulgate, Targoums) et leurs lan-
gues (hébreu, araméen, grec, latin, syriaque, copte), enseignées en collaboration avec les
chaires de patrologie et d'histoire ancienne, ou

☞ autour de l'histoire de l'exégèse juive (en hébreu et en judéo-arabe) et chrétienne (en
collaboration avec la patrologie et l'histoire de l'Eglise).

Le Département d'Études bibliques dispose d'une bibliothèque spécialisée dans ces domai-
nes. Les deux chercheurs consacrés à ces travaux sont Adrian Schenker et Yohanan Goldman.

Pour l'obtention du certificat, deux examens annuels, deux séminaires et un travail écrit
équivalent à un article sont requis. Les personnes intéressées peuvent obtenir des informa-
tions supplémentaires auprès du responsable du programme:

Prof. Dr. Adrian Schenker
Département d'Études bibliques
Université, Miséricorde
Avenue de l'Europe 20
CH-1700 Fribourg / Suisse
Fax +41 – (0)26 – 300 9754

UNIVERSITÄT FREIBURG SCHWEIZ
DEPARTEMENT FÜR BIBLISCHE STUDIEN

Nachdem Sie das Diplom oder Lizentiat in Theologie, Bibelwissenschaft, Altertumskunde Palästinas/Israels, Vorderasiatischer Archäologie oder einen gleichwertigen Leistungsausweis erworben haben, ermöglicht Ihnen ein Studienjahr (Oktober – Juni), am Departement für Biblische Studien in Freiburg in der Schweiz ein

Spezialisierungszeugnis
BIBEL UND ARCHÄOLOGIE

(Elemente der Feldarchäologie, Ikonographie, Epigraphik,

Religionsgeschichte Palästinas/Israels)

zu erwerben.

Das Studienjahr wird in Verbindung mit dem Departement für Altertumswissenschaften und der Universität Bern (25 Min. Fahrzeit) organisiert. Es bietet Ihnen die Möglichkeit,

☞ eine Auswahl einschlägiger Vorlesungen, Seminare und Übungen im Bereich «Bibel und Archäologie» bei Walter Dietrich, Ernst Axel Knauf, Max Küchler, Silvia Schroer und Christoph Uehlinger zu belegen;

☞ diese Veranstaltungen durch solche in Ägyptologie (Susanne Bickel, Freiburg), Vorderasiatischer Archäologie (Markus Wäfler, Bern) und altorientalischer Philologie (Pascal Attinger, Esther Flückiger, beide Bern) oder frühchristlicher und byzantinischer Archäologie (Jean-Michel Spieser) zu ergänzen;

☞ die einschlägigen Dokumentationen des Departements für Biblische Studien zur palästinisch-israelischen Miniaturkunst aus wissenschaftlichen Grabungen (Photos, Abdrücke, Kartei) und die zugehörigen Fachbibliotheken zu benutzen;

☞ mit den großen Sammlungen «BIBEL+ORIENT» von über 10'000 Originalen altorientalischer Miniaturkunst (Rollsiegel, Skarabäen und andere Stempelsiegel, Amulette, Terrakotten, palästinische Keramik, Münzen usw.) zu arbeiten und sich eine eigene Dokumentation (Abdrücke, Dias) anzulegen;

☞ während der Sommerferien an einer Ausgrabung in Palästina/Israel teilzunehmen, wobei die Möglichkeit besteht, mindestens das Flugticket vergütet zu bekommen.

Um das Spezialisierungszeugnis zu erhalten, müssen zwei benotete Jahresexamen abgelegt, zwei Seminarscheine erworben und eine schriftliche wissenschaftliche Arbeit im Umfange eines Zeitschriftenartikels verfaßt werden.

Interessentinnen und Interessenten wenden sich bitte an den Koordinator des Programms:

PD Dr. Christoph Uehlinger
Departement für Biblische Studien
Universität, Miséricorde
Avenue de l'Europe 20
CH-1700 Freiburg / Schweiz
Fax +41 – (0)26 – 300 9754

ORBIS BIBLICUS ET ORIENTALIS, SERIES ARCHAEOLOGICA

Bd. 17   OLEG BERLEV / SVETLANA HODJASH: *Catalogue of the Monuments of Ancient Egypt.* From the Museums of the Russian Federation, Ukraine, Bielorussia, Caucasus, Middle Asia and the Baltic States. XIV–336 pages, 208 plates. 1998.

Bd. 18   ASTRID NUNN: *Der figürliche Motivschatz Phöniziens, Syriens und Transjordaniens vom 6. bis zum 4. Jahrhundert v. Chr.* 280 Seiten und 92 Seiten Illustrationen. 2000.

Bd. 19   ANDREA M. BIGNASCA: *I kernoi circolari in Oriente e in Occidente.* Strumenti di culto e immagini cosmiche. XII–328 Seiten, Tafeln und Karten inbegriffen. 2000.

Bd. 20   DOMINIQUE BEYER: *Emar IV. Les sceaux. Mission archéologique de Meskéné–Emar. Recherches au pays d'Aštata.* XXII–496 pages, 66 Planches. 2001.

Bd. 21   MARKUS WÄFLER: *Tall al-Ḥamīdīya 3.* Zur historischen Geographie von Idamaraṣ zu Zeit der Archive von Mari(2) und Šubat-enlil/Šeḫnā. Mit Beiträgen von Jimmy Brignoni und Henning Paul. 304 Seiten. 14 Karten. 2001.

UNIVERSITÄTSVERLAG FREIBURG SCHWEIZ
ÉDITIONS UNIVERSITAIRES FRIBOURG SUISSE

Zu diesem Buch:

Der vorliegende Band versammelt die Beiträge eines interdisziplinären und internationalen Symposions, das unter dem Titel «Die Griechen und der Vordere Orient in vorhellenistischer Zeit» am 27. April 2002 am Fachbereich Evangelische Theologie der Johann Wolfgang Goethe-Universität Frankfurt am Main stattgefunden hat. Aus unterschiedlichen Perspektiven wird der wechselseitige Kulturkontakt zwischen Griechenland und dem Vorderen Orient im 1. Jahrtausend v. Chr. aufgezeigt. Exemplarisch werden für diesen Raum literatur- und religionsgeschichtliche Analogien, Interdependenzen und Differenzen dargestellt. Die einseitige These einer Gräzisierung des Ostens wird durch den Nachweis einer Orientalisierung des Griechentums korrigiert. Gleichzeitig wird die Bedeutung der griechischen Welt für die Kultur und Religion des Vorderen Orients, zumal für das antike Israel, herausgestellt.

Summary

This book includes the proceedings of an international symposium on the Greeks and the Near East, held on April 27, 2002, at the University of Frankfurt am Main. Cultural encounters between Greece and the Near East are considered from various perspectives and studied through examples of analogy, interdependence or difference in the fields of literature and religion. Commonly-held assumptions about a one-sided Greek influence on the Near East are corrected and balanced by considerations on Orientalizing tendencies in Greece. Still, the papers stress the relevance of the Greek world for Near Eastern culture and religion, with particular emphasis on ancient Israel.